# 永恆與心靈的對話
## ——基督教概論

蔡維民◎著

# 林序

　　基督教信仰孕育於古希伯來文明，在希臘文化當中發展成形，而後從被逼迫的小教派，欣欣向榮立足於羅馬世界，終於成為羅馬帝國國教，並且在蠻族入侵摧毀西羅馬之後保存文明，隨著蠻族重建神聖羅馬帝國，進入長達千年之久的中世紀，隨後在15世紀文藝復興的基礎之上，16世紀的宗教改革革新了老邁的教會，基督教會與天主教會分途發展，再歷經17、18世紀啟蒙運動的衝擊，伴隨著工業革命進入了現代社會。當今現代社會的重要精神與制度，例如，科學精神的發展與基督教信仰有密切關係，而民主制度與加爾文宗教改革有重要關聯，可見基督教信仰對世界文明以及現代社會的重要貢獻，然而要找到一本對基督教信仰作全面性介紹的書籍卻不容易，欣見蔡維民博士推出這一本介紹基督教信仰的綜論。

　　本書從第一部分介紹基督教信仰出發，進到第二部分對基督教教義提出反省，而第三部分檢討回顧基督教信仰落實於台灣本地的歷史經驗，尋找未來發展的可能性，第四部分轉而探討基督教藝術。本書所介紹的基督教信仰並非歷史的過去，亦非單指西方人的經驗，作者處處有落實台灣現況的意識，立足台灣本土，胸懷漢語文化，望眼全球世界村，倍增本書的可讀性。而且，讀者必然發現，這不是一本單單談論理論的書，乃是作者宗教信仰的生命實踐之學術表現。

　　身為一個系統神學工作者，在讚賞本書之餘，若有所苛求，無非期待第二部分需要進一步做系統性整合，釐清各個教義之間的相互關係，例如，「創造」與「拯救」原本密切相關，這在巴特的神學尤其清楚呈現：又例如，「教會觀」與「上帝國的終末盼望」亦息息相關；再例如，「十誡」為舊約律法核心，與「約」的觀念關

係重大，可以進一步從「律法」與「福音」的關係做深入探討。熱切期待作者在基督教教義研究方面的繼續貢獻，並在基本介紹工作之外，進而與各種不同說法以及質疑者進行深入的對話。

本書極大的優點是，條理清晰、層次分明，作者不只為具有深入淺出能力的觀察者與敘述者，更是優秀的評論者。然而在作者提供有如琳瑯滿目的櫥窗之際，仍然需要讀者分別進入各窗口之內繼續研讀，才能略略體會難以窮其盡的基督教信仰。

嶺頭

**林鴻信**

# 葉序

　　在宗教研究界一直有一種爭議：對於某一種宗教研究要有眞確的認知，其立足點是應該在「宗教內」抑或是在「宗教外」？基本上，這是難解的問題。支持前者的人認爲研究者本身是該宗教信徒者，對於宗教深層意義的瞭解與眞相的發掘有絕對的幫助；但是支持後者的人則質疑身爲學者又同時是研究宗教之信徒，難免有主觀維護之嫌，不若以非信徒的立場來得客觀。

　　然而，就教學的角度而言，作爲一個教師所應給學生的是「事實」與「客觀合理的思考方向」。如果就這角度來看，《永恆與心靈的對話——基督教概論》這本著作無疑地相當合乎這些標準。作者蔡維民博士本身是虔誠的基督徒，又受過正規神學訓練，因此其對於基督教歷史、內容、教義理解與詮釋之正當性自無庸置疑；而令人感佩的，是讀者可從字裡行間察覺到作者在努力尋求一個客觀平衡的立場，去敘述並評論他所信仰的宗教。要能眞實而客觀地分析並評述自己信仰的對象是不容易的，而作者做到了；因此，蔡博士此書既具眞實性、深入性又不失客觀性。

　　在本書的諸單元之中，個人認爲最有特色的是作者對於基督教與台灣社會現況的關聯與評述，尤其作者對於台灣的教會史的獨特觀點以及對台灣教會「存續上的抉擇點」概念更是精彩；另外在第十五章「基督教改革宗之基本政治性格」中，相當正確地點出了教會與政府之間應該有的「動態平衡」關係，而這種關係也在最近的「政教關係」發展之中得到印證；而在第十六章「台灣前途與教會責任」中，作者提出的洞見更令人動容：「台灣的基督徒是相當苦悶的……，一方面覺得需要改革社會以盡到一個基督徒的責任，一方面又看到連教會也不斷地被『俗化』而深感無力，所以在自己心

中逐漸形成兩種標準：禮拜天的聖徒與週間的凡人。也因此，基督徒對於社會各層面的參與有時候表現得較非信徒更為冷漠——這在一般教會活動上尤為清楚。」對於一般台灣基督徒的心態真是描寫得入木三分。

理論的建構不能來自於經驗的觀察之中，當吾人細觀作者娓娓道出其對於宗教的觀察與體認之餘，不難感受到其中蘊涵有系統建構的企圖心。在各個單元之中，若讀者細讀其內容，也可驚喜地發現不少獨特的觀點。蔡維民博士在本校宗教學系任教多年，教學認真，並對其專業領域之研究頗有所成，個人相信以其認真而充滿活力的學術性格，必能在其領域上嶄露頭角。也相信本書對於有意認識基督教的學生與社會人士必有所助益。

真理大學校長

**葉能哲（理學博士、神學道學碩士）**

# 前言

　　有人說今日基督宗教的勢力正在逐漸衰退，無論是歐美或是亞洲，基督徒的人數正在逐漸減少之中。因此有的人從「衰退論」之角度提出對於基督教宣教以及復興的種種看法。但是我的看法卻不這麼悲觀，與其說是基督教徒人數削減了，倒不如說是基督教「隱性信徒」增加了——當然，我並非完全贊成卡爾·拉納（Karl Raner）所提出「匿名基督徒」的見解。事實上，一個多世紀以來，受到基督教薰陶與影響的人比前19個世紀的任何時期還多。在20世紀之前，2／3的基督徒（約500萬人）是居住在歐洲與北美；而在上一個世紀，2／3的基督徒（約20億人）是居住在歐洲與北美以外的地方，基督教的擴張造成了它對其他宗教認真思考及存在意義，也同時重新檢視自己在世界宗教版圖之中的定位。在這種情形之下，「傳統基督教」的漸漸式微是必然的且可理解的；而「新的」、「現代的」基督教信仰之興起也是在預期之中。

　　雖然如此，但是作為一個對於「終極實有」的信仰體系，而且是具有2000年傳統——猶太教那部分省略不談的話——的信仰體系，它必有其不可取代的內在脈絡，作為它在不斷現代化過程中的基本標準。而我們所要研究並顯明出來的便是那個部分，那個現代科技、科學論述、理性推論都無法真正取代的那個部分。而我認為，任何時代的基督教組織、教義都是這個內在脈絡面對當時當地實際問題與挑戰的回應。因此，從現象回歸脈絡，然後再檢視此脈絡的自然演變是否正常，便是我在檢視基督教演變是否合理的重要方法。當然，因為當代哲學、宗教學研究、社會學與人類學等等領域之中所取得的進展，使得我們在面對基督教時，有更開闊的視野，而這些進展也都為作者在解釋基督教作現代化演變時的諸現象

提供豐富的資料。

　　本書雖然名爲《永恆與心靈的對話──基督教概論》，但我絕無意提出一個「何爲基督教」的標準，頂多只是爲自己所經驗並理解的基督教作一個敘述性的闡釋，嘗試從歷史、教義概念詮釋、形式組織、社會現象與藝術等諸面向進行探究，只盼能稍許幫助社會大衆對於基督教有所認識，並能與相關領域的研究學者進行對話。

　　本書分爲四個部分，分別爲「認識基督教」──包含七個單元、「基督教教義反省」──包含五個單元、「基督教與台灣社會」──包含四個單元，以及「基督教藝術之探討」──包含三個單元，合計共十九個單元。和《心靈哲學導讀》一樣，本書有些單元是源自於自己的教學講義，例如，「認識基督教」中大部分文章是上課講義，而由同學協助整理而成；有些單元則是自己所曾發表過的論文修改後之結集，例如，「基督教與台灣社會」、「基督教藝術之探討」部分文章；當然也有針對本書所規劃之議題撰寫之文章。由於不是「一體成形」，在結構上難免鬆散、不夠嚴謹；而「講義」與「論文」由於原本讀者對象的不同，其深度也較不能統一；另外因爲時間與能力的限制，有些相當重要的議題未能處理，例如，「基督教教育」、「基督教宣教原則」、「基督教生死觀」、「三一論」、「預定論」、「台灣改革宗教會的社會關懷」、「基督教藝術發展史」、……等等，這些議題有的正在進行處理，有的還在蒐集相關資料，盼望本書再版時能呈現更完整的內容以饗讀者。

　　雖然尚不完備，我仍要對本書進行約略的介紹。在「認識基督教」部分，我就起源、背景、歷史發展、經典、禮儀、倫理原則與對話七部分進行介紹，用意是讓原非基督徒的讀者亦能對基督教有最基本的認知；然後在「基督教教義反省」部分，就自己較熟悉的基督教教義進行反省。包括「創造論」、「終末論」、「拯救論」、「教會論」與「十誡」等等，在此我所採取的並非一般傳統神學的理解，而是帶有某種程度的「反叛」，此部分盼可以與讀者相互對

話；而在「基督教與台灣社會」部分，我將重點放在新教「改革宗」的範疇之中，簡單地探討台灣教會史、教派問題、「改革宗」的政治性格以及教會與國家的關係等等。其中〈基督教改革宗之基本政治性格〉一文曾在西元2000年東海大學研討會中發表，經整理後收錄於本書中；而〈台灣前途與教會責任〉也曾發表於《曠野》雜誌中。第四部分是「基督教藝術之探討」，在此部分我著重於尋找藝術表現之神學基礎並重建基督教——尤其是新教——的美學根基，這是一條漫長的道路，但我相信改革宗信仰的藝術深度必然是有的。在此部分，我也收錄了西元2000年於「台灣宗教學會年會」中發表的〈台灣基督教藝術介紹〉一文，並於附錄中擺上曾於《校園》雜誌中發表過的〈藝術表現與宣教策略——記於《豆豆福音》讀後〉一文，與讀者分享自己對於「藝術與宣教」的理念。

本書的完成同樣有許多人需要感謝。真理大學宗教系的許多同學展現了他們課堂上的認真與對學術的洞察潛能，協助我整理散亂的講義稿並作初次校對的工作，如（高）嘉璟協助整理「禮儀」與「宗教對話」的資料、（葉）思甫幫忙整理「倫理原則」的講義、（賴）正恩幫忙整理「教派」的部分、（黃）兆崙負責「基督教簡史」與「台灣教會史」的整理——尤其兆崙還幫助一些照相的工作，更是感謝。盧永茵小姐協助部分文章的打字，羅佳文小姐協助校稿，使得我節省不少時間。此外也感謝台南太平境教會、看西街教會，以及台北濟南教會慷慨提供教會照片，（江）杰霖先生提供萬金聖天主堂的照片，使得第十九章之內容更為豐富。我也要感謝家人的支持與鼓勵，我的每一本書都蘊涵了自己對家人的感謝與虧欠。最後還要謝謝台灣神學院教務長林鴻信教授以及真理大學葉能哲校長的序言，在其文字之中，作者看到了他們對基督信仰的負擔以及對我深刻的期許。

我仍在建立自己的神學地基。廣義地說，每個人都在建構自己的神學——理性地闡述自己的信仰，並且依此闡述立身行道。因

此，我們需要一個地基，告訴我們闡述的基本模式，以及作爲信仰
闡釋基礎的基本思考方向。事實上，任何神學論述都是在更早的其
他神學地基上建造起來的。因此，不論是天主教徒或改革宗教徒，
或許對禮儀或某些基本教義有所堅持，但彼此都一定要對對方的神
學心存敬意，甚至謙卑以待。唯有如此，理性的交流才得以實現，
而藉由交流與傳授，基督信仰的內涵才能更完備，而作爲宗教體系
的基督教才能使人更趨近上帝。

蔡維民於淡水

# 目　錄

林序　　　　　　　　　　　　　　　　　　　　　　　　i

葉序　　　　　　　　　　　　　　　　　　　　　　　　iii

前言　　　　　　　　　　　　　　　　　　　　　　　　v

✝第一部　認識基督教　　　　　　　　　　　　　　　　1

第一章　基督教的起源、本質與特色　　　　　　　　　　3

　第一節　基督信仰的起源　　　　　　　　　　　　　3

　第二節　基督教（新教）的特色　　　　　　　　　　9

　第三節　基督教的本質　　　　　　　　　　　　　　11

　結論　　　　　　　　　　　　　　　　　　　　　14

第二章　希臘哲學與文化影響下的基督教思想　　　　　　19

　第一節　希臘化世界與基督教的會遇　　　　　　　20

　第二節　希臘文化與基督教　　　　　　　　　　　21

　第三節　希臘哲學與基督教思想　　　　　　　　　26

　結論　　關於「福音與文化」之反省　　　　　　　36

第三章　基督教發展簡史　　　　　　　　　　　　　　　43

　第一節　基督教史分期的反省　　　　　　　　　　44

　第二節　初代基督教（耶穌死後至西元6世紀）　　46

　第三節　中世紀基督教（西元6世紀～16世紀）　　49

　第四節　宗教改革時期基督教　　　　　　　　　　52

第五節　近代至現代基督教　　　　　　　　　　58

結論　　　　　　　　　　　　　　　　　　　64


第四章　基督教的經典──《聖經》　　　　　69

第一節　聖經的意義與起源　　　　　　　　　69

第二節　聖經的正典化　　　　　　　　　　　71

第三節　次經與偽經　　　　　　　　　　　　73

第四節　聖經內容大綱　　　　　　　　　　　74

結論　　聖經的貢獻　　　　　　　　　　　　76


第五章　基督教的禮儀與崇拜　　　　　　　　93

第一節　基督宗教的禮儀：洗禮與聖餐　　　　93

第二節　「入教禮儀」：洗禮介紹　　　　　　95

第三節　「聖餐」禮儀介紹　　　　　　　　　98

第四節　基督宗教的崇拜／禮拜　　　　　　　101


第六章　宗教對話　　　　　　　　　　　　　111

第一節　宗教對話的意義與其基礎　　　　　　112

第二節　宗教對話的歷史推演與因素　　　　　113

第三節　「宗教對話」實踐的可能性與其基本假設　115

第四節　宗教對話的層次與其困難　　　　　　117

第五節　宗教對話的理想形式之建議　　　　　120

結論　　　　　　　　　　　　　　　　　　　121


第七章　基督教的倫理概說　　　　　　　　　127

第一節　舊約倫理原則　　　　　　　　　　　128

第二節　新約倫理原則　　　　　　　　　　　131

第三節　一個簡單的整理　　　　　　　　　　135

結論　　人文道德的反省　　　　　　　　　　　　　136

✝第二部　基督教教義反省　　　　　　　　　　　　141

第八章　「創造」與「存在」——基督教「創造論」初
　　　　探　　　　　　　　　　　　　　　　　　143
　　第一節　創造論所面臨的問題　　　　　　　　　144
　　第二節　一般神學思想家對「創造」的看法　　　147
　　第三節　創造概念的釐清與重要基本認知態度　　151
　　第四節　創造論的重點（以創世記Ch1～Ch3為例）　154
　　結論　　　　　　　　　　　　　　　　　　　161

第九章　　「歷史」與「上帝國」——基督教「終末論」
　　　　初探　　　　　　　　　　　　　　　　　167
　　第一節　「終末論」的重要性與認知態度　　　　167
　　第二節　「終末論」的重要概念　　　　　　　　170
　　第三節　一些爭議概念的討論：「煉獄」與「千禧年」　177
　　結論　　歷史的方向　　　　　　　　　　　　　181

第十章　基督教「拯救」概念初探——反省教義史上的
　　　　「拯救論」　　　　　　　　　　　　　　187
　　第一節　「拯救」的意義　　　　　　　　　　　188
　　第二節　教義史上探討「拯救」的三種類型　　　190
　　第三節　對於上述三種拯救論的反省　　　　　　194
　　第四節　古典拯救論的現代意義　　　　　　　　196
　　第五節　從政治神學看「拯救」　　　　　　　　198
　　結論　　一個整理　　　　　　　　　　　　　　199

第十一章　　理想的教會——從Letty　M. Russell的觀點　　　　　　　　　　　　　　　　　　　　　　　　　　　　　　來反省基督教教會觀　　　　　　　　　205

第一節　羅素的開放教會學　　　　　　　　　　　206
第二節　今日教會本質與結構之反省——What is today's church？　　　　　　　　　　　　　　　　207
第三節　再反省與建言——What should today's church be？ 209

第十二章　　「十誡」的倫理意義——Claus　Westermann　　　　　　　　　　　　　　　　　　　　　　　　　觀點之理解與反省　　　　　　　　　215

第一節　舊約中誡命與律法的關係　　　　　　　216
第二節　十誡之形成及其問題　　　　　　　　　218
第三節　十誡所奠定的倫理意義　　　　　　　　219
結論　　十誡與新約　　　　　　　　　　　　　224

✝第三部　　基督教與台灣社會　　　　　　　　　227

第十三章　　基督教在本地的發展——以台灣基督長老教　　　　　　　　　　　　　　　　　　　　　　　　會為例　　　　　　　　　　　229

第一節　對「台灣教會史」的一個基本認知　　　230
第二節　初期台灣教會史　　　　　　　　　　　232
第三節　日據時代台灣教會史　　　　　　　　　234
第四節　光復後台灣教會史（1945至今）　　　　237
結論　　存續的抉擇　　　　　　　　　　　　　239

第十四章　　台灣基督教的教派問題　　　　　　　245

第一節　「教派」產生的因素　　　　　　　　　245
第二節　台灣何以有如此多教派　　　　　　　　248

第三節　台灣基督教重要教派　　　　　　　　250

結論　　針對台灣「教派主義」之建議　　　261


第十五章　基督教改革宗之基本政治性格——以台灣基
　　　　　督長老教會為例　　　　　　　　265

第一節　宗教的基本意義與功能　　　　　　266

第二節　基督教政治觀的聖經與神學基礎　　268

第三節　台灣改革宗教會的批判性格　　　　280

第四節　台灣基督長老教會的責任與難題　　287

結論　　文化交融與宣教理念　　　　　　　294


第十六章　台灣前途與教會責任　　　　　　305

第一節　「認同危機」與台灣現狀　　　　　305

第二節　台灣教會的現況　　　　　　　　　306

第三節　台灣教會的責任　　　　　　　　　308

第四節　對於台灣前途與教會責任的實際建議　311

結論　　一個新的反省　　　　　　　　　　315


✝第四部　基督教藝術之探討　　　　　　　319


第十七章　基督宗教藝術的聖經基礎與神學理解　321

第一節　基督宗教藝術的理解　　　　　　　321

第二節　聖經中的美學思想　　　　　　　　322

第三節　西方神哲學家的美學思想　　　　　327

結論　　基督教藝術本質的再思　　　　　　335

第十八章　基督教改革宗藝術的美學內涵　341

第一節　意義的釐清　341

第二節　基督教藝術的方法論性格　345

第三節　基督教藝術的再定位　348

第四節　「見證」的基督教美學內涵　351

第五節　「見證美學」的引伸與需解決的問題　356

結論　當代基督徒的藝術責任　359


第十九章　台灣基督教藝術介紹　367

第一節　基督宗教藝術的意義與要素　367

第二節　台灣本土基督教藝術家介紹　370

第三節　台灣教會建築藝術介紹　373

第四節　台灣基督教音樂的現況與發展　379

第五節　台灣基督教藝術的特色與限制　383

結論　本土化的一些建議與原則　388


附錄　藝術表現與宣教策略——記於《豆豆福音》讀後

395

# 第一部　認識基督教

□基督教的起源、本質與特色
□希臘哲學與文化影響下的基督教思想
□基督教發展簡史
□基督教的經典──《聖經》
□基督教的禮儀與崇拜
□宗教對話
□基督教的倫理概說

# 第一章　基督教的起源、本質與特色

　　基督宗教是當代世界三大宗教（基督宗教、佛教、伊斯蘭教）之一，目前其信徒人口約占全球比例的1／3，保守一點的估計約爲1／4。如此龐大的勢力，仍然有其起始的時候。我們接下來就要好好地來理解這麼一個宗教是怎麼出現的？它有什麼特色？與其他宗教又有何不同？

## 第一節　基督信仰的起源

　　當然，就一個剛成形的宗教而言，必定有其最初吸取養分的地方。基督教也不例外，基督教的前身是猶太教，這是眾所皆知的事情。但是，如果對於猶太民族史稍有留意的人便會發現，事實上，在巴勒斯坦地區接受基督教信仰的猶太人並不多。反倒是非猶太人或巴勒斯坦以外地方的猶太人較能接受基督信仰，甚至向外傳揚。到底是什麼緣故呢？我覺得有必要交代一下基督教起源的歷史與社會背景，並介紹其核心人物——耶穌。

### 一、基督教之前的猶太世界

#### （一）歷史與政治背景

　　在基督教興起的3世紀前，亞歷山大大帝征服波斯以後，因受到其老師亞里斯多德（Aristotle）的影響，全面推行「希臘化運動」

（Hellenism）。而在西元前323年亞歷山大死後，帝國分裂為四。其中曾先後統治巴勒斯坦的，便是埃及的托勒密王朝（Ptolemy, 323～198BC）與敘利亞的塞留古王朝（Seleucus, 198～166BC），兩者皆全力灌輸希臘文化。在政治力介入下，希臘文化充斥巴勒斯坦——包括生活方式、思想、宗教、劇場、競技場、公共澡堂、神廟被建立、錢幣被鑄上希臘神明、君主被奉為神、希臘文是官方語言、教育傳播皆採希臘模式。「希臘化」成為是否蒙受政治恩寵的關鍵。這對具有強烈民族優越感的猶太人而言，造成了一些衝擊——亦即「認同危機」。

塞留古王安提阿哥四世（Antiochus IV Epiphanes, 175～164BC）自命為神明，特別強制其臣民（尤其猶太人）接受希臘化。於西元前167年攻破耶路撒冷、殺害奴役猶太人、禁止割禮、以異教牲禮玷污聖殿祭壇、企圖廢除猶太信仰，遂引起猶太人武裝反抗❶，發動游擊戰並獲驚人成果，此即歷史上有名的「馬加比」運動。之後，其家族——名為「哈斯摩尼」（Hasmonean）——便同時擔任祭司與政治領袖雙重角色。

後來，馬加比王朝——「哈斯摩尼」家族繼承者逐漸世俗化，而其又非大衛後裔，猶太人漸漸不服其統治。馬加比王朝竟向西方羅馬求救，西元前63年由龐貝（Pompey）將軍率羅馬軍占領巴勒斯坦並改之為羅馬一行省。從此，駐在巴勒斯坦的羅馬總督便與大祭司密切合作，因後者必須由羅馬統治者任命。

## （二）宗教背景

在前面我曾提到希臘文化的衝擊致使猶太人產生「認同危機」。在希臘文化強勢輸入的同時，猶太人開始思考：猶太律法是否仍然該堅持？作為民族精神核心的「耶和華信仰」是否有必要持守？當然在這種想法瀰漫的氣氛下，便有一些「啟示文學」❷出現，鼓勵猶太人繼續堅持作「耶和華選民」。其中最為流傳的便是

「錫安神學」❸──「上帝國」思想以及「彌賽亞」❹思想。而當羅馬統治巴勒斯坦時，因為「啟示神學」（apocalyptic theology）的激勵，產生了不少追求集體認同的自發性團體，例如，愛色尼派❺（the Essenes）團體，其中最為有名的便是集結在死海邊的極端虔敬團體──「昆蘭社團」（Qumran）。

雖然猶太人積極追求自我認同，想藉由宗教與道德的淨化與純化（purity）來重新凝聚民族意識。但是在長期遭受異族統治的情況下，無可避免地要接觸多種外來文化──當然包括外來宗教的某些教條觀點。因此，我們便可以理解為什麼耶穌一方面肯定傳統「摩西律法」的價值，一方面卻又批評它的僵化。除此之外，不同的宗教與文化交融，確實是可以擴展人的世界觀與胸襟，我們可以從耶穌那跨種族的邀請：「你們要往普天下傳福音，使『萬民』作我的門徒。」便可見一斑。

天啟末世思想，宗教的純化與改革的要求，加上外來宗教的衝擊，這便是羅馬統治初期巴勒斯坦地區的宗教背景。在這種背景之下，一個扭轉全世界的魅力宗教領袖──耶穌，就此崛起。

## 二、耶穌的事蹟

耶穌的故事是由「馬利亞被告受孕」開始。有關聖誕節的故事在此我不再談，我們直接就耶穌從30歲開始傳教時說起。在祂30歲之前的事蹟，聖經並沒有多加說明。根據以往的說法，耶穌一直住在加利利地區的拿撒勒小村落中當木匠。但是今日的考古學提出了另一種說法：耶穌的確是木匠（我們必須瞭解，當時木匠的社會地位甚至比農民還低），但是其工作地點應該是拿撒勒附近的「撒福瑞斯」城，那是加利利的首府。是加利利地區人文薈萃之地──啟示思想、多元文化、各種哲學以及正統的猶太教都存在於此。我們有理由相信，耶穌之崛起與他在此處的耳濡目染有相當的關係。

當耶穌30歲時（約爲西元26年），祂認爲時機已到，便毅然放下木匠的工作出外傳教。在接受「施洗約翰」傳統猶太教式洗禮之後，開始了爲期3年的傳福音生涯。其實祂的「福音」內容很簡單，主要就是三點：一、上帝國近了，所有人都要悔改；二、自己是彌賽亞，是以色列一直期盼的救世主；三、凡是相信祂的人，無論是否猶太人都可以回歸於神。而這三點恰恰與當時的流行思潮不謀而合。雖然祂的信息主題合乎潮流，但是其內容卻是反傳統的：祂強調以和平取代暴力、祂要求重視道德生活重於宗教儀式、祂認爲上帝的救贖是「普世的」而非「民族性的」。在傳教的過程中，有12位主要的跟隨者，就是所謂的十二使徒。

　　既然是「彌賽亞」，耶穌必須舉出證據來自我證明。祂自我證明的方法有三：一、祂常常舉出猶太經典（即舊約）中有關於「彌賽亞」的文字，來與自己的言行遭遇比對，證明自己合乎舊約預言；二、最爲人所熟知的，便是祂時常行神蹟。祂能治好許多的天生痼疾，趕走污鬼邪靈，控制大自然，甚至叫人復活。當時在巴勒斯坦不乏其他異能者，但唯有耶穌從未失敗；三、祂最後，也是最重要的自我證明，便是祂的「死而復活」。我們可以說，今天之所以有基督教，就是因爲基督徒堅信「復活」是一個事實。

　　在當時的猶太人心目中，這位具有能力的「拉比」❻好像與傳說中的彌賽亞越來越像了。現在只需要耶穌正式向羅馬宣戰，他們便可以再度恢復大衛王時代的光榮。因此，當耶穌被釘死十字架的前一週進入耶路撒冷城時，祂受到了城市居民（當然不包括宗教領袖與當權者）如君王般歡迎，而在祂隔天進入聖殿趕走其中的生意人時，民眾期盼的熱情更是到達最高峰，因爲耶穌此舉等於向腐敗的猶太當局與羅馬政府宣戰❼。然而接下來卻不見耶穌有任何積極的舉動，甚至毫無抵抗地便被抓走。在落差極大的情形下，憤怒的猶太人因此隨著祭司階級高喊：「釘祂十字架！」於是，在進城後的第五天，耶穌便被釘死在十字架上了。

事實上，耶穌雖然是由羅馬總督下令處死，但是實際要除掉祂的還是猶太當局。我們整理耶穌與猶太當局衝突的原因，可以找出三點：

1. 猶太人具有很強烈的民族優越感，他們自認為「上帝的選民」，是具有特別恩寵的民族。非猶太人要成為猶太人一定得接受「潔淨禮」──「割禮」。「上帝終究會眷顧自己的百姓」，這是猶太人的生存希望。然而耶穌竟然說：「『凡』信我者得永生。」將「上帝國」的專利分給了不潔不敬虔的外邦人，這是他們無法忍受的。

2. 在猶太人傳統的想法中，「彌賽亞」是要來帶領他們重新恢復大衛王時代的光榮，是政治性的君王──至少也是個武力解放者。所以唯有「大衛家族」的後裔才可能擔任彌賽亞，因為大衛的後裔當君王才合法。他們將這種期盼放在耶穌身上，期待耶穌展現超卓異能，將羅馬勢力趕出巴勒斯坦之外。但是耶穌的自我宣示卻是「和平的人君」，其國度「不在這世上」，這樣的落差使他們大失所望。既然無法依靠，那為了本身既得的利益以及防止羅馬政府疑懼，必須除去耶穌。

3. 猶太人民生活及生存的基礎不是別的，便是他們的「律法」（torah）──事實上，猶太律法的繁文縟節甚至到了不可思議的境界，可謂無所不包無所不在。可以說，沒有了律法，猶太人便活不下去了。然而耶穌在傳教過程之中，卻一再對猶太人視為神聖不可侵犯的傳統摩西律法提出質疑，這不僅是大逆不道，更會嚴重危及民族的生存❽。在《四福音書》的記載中，猶太經學家對於耶穌最大的不滿便是他常一再地不遵守傳統律法。

### 三、耶穌死後的情勢

　　耶穌死後，「耶穌運動」——傳揚耶穌就是彌賽亞的行動——便在巴勒斯坦及以外的地方開始進行。一般而言，在巴勒斯坦傳教主要是以十二使徒（出賣耶穌的猶大已死，由馬提亞頂替）爲主，而住在巴勒斯坦的希臘人有司提反向他們傳教。我們要注意的是，「十字架事件」之後，猶太教本身也有一些改革，並且開始漸漸轉型至以「法利賽人」（the Pharisees）❾爲首的「拉比猶太教」❿型態。這時「耶穌運動」與猶太教之間因爭取猶太人的認同，其緊張性日益強化。

　　司提反死後，向非猶太地區傳教的重擔便臨到保羅身上。西元65年在第一次「猶太戰爭」之後，拉比猶太教成爲主流，而判定基督教是爲異端⓫，於是巴勒斯坦的教會便逐漸沒落。相對地，以保羅爲首的外邦宣教便成爲重心。保羅一共有4次旅行傳教，足跡遍及巴勒斯坦、小亞細亞、巴爾幹半島、賽浦路斯，以及義大利半島，建立超過40間的教會。並寫了許多書信給各地教會，這些書信便成爲新約聖經的重要內容。

　　羅馬帝國統治下最主要的兩種宗教形式也對初代基督教產生相當大的衝擊⓬：一、傳統神明的國家性崇拜——例如，皇帝崇拜；二、非官方、自主的神廟與地方信仰——例如，埃及女神Isis崇拜、太陽神崇拜等等。前者挑戰初代基督教的合法性；而後者一方面爲基督教之傳播提供了良好的宗教基礎，卻也因此造成「異端」的危險。我們可以說，在初期基督信仰中，有不少儀式及制度是來自於異教的。當然，一開始教會的領袖們（以使徒及其挑選繼任者爲主）一直是以個人的信仰與認知來抗衡並設法清除與基督信仰本質相衝突的部分；但是隨著人數的增多與地域的擴張，加入教會的分子越來越複雜，因此，教會內應如何發展出對內部具有領導權

威、又能解決紛爭、制訂決策的組織架構變成了主要問題。我們可因此比對韋伯（Max Weber）所提出的「靈恩／魅力領袖」（charismatic leader）轉變到「體制形式」（institutional form）的過程。

# 第二節　基督教（新教）的特色

在整個世界體系中，基督教無疑的也是諸宗教之一。它的形成跟一般新興宗教一樣，是和其他已存在的宗教互相辯證的成果，同樣有其經典、有其獨特的崇拜與禮儀、有其特定的組織與神職系統、有其道德規範。在其2000年的歷史發展中，也有成長、分裂、再茁壯的過程。但是，這一個宗教到底與社會上其他宗教有什麼不一樣？我們可以從哪些特點馬上就可以認知到那就是基督教呢？更進一步說，在今日宗派林立的基督教之中，有哪些特點是其所共有的呢？就我對基督新教（Protestantism）的認識，整理出以下特色❸：

## 一、強調人與上帝立約的關係

聖經的標題是「新舊約全書」。「約」是包括雙方在內的一種協定，參與協定的雙方都需受盟約誓言的約束。聖經乃神與人所訂契約的紀錄、歷程與內容以及「神的指示」。故基督教極重視「約」的觀念：例如，「受洗」──人對神約定以新的自我來追求祂；「耶穌之死與復活」──代表耶穌以自己的生命將人類從罪中贖回，並代替人類重新與上帝立了約。「約」的概念涵有另兩個概念：「回饋」與「忠誠」，這在基督教倫理中尤其看得清楚。聖經強調「我們相愛，因神先愛我們」（約翰壹書四：19），又說「你們要盡心、盡性、盡力愛主你的上帝」（路加福音十：25），便是與回

饋及忠誠有關，我在後面論「經典」與「倫理」時會繼續提到「約」的說法。

## 二、一神信仰卻非獨一神主義

基督教是屬於一神教的宗教。強調信仰的純正性。舊約的人一再告白自己的信仰對象爲：「亞伯拉罕的上帝、以撒的上帝、雅各的上帝。」新約耶穌宣稱：「我是道路、眞理、生命，若不藉著我，沒有人能到父那裡去。」此不代表基督教仇視他教，而是當面對永恆生死之抉擇時，必須專一執著。當然，當宣稱唯有上帝是眞神時，便隱含了對其他神明崇拜的排斥，因此不可否認的，是基督教的確具有排他性。但是，有一點卻是連其他一神信仰也沒有的，那就是基督教（新舊皆然）的上帝是「三位一體」，是唯一實體卻有三種位格——我們可以從「關係」概念類比地認識之。這說明了基督宗教是一神信仰，卻非獨一神主義。

## 三、經典的唯一性

此亦爲基督教系（猶太教、基督宗教、回教）之特色。基督宗教不同於其他多種經典宗教，她只認同唯一經典——《聖經》，並極爲強調聖經的權威。認爲聖經乃上帝的啓示，是至高無上的，聖經中的眞理乃人得救之唯一依據，任何後世之教訓皆不能悖離之，基督教內任何宗教書籍之地位皆不能超越聖經。新教更進一步強調在世上沒有任何事物能高過聖經。因此聖經亦成爲判別眞實基督教重要依據。例如，「摩門教」因爲高舉「摩門經」的地位甚至超越聖經，因此便不被認同爲正統基督教；「統一教」以「原理講論」代替聖經，同樣不被基督教所接受。我在論及到「經典」時會再加以說明。

## 四、人的墮落與無能為力（他力的救贖觀）

　　在《聖經・創世記》記載，自從「原罪」之後，人便喪失了與上帝直接交往的能力。人的心便再也無法自行戰勝惡念，必須靠耶穌的自我犧牲，才能重新接通人與神之間的聯繫。《聖經・使徒行傳》中記載：「拯救只從祂（耶穌）而來；因為在天底下，在人間，上帝並沒有賜下其他的名，使我們藉著它得救。」（徒四：12）但是此不代表人已回復到「原始狀態」，而是有了一個憑藉與管道（耶穌）可以與上帝重新溝通。故基督教是一典型的「他力」救贖的宗教。相較之下，佛教講求自力超脫，道教強調自己的修煉修行，都是屬於「自力」救贖。

## 五、積極的入世觀（信仰行為的合一性）

　　只要是符合正統的基督教派，幾乎都強調入世服務之精神。人可以有出世的修為，必定要積極入世服務。初代基督教最偉大的傳道家保羅便強調：「沒有信心的行為是有罪的；沒有行為的信心是假的。」《聖經・哥林多前書》，只是各教派對《聖經》的認知不同，故入世的程度與角度便不同。在台灣，社會工作與關懷作的最深最廣的仍屬「長老宗」。

# 第三節　基督教的本質

　　談了起源與特色之後，我們最後來瞭解一下基督教的本質到底是什麼。它教義的最基礎在哪裡？其外顯的宗教行為、道德實踐中，所欲表達的最核心思想是什麼？在此將分成「核心概念」與

「神－人關係」兩部分加以敘述。

## 一、核心概念——信、望、愛

《聖經‧哥林多前書》第十三章13節這樣記載：「如今長存的有信、有望、有愛，其中最大的是愛。」我便以「信、望、愛」來說明基督教之核心本質。

### （一）信

什麼是「信」呢？在宗教中，信首先指的便是「信仰」。是指對一個神聖對象（sacret）毫無保留的獻身，是全人格的關注與信賴。有了信仰才能產生一種「信心」的態度，在獻身之後對於上帝毫無保留地信賴將使信徒毫無疑惑地面對挑戰，同時對於克服挑戰有絕大的「自信」。聖經之中對於「信」的陳述相當多，例如，新約〈希伯來書〉十一章1節，〈羅馬書〉十章9～17節，以及許多地方都有記載。值得強調的是，知識上的「相信」與宗教的「信仰」是不同的。我們可用兩句話做區別：在知識上強調「眼見為憑」（seeing is believing）；而宗教上的「信」卻是「信而後可見」（to believe, then you can see）。

### （二）望

所謂的「望」便是「仰望、盼望、希望」。當一個人真正地信了之後，他必然能以仰望神的那種熱情來面對他的生活與工作。事實上，我們常常可以就一個基督徒面臨挫折時的表現來檢驗其信仰的強度，其道理便在於此。真正的基督徒偶爾會沮喪、有時可能會低潮，但是他絕不會失去希望。對上帝越有信心的人，對未來越有盼望，越能以希望的新眼光（new view）來看待世界、詮釋苦難。因此，樂觀的笑容與進取的精神永遠都是真基督徒的標誌。

## （三）愛

在聖經中說「最大的是愛」，這句話的意思是說：「愛」是所有人類行為規範的最高標準。在聖經中的「愛」指的是agape，是不計報酬的「犧牲之愛」。而這種「愛」，人本身是沒有的。因此人必須「效法」神來學著如何去愛——這就是基督教倫理的核心。愛不只是一個標準，更是一種「不斷提升」的過程，真正的「愛」是結合「信」與「望」兩者而外顯出的。愛要提升，則信與望得先提升才行，否則不是出於內心真正的外顯，就變成「矯情」了。愛之所以重要，是因為非基督徒是藉由基督徒愛的行為來瞭解上帝是誰，上帝如何愛他們。耶穌在「新的誡命」中便說：「你們若相愛，眾人將因而認識你們是我的門徒了。」（約翰福音十三：35）

我們統合地來說明這三者的關係：一個真正信仰上帝的人，必因為全心信賴而沒有疑惑，因而建構出充滿希望的人生觀，就算面臨挫折亦不絕望。也因此，他的外顯行為必然是和諧充滿愛心的，因為他不需要算計別人來獲得好處，也不需要犧牲別人來贏得競爭。他可以散發出喜樂和平的氣氛，表明他做為基督徒的身分。下

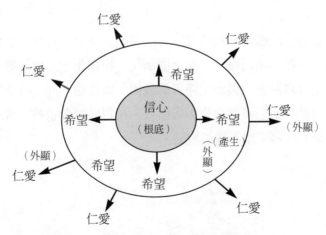

**圖1-1　信、望、愛三者的關係**

面的圖形應可幫助我們瞭解三者的關係，見圖1-1。

## 二、基督教的「神─人」關係

神與人是不同的，兩者之間有無法跨越的鴻溝──人終究為世人，無法變成神。但是基督教也談「自我超越」，那什麼是「超越」呢？人的不斷「自我超越」是為了讓自己越能自我完全實現，但是實現了的自己仍舊是人，不是神。而人之所以得以不斷「自我超越」，乃是神在人的心中，助人不斷打破自我的鴻溝與設限。換句話說，今天的我可能只活出了5％的自己，但是因為環境與自我慾望的箝制，無法再更實現地活出自我，唯有藉著信仰的力量來導引自己活出6％、7％、10％、20％、50％，甚至100％的自己。這就是基督教的自我超越觀。基督教強調神會與人同在，幫助人提升自我存在價值，但是就算神存在於人的心中，他只是「新造的人」，人是絕對無法變成神的。

## 結論

這是一個起點，我們將從「基督教」身上，看見一個新興宗教如何地崛起，如何發展，如何體制化、複雜化，如何影響西方的心靈。基督教的發生與歷史將告訴我們，宗教在不同的時空將呈現不同的特點──因為社會會影響宗教，相對地社會也被宗教所影響。接下來的內容將證明這個觀點。

# 參考書目

《聖經》(新舊約和合本)。聖經公會。

黃伯和等,《認識基督教》。台北:道聲。

田海華、陳麟書(1997),《世界主要宗教》。台北:中華民國宗教哲學研究社。

C. S. Lewis著,廖湧洋譯(1988),《如此基督教》。台南:新樓書房。

賈思樂和布魯克合著,楊長慧譯(1944),《當代護教手冊》。台北:校園。

# 註釋

❶堅貞遵從猶太傳統的「哈西典」人（Hasidim or Hasidean，敬虔者之意）成為反抗勢力主體。在模定村（Modin）有一祭司Mattathias殺死另一個以安提阿哥之方式獻祭的祭司，便帶其五個兒子逃到山上組織武裝的反抗勢力。其兒子之一的猶大（別名「鐵鎚」Maccabee，及「馬加比」）在父親死後成為領袖，發動游擊戰並獲驚人成果。165BCE馬加比陣營奪回耶路撒冷與其他地方，並潔淨且重獻聖殿。

❷大多數的啟示性作品，乃於危機和種類各異的疏離情境下所寫成。啟示文學的一個主要功能，即是勸慰那些在此世屬於權力結構邊緣，以及因宗教信仰而受壓迫的人，使他們確信上帝終會為他們申冤並施行拯救。藉著將這些受苦的人的目光導引離開眼前的不幸，而將注意力朝向天堂與末世性的未來，啟示文學實現了此一功能。另一功能可說是提出一特殊的世界觀，而鼓勵人們在言行方面與此世界觀一致。

❸一般對「錫安神學」的理解是：當猶太人全部都回歸耶和華信仰並在將耶路撒冷的錫安山重建聖殿時，耶和華將臨到並建立一個新的國度，此即「上帝國」思想的重要源頭。這種說法為典型的「先知型末世論」。

❹「彌賽亞」源於希伯來文Messiah，原意為「受膏者」。古代猶太人封立君王和祭司時，受封者頭額被敷以膏油，意指「上帝所派遣者」。猶太亡國後，猶太人中有傳說，上帝終將派遣一位受膏者來復興猶太國。彌賽亞遂變成猶太人所盼望之「復國救主」之專稱。基督教則稱耶穌基督即彌賽亞，是救世主，信祂者靈魂可得拯救，而祂將會再臨重新改造世界。見任繼愈主編，《宗教辭典（下）》。「彌賽亞」條目，頁1,133。

❺愛色尼人又被稱為「虔敬派」，曾積極參與反羅馬的鬥爭，並組成嚴密而互助的共同生活團體。他們嚴守摩西律法，對於當時和羅馬當局合作的耶路撒冷祭司嚴屬批判，但由於其宗教與道德的嚴守，反而吸引許多的跟隨者。對羅馬當局而言，他們不僅是宗教狂熱者，更具有搧動性的政治威脅。有人認為「施洗約翰」應該屬於此派人，而基督教有許多思想此派亦相似。

❻「拉比」便是猶太教中的經學教師。

❼當時在聖殿中所有的交易行為都是祭司長所支持允許的，耶穌此舉便是挑戰當時祭司階級的權威；而祭司長又是由羅馬政府指派，所以等於耶穌間接地挑戰了羅馬政府。

❽當西元前8世紀以色列王國被滅之後，當時的先知與學者便教導人民，之所

以民族命運如此悲慘，是因為人民不遵守摩西律法之故。這構成了後來在編纂舊約「申命記史典」時的中心思想。對以色列人而言，遵守律法便是討耶和華喜愛，並且得以存在的唯一方法。

❾「法利賽」的原意是「隔離者」，指猶太教內與其他人嚴格隔離，潔身自好的一群人，大多為「文士」與「律法師」為主體組成。

❿拉比猶太教與「天啟」（或曰祭司）猶太教最大不同處，在於後者是以耶路撒冷的聖殿與其中之祭司為宗教核心；而前者則是以一般「會堂」與經學教師「拉比」為核心的猶太教。西元70年之後，聖殿被毀，「天啟」猶太教因此煙消雲散，拉比猶太教因而形成主流。

⓫第一次猶太戰爭時，基督徒採取了中立的立場，不參與猶太人的反羅馬戰爭，他們避到約旦河外的希臘城市辟拉（Pella）。在戰爭後，巴勒斯坦的猶太教回復得相當快速，新領導者為迦瑪列二世與拉比（Akiba），而雅麥尼亞（Jamnia）學院成為新的文化與神學中心。西元90年通過希伯來聖經正典，拉比猶太教正式出現。他們並在會堂禮拜的告白（shema）中加入一段特別的文字，譴責基督教是為異端，並禁止基督徒進入會堂。巴勒斯坦的教會從此沒落。

⓬當然，除了宗教之外，希臘－羅馬哲學思想對於初代基督教也有相當的影響。我將另文加以詳述。

⓭既然是從對新教觀察而得，基本上便不包括天主教、東正教等「舊教」。不過這些特點似乎一樣存在於舊教當中。

# 第二章　希臘哲學與文化影響下的
　　　　　基督教思想❶

　　基督教最先接受耶穌爲「彌賽亞」，並由此作爲「耶穌運動」
──宣揚耶穌福音的行動──的起點。事實上，在早期的猶太教
中，對於「耶穌運動」中所宣揚有關上帝的存在及恩典的信仰完全
認定，因此在巴勒斯坦之外的猶太社群中，有不少人認同了「耶穌
運動」的信仰內容；但是當教會擴展到非猶太人社群時，便和懷疑
或否定此信仰的詢問者相遇，並展開辯論。路加在《使徒行傳》十
七章16～18節呈現了一個早期發展的階段，保羅在雅典邂逅了伊比
鳩魯與斯多亞的哲學家並與之辯論。接著到了第2世紀，基督教作
家們將他們的信仰與神學關聯起來，所以使用了大量的希臘哲學思
想──在當時仍影響著羅馬帝國的智慧，而且甚至到了後來的文藝
復興時期，這些希臘哲學也眞實地鼓舞了西方的藝術、科學與哲
學。

　　希臘哲學的誕生應該是在西元前6世紀左右❷，在米勒都
（Miletus）的愛奧尼亞城（Ionian）中的泰利斯（Thales）所開始。
經過了蘇格拉底、柏拉圖、亞里斯多德等的光輝世紀後，到了初代
基督教時期，原始的希臘精神卻已衰敗。雖然表面上希臘哲學諸思
想似乎席捲整個羅馬帝國，但是因爲帝國版圖的增大而產生的「世
界主義」之衝擊，文化與宗教的多元競爭，反而使得原先充滿原創
性、明確性與主導性的哲學思想變得缺乏衝力且傾向經驗性。此時
期的哲學家們習慣於就以往先哲之論題一再加以討論，不過他們較
趨向宗教層面的探討，以往被認爲是禁忌的無神論開始被熱烈地討
論了，系統化的懷疑論也是教學與討論的主題之一。幾乎所有思想
家都在追求倫理道德與法律的合理根源，但是卻少有人追求免於恐

懂的社會。不過，雖然此時期沒有偉大像《對話錄》、《理想國》、《尼科瑪各倫理學》等的著作讓人欣賞，但無論如何，希臘文化仍保有其吸引力與勢力。因此，我們將就希臘的文學、美術、科技（尤其是數學）與哲學思想等四方面來看看希臘文化如何影響早期的基督教❸。

## 第一節　希臘化世界與基督教的會遇

　　約在西元前300年左右，年輕的亞歷山大大帝建立了橫跨歐、亞、非三洲的龐大帝國，但是隨即分裂為四。其中統治埃及的托勒密王朝與統治敘利亞的塞留古王朝都先後統治過巴勒斯坦。雖然希臘帝國消失了，但是希臘文化的優越地位並未因此而消失。只要在希臘帝國曾統治過的地區，希臘文化便被後來的統治者視為主流文化而大力推行。著名的舊約「七十士譯本」便是在這種背景下所產生的❹。在異文化的衝擊下，不少的猶太人便開始思考自己宗教文化在當時世界上的定位，甚至開始懷疑自己所信仰的耶和華是否真是獨一之真神❺。為了堅固百姓的心與信仰，一些猶太的「拉比」與學者便假託早期先知知名撰寫書冊，強調自己的文化與宗教的優越性。相傳《但以理書》便是在西元前2世紀左右由住在巴勒斯坦的猶太學者以但以理之名所寫成的啟示文學作品❻。

　　當羅馬帝國將地中海沿岸一一收入版圖時，也同時將希臘文化收納到自己的文化之中，而形成了「希臘－羅馬」文化。我們可以這麼說：政治上是羅馬人統治了地中海，但是文化上仍是延續希臘文明的發展──無論是文學、美術、建築、哲學思想，甚至宗教──為主軸。「耶穌運動」的宣揚者與跟隨者處在如此一個文化場域之中，他們一定得思考宗教信仰、哲學思想與社會文化之間的互動關係。事實上，在當時所有的基督思想的宣揚者都或多或少地接

受了作爲主流的希臘文化影響，也許有些初代教父在意識上希望對這個事實加以抗拒，但是事實上他們仍是以希臘文化的思考模式在希臘文化圈中抗拒希臘文化。所以後來在諸教父慢慢建構而成的基督教神、哲學體系之中，便堂而皇之地使用了大量的希臘哲學式理性論證與概念體系。

根據上面的敘述，我們有相當的理由相信：初代基督教思想應該涵有相當程度的「希臘哲學特質」——就算內容是在撇清自己與希臘異教的關係。我們可以說兩者之間存在著一種「辯證」（dialectics）的關係——一方面回應當時希臘－羅馬的思想家或作家們對基督教的挑戰❼；一方面也藉著使用當時主流文化的語言文字來證明基督信仰的普遍有效性與包容性。基督教思想便是在如此的衝擊與培養下陶鑄而成。當然，我們絕不能忘了初代基督教思想中的猶太教成分。事實上，基督教的眞正成形與猶太教的轉型——從「聖殿祭司的猶太教」變成「拉比的猶太教」——有非常密切的關係，但是這可能又是另一篇文章的主題了。

## 第二節　希臘文化與基督教

希臘文化的特色，就我個人認爲是「人文的、自由的與精確的」。因爲是「人文的」，所以希臘文化追求合理、知性之美，強調人的價值與精神；因爲是「自由的」，所以希臘文化中的原創性非常強。就以希臘的藝術而言，它就是非常地不受拘束，因此，後來的「懷疑論」才能如此甚囂塵上；而因爲追求「精確性」，所以希臘的雕刻追求「完美比例」，甚至影響到文藝復興時期，也因爲追求精確，所以雕刻家同時也可能瞭解解剖學、建築家同時也可能是幾何物理學家❽。這些特質也可以在早期的基督教思想中找到。因此，我們看看希臘的文學、美術與科學如何展現於基督教的內涵中。

## 一、希臘文學與基督教

希臘文學最重要的兩顆明珠便是戲劇與史詩。後者即以最有名的「荷馬史詩」為代表；前者包含了悲劇與喜劇，而後人似乎比較注重希臘的悲劇。不過在這些內容形式的背後，「宗教」才是支撐希臘人文藝創作的重要基礎。例如，希臘戲劇——西洋史上最早的戲劇——是淵源於地方的宗教慶典，無論悲劇或喜劇，常是演員戴著諸神之面具在露天廣場中進行表演。亞里斯多德曾定義悲劇為：「透過憐憫與畏懼來達到淨化觀眾的情感。」❾，而詩作除了「荷馬史詩」之外，另有「抒情詩」（lyric）與「頌歌」（ode，即戲劇中的合唱歌）等。

不過，並不是所有的希臘文學都能吸引基督徒的作家，他們通常只選擇好的——或說合乎其標準的作品。事實上，早期的基督徒作家對希臘文學的內容並無多大興趣，但是對於其文學形式與訓練寫作與演說的方式卻情有獨鍾。在希臘文藝作品中，有不少猥褻的喜劇、色情的吟唱詩，對於嚴肅的基督徒而言，這是不可能被接受的。偉大的希臘劇作也時常因為它們是以人去偽裝眾神，有偶像崇拜與異端之嫌，所以被摒棄於基督教之外。但是，基督徒利用了希臘人的演說方式來訓練宣教士，也利用希臘人的歷史記載補足聖經的相關記述❿。

但是，在教育形式與方法方面，基督教卻又師法了不少希臘文化的素材。例如，非基督徒的老師會以介紹偉大的希臘作品為己任——特別是荷馬的史詩。他們非常嚴謹地探索、詢問古代英雄普遍的心靈世界，視荷馬史詩的內容是可資效法的——事實上，在教材中的確可以發現有傳達人類生存與命運的意圖；哲學家們當然也探求古代哲學作品中對道德與宗教的指引，例如，柏拉圖以心靈交流的風格寫下許多如詩般的《對話錄》（Dialogues）與《短篇的問答》

（Tentative Enquiry），重點是，這些被視為權威的文本，事實上其中有些內容看起來是前後矛盾的，而柏拉圖主義的跟隨者便必須對這些內容提出說明——這時候「修辭學」（rhetoric）就被廣泛運用。就像以往希臘的教師傳授辯論技巧與公眾演講藝術時，必須關聯到修辭學以避免自我矛盾同樣的作法。基督徒擷取了上述的「心靈詮釋」與「修辭學」的希臘遺產，運用在《聖經》的寫作與詮釋上，讓聖經成為各部分都保持和諧一致的充滿勉勵的書。那些原來在舊約中呈現的原始粗糙的概念，可能必須給予精神層面的詮釋，就像荷馬的詮釋者所採取高度心靈化的方式一般。

把《聖經》中受到爭議的關鍵概念加以重新詮釋的方法，我們可以理解為「寓意法」（allegory）。聖經本身充滿了許多的寓意，也就是說充滿了許多所謂的「擴張的隱喻」（the extended metaphor）。所以，要瞭解聖經，就不能夠拘泥於文字的意義，而必須努力去找出隱藏在文字背後的種種意義。像這樣寓意解經的方式在埃及的亞歷山大已被發展運用，像使用希臘文的猶太哲學家斐羅（Philo，死於西元50年）便運用在解釋聖經上。深受埃及亞歷山大學派影響的俄立根（Origen, 185～254）記錄了對宙斯與赫拉的詮釋（Against Celsus6.42，寫於AD250年），也運用了類似的方法解釋聖經中困擾或會引起反對的部分，在他的《第一原理》第四章3節可看到許多例子❶。他認為聖經本身有三重意義，即體（也就是文字或表面的意義）、魂（通常指涉道德或倫理上的意義）和靈（也就是屬靈的寓意），聖經解釋最主要的目的就是去找出其中的寓意。耶柔米（Jerome）精通希伯來文及希臘文，且曾將聖經翻譯成通俗拉丁文本（the latin vulgate），他雖然曾經受到安提阿字意解經學派的影響而修改了部分的立場，但基本上還是一位寓意解經法的擁護者。

## 二、希臘美術與基督教

在希臘藝術中，「視覺藝術」（visual arts）比音樂——當時仍保持很簡單的形式——更有發展；而其雕刻藝術（sculptural art）又比繪畫更具影響力。希臘建築的特色便是由許多圓柱支撐著一個簡單的長方形大理石，不過希臘人的建築藝術多用於神廟建築上；相較之下，羅馬人的建築便實用多了，除了「圓柱」建築之外，羅馬人也常用「拱門」，這些都反映在早期基督教建築中。最早的基督教大教堂有著長方形石柱的大廳，類似作法院或商業中心的長方形會堂（basilica）。後來的樣式採用有羅馬特色的拱門與圓頂，並且完善地保留到了拜占庭時期。事實上，早期基督教教堂有些是改建自異教廟宇，因爲以往藏置異教神祇的小廟堂無法容納所有基督徒的崇拜之用，因此才加以改建❶。

在雕塑方面，初代基督教的紀念碑（像）正好回應了當時「希臘—羅馬」的風格，例如，基督教殉道者的紀念墓（martyria）之造型與紀念碑所刻之嵌有花葉形狀之小方格，那是典型的希臘形式之作品；在一些雕刻精美的基督徒石棺上，有類似羅馬皇帝棺木上所刻「揹花環」——取材自希臘酒神神話題材——的浮雕；早期教堂中的馬賽克壁畫，也有當時羅馬社會與宗教的影子。最有名的是在地下墓穴中所發現的一個雕像，便是以「好牧人」——扛著羊的年輕人——爲主題，而此在原羅馬社會中便有，是羅馬神話中之信使神，抱著羊代表「博愛」美德之意；而耶穌基督的雕像及畫像尤其是受到了西元前4世紀時期大型希臘作品的影響，因此就像少年的希臘阿波羅般英俊——注重完美比例、深目薄唇、波浪髮、講究衣紋縐折之美。據說印度的佛像藝術也承襲有希臘雕像特色❶，不知道早期基督像與佛陀像看起來是不是很相似。無論如何，我們得歸功於從龐貝城發掘出的一些相關遺跡。我們可以這麼說，在西元

180年之前的基督教文物仍然保有相當濃厚的希臘－羅馬形式，一直到了2世紀之後，專屬於基督教的特色才漸漸出現❶。

## 三、希臘的科學與基督教

如同我在前面所述，希臘的藝術家常常也是科學家。希臘人的一個優點是他們常超越自身的利益而對其他事物展現熱情的興趣，其中可以不含任何實用價值。他們在數學（包含幾何學）、醫學、天文物理學……等都有傲視歷史的成就。其實，就像哲學思考的起源一般，科學的興起也是早期希臘人——正確說應是愛奧尼亞人——想以對自然的觀察來補足神話傳統的意圖而發展起來的。他們認為在世界的流動變化中存在著隱藏的理性統一與秩序，因此他們在各個領域中探尋這樣的秩序。在數學上，像由歐幾里得（Euclid, 300BC）所建立的幾何學，到了19世紀仍未被推翻，至今仍被視為是基礎學理。在「算數」上他們也有偉大的成就——雖然他們的數字系統顯得拙劣而粗糙❶。希臘人假定「基數」是最重要的，所有數字的系統都建立在這個「第一數」（monad）上，而算數將之定位為「0」。數學關聯到哲學，例如，畢達哥拉斯學派設定第一數是所有宇宙理性秩序的根源，更進一步地說，monad就是宇宙創生前的那個創造力。後來這種說法影響了東方教會的上帝論，一些東正教徒將上帝視為完全單一、絕對不朽的獨一神，因而間接否定了三位一體的教義（這在後面會加以提到）——雖然這想法最近遭受嚴重攻擊。

聖經在舊約〈列王記上〉七章23節提到所羅門王製造（銅）海或稱祭祀的水槽，直徑10肘，周圍30肘左右，因此隱含我們知道的 $\pi$（圓周率）為3.0。希臘人不只知道它不是一個整數，阿基米得（Archimedes, 287～212BC）更計算它近約在3.142857及3.140845之間。他更發現了計算密度的「黃金定律」以及許多物理學新定律

（如槓桿原理），而這些定律讓他發明了不少實用的機器 ⓰。

另外一個跟基督教思想有關的科技便是天文學。保羅曾提到他被上帝提到三重天去（林後十二：1～6），雖然他強調那是一種異象，但是我們可以確定他一定受到了當時的天文知識之影響；而在〈啓示錄〉中所呈現的星象描述，大概也可以從當時的天文學來理解。托勒密（Ptolemies）無疑地是當時最有影響力的天文學家，他所寫有關星辰的《數學排列》支配了西方天文界，直到哥白尼才推翻之。但是「太陽中心說」卻影響了基督教神學與西方思想一千多年之久。

以上的機械學與天文學是屬於「物理學」的範疇。值得一提的是，「物理」是研究宇宙的普遍名詞。它包含了當時所知道的所有正統的物理，宇宙論、天文學、地理、生物、心理學，連神學亦屬之，因爲人們相信神明可以影響世界。因此當我們要理解初代基督教思想時，有時便需觸碰到物理科學的領域了。

## 第三節　希臘哲學與基督教思想

基督教思想最主要是從希臘哲學中受惠不少。「哲學」意爲「愛智之學」，在古代便包括了許多不同的主題，而至今這些主題已被視爲獨立的學門。在初代教會時期，它被歸納爲「倫理學」、「邏輯」及「物理學」三個部分。前二者不論經過多少年戲劇性的轉變，至今仍然維持相同的領域及意義。「物理學」我在前文中已有提過，故此不再贅述。倫理學在亞里斯多德時代包括了政治學與經濟起源，只是這些主題並未能引起後來思想家的興趣。對於基督徒思想家而言，倫理學中有關於「靈魂與肉體」的探討，與「人性」起源的論述才是重要的，這在接下來的部分會加以說明。至於「邏輯」，幾乎可說是由亞里斯多德所創，直到19世紀爲止，亞氏仍被

視為是此學門最主要的權威。其結構之精細與論證之嚴謹最令人著迷。但是當時卻只有一小部分神學家採取他的三段論證方法，來讓他們所要教的內容更易被學生吸收理解。分析其原因，與其說基督徒不需要邏輯的教導，不如說是邏輯方法需要確定的定義及語詞嚴格的使用，而這些使用很難能理解宗教真理中所使用的如詩般的語言與日常生活中的象徵❶。

希臘哲學對於基督教思想最重大的影響展現在「倫理學」與「形上學」中。前者左右了基督教倫理道德觀念；而後者直接影響了基督教一些基本教義與宇宙觀的建立。以下我便以這兩點分別加以論述。

## 一、希臘的倫理學與基督教思想

基督教在選擇希臘的道德學說時，廣泛的認可柏拉圖的二元論。他主張人有不朽的理性的靈魂、人有報應故需道德淨化，他也堅持絕對道德標準的存在，隱喻著人有與至善合一的可能性，這些都等於是在為基督教心理學與禁慾的密契主義鋪路，為基督教倫理觀作預備。不過，柏拉圖充其量只能算是一種「福音的預備」❶而已，真正在基督及使徒時代執哲學思想牛耳——特別是倫理思想——的是斯多亞學派與伊比鳩魯學派。他們認為哲學的任務便是要幫助人形成自己的一套行為規範，讓人安身立命，求得精神與道德上的自主。在當時羅馬帝國的世界主義中，他們變成一種「大眾哲學」，我在前言提到保羅曾在雅典與此二派的思想家進行對話與辯論。此二派的倫理思想是當時初代基督教所直接面對且可擷取的素材。

## （一）關於「靈魂」的看法

在早期希臘倫理學諸議題中，影響基督教倫理思想最重大的，

應該算是對「靈魂」的探討。在初代基督徒的眼中，倫理學通常被認爲是區別人性的學說。大多數的哲學家（例如，畢達哥拉斯、柏拉圖主義與斯多亞學派）認爲良知在靈魂之中，一個有位格的人可以不依賴肉體獨立運作良知，直到死爲止。柏拉圖提出了兩種靈魂圖像：在〈費多篇〉中，將靈魂與愛慾肉體做比較，前者屬於更高層次的知識；在《理想國》中，又將靈魂分爲三部分，其中只有一部分，可稱爲眞正的德性，它可作爲直接原則，來管轄我們的情感與本能衝動。總之，柏拉圖認爲在靈魂之中具備有先天的、屬神的知識，但因肉體桎梏而被遺忘。哲學的任務便是要拯救靈魂、克制肉慾，甚至不惜摒棄肉體。

　　但是，若眞的藉由柏拉圖的二元論來認識基督教道德傳統，可能會造成一種曲解的危險。一、希伯來人認爲靈魂是非位格的動物性原則，而良知只在動物性肉體才有。保羅承襲了希伯來傳統，雖然他也提出靈與肉的相對立（加五：17），並強調打破自我來接受使命（腓三：9），但是並沒有否定肉體的滿足（腓四：12）。因此，在眞正的基督教教義中，是追求一種「平衡」的。然而後來的基督徒和不少異教徒一致認爲，道德的增長便是忽視肉體需要——甚至虐待身體——來培養靈性與慈悲。按著哲學性語詞來說，便是心靈藉著苦修的自我控制，能夠不再反省其運作，摒除一切意象，而直接看到自己的存有；二、柏拉圖與聖經對靈魂不同的看法，會混淆基督教終末論。希伯來人重視肉體復活，認爲這樣才能保持良知，而這將會在大審判之後，未存的時期發生；但基督徒（至今仍如此相信）同時也接受柏拉圖所理解的靈魂復活，所以良知就算在死亡後，仍可繼續存在（路二十三章～二十四章），但是若承認良知全然復活，則將很難接著說明基督徒在其信仰告白宣告的肉體復活❿。

## （二）斯多亞學派的普遍道德律

斯多亞學派是一個典型的重理性道德而輕世俗生活的學派。他們擷取了Heraclitus（544～484BC）的萬物流轉的宇宙觀——在稍後會做介紹，蘇格拉底與犬儒學派的倫理學，作爲其學說之基礎。說他們認爲整個實在界充滿了普遍理性——或稱爲「道」（logos），那是一種神聖智力，人類只有使自己的生活和品格與此種神聖智力相協調才能獲得幸福。因此他們相信在實在界有普遍道德律的存在，而人類都分享了神聖的「道」，這個「道」存在於靈魂之中，人類必須藉由內心的平靜、嚴格的自我訓練、認眞履行其職責的方式來找到並冥合於靈魂的logos。因此後來的斯多亞倫理學發展出了普遍義務的觀念——這又影響了保羅。不過斯多亞學派的作品冗長無味，而且立場多變——在實際的美德要求上。早期斯多亞學者強調「勇敢」、「嚴謹」與「完美的智慧」，而其它的善也就沒什麼價值了；然而後來此派有了較中庸的看法；他們說我們的本性讓我們追求特定的美善，例如，身體健康與平靜。在絕對的觀點下，這些不一定是好的，但至少對其它人而言，這些偏好是可接受的。

對基督教倫理影響最深的斯多亞倫理是「普遍道德律」觀念，就某種角度來說，它可視爲是近代自然道德律的前身。聖經提供了神律與德性典範給以色列人，而初代基督教思想家藉由斯多亞自然律概念補充了內容，並說明了：所有人都有基本道德責任與觀念（林前十一：14）。不過這個概念的發展在後來卻產生了一些問題。有一種荒謬的說法是，做錯事的人因著良知的罪惡感，這些人都已適當被處罰了。

但是無論如何，在斯多亞學派的倫理學說中具有相當濃厚的宗教意味是不爭的事實。他們主張人與神可以有親密的關係，靈魂可由自我制約與道德教育而得淨化，人應該服從「神的旨意」等等，

都等於是爲當時正在興起的基督教預備溫床。不過，雖然斯多亞倫理思想在某程度上影響了基督教，但基督教倫理卻超越了斯多亞派的唯物觀，並發展出人際網絡的動態關係，從而建構出來世的完美幸福藍圖，這些都是斯多亞學派所不足的。

## （三）「中庸」的倫理

有一個哲學家的倫理觀絕不能被忽略，那就是亞里斯多德。亞里斯多德寫下了重要的倫理學原則，不過在當時他的學說被批評爲缺乏「英雄」的世界。亞里斯多德強調倫理學的最重要任務不是認識「道德是什麼」，而是「做一個道德人」。人是要追求幸福，但幸福的前提是道德，而道德與否卻是必須在實際倫理場合下才能被確定。如何確定呢？於是亞里斯多德發展出了「中庸的倫理學」❷。他認爲道德是一種「平衡」，一種對立的平衡。他的美德是在兩種極端之間找到，例如，在懦弱與魯莽之中可以找到勇氣、傲慢與自卑之中可以找到自信、自虐與縱慾之中可以找到節制……等等。但當時亞里斯多德這種追求中庸德性的方法並不受到初代基督徒的青睞。

## （四）修道主義（monasticism）與希臘哲學

有學者認爲「修道主義」是一種「先知運動」❷——廣義地說，便是指改造既有秩序，以創造性、自由的張力來引導基督徒來接近上帝。如衆所知，修道主義是在西元4世紀由安東尼（Antony, 250～351？BCE）——獨居修道主義——與帕科謬（Pachomius, ?～346BCE）——群居修道主義——從北非開始。大部分人提到修道主義時，多會提到俄利根的禁慾主義。但是他從希臘哲學中所接受的來源亦不可忽略到。例如，柏拉圖對肉體的否定；伊比鳩魯學派講求與人群隔離、合乎自然的生活；斯多亞學派講求內在心靈的超然平靜，與「道」冥合的說法，都影響到了修道主義中的一些理

念。

　　但是，最重要的學派卻是畢達哥拉斯學派（Pythagorean）的影響。此學派鼓吹過著儉樸的生活，要滌淨靈魂就必須要遠離家鄉，與同樣追求靈魂澄淨者住在一起。藉由哲學的冥想與宗教的禮儀與祭祀來瞭解「神啟」，並要與神明（阿波羅與宙斯神）做親密的禱告，藉由集體操練與學習的生活來使人神聖及道德的增長。Rousseau就認為這是修道主義三種靈性來源中很重要的一個來源❷。

　　要有效地融合希臘與聖經倫理思想是有困難的。今天我們所得到的線索都是必須在早期基督教教父的作品中尋求蛛絲馬跡，有時候連那些教父本身都不承認他們受到希臘思想的影響。也因此我們可以從這些困難中明白，為什麼基督教連貫倫理架構的建立是如此緩慢的過程。

## 二、希臘的形上學與基督教思想

### （一）影響基督教的早期相關形上思想

　　希臘早期的形上學對基督教之所以有意義，最主要是因為它認為世界是受到一個「統一法則」在管轄的，在這個假設下，先蘇哲人開始追求世界的終極性質。不過，這是個很複雜的歷史，我們可藉著兩個早期的哲學家Pamenides與Heraclitus來瞭解。Pamenides（515～450BC）一直試圖演繹出自然存在物之普遍統一本質。他認為「存有」是一個最單純的概念（現代邏輯學者已摒棄此想法），因為存有（being）可以同時代表一個進行中的狀態（他是病的）以及一個不變的事實（他是人）；再者，只有存在可以一再反對幻想或證實真理反對謬誤。但對Pamenides而言，這些概念是模糊的，因此，邏輯的重要性在此世界是不變的，是與世界緊密結合的

（因為「虛無」的空間會反映出非純有存在的矛盾）。

我們進一步比較Heraclitus（544～484BC）。他視世界為一不斷改變的過程。這種體驗不代表世界是不明智的，因為世界的流轉是發生在一個有秩序的不間斷之中，並且可以計算其原則。他認為，流變是可被控制的，藉由logos可將控制的力量傳達全宇宙。不過，Heraclitus的語言太過艱澀，因此無法清楚表達logos是否應單單視為一個數學公式亦或是一個操控的心靈。

除了他們兩者之外，Anaxagoras提出了「宇宙心靈」，隱含著以上帝為第一動因之想法；Pythagoras創立了一個深具宗教意味——尤其是阿波羅崇拜——的哲學團體，提出靈魂淨化，追求宇宙心靈在世界的展現（透過數字、音樂律動、星辰運行……等）的想法，有相當濃厚的自然神學的意味。不過，我們當然不能武斷地說基督教思想就是從它們之中汲取養分，但至少這些思想舖整了希臘人的心靈，讓他們更能接受緊接著而來的基督教信仰。

## （二）形上學與基督教世界觀

聖經中的上帝是創造者且深愛世界及人類的。柏拉圖的《對話錄》助長了這種神學思想，〈提瑪耶斯篇〉（Timaeus）描寫世界的創造是來自神聖的工匠或藝術師。他並未像基督徒般說明神聖性是否為一切完美的根源，或僅僅是模仿比事物本身更真實的超越者而已，但基督徒卻已運用柏拉圖的想法來解釋聖經的創造。不過把上帝描述為單一不可分時，就較不易去理解祂如何恩典地眷顧世界，因為那似乎需要不同的關懷的神聖心靈才作得到。基督徒比較傾向利用約翰「聖靈」概念來發展，或藉由斯多亞所預設的「道」（logos）來解決這個問題❷。天父上帝是神聖超越的，祂藉由logos來進行救贖眷顧，祂本身不直接作為。

但是，上帝又是什麼呢？柏拉圖不只從數學，也從道德真理中尋求，但人類多變而不確定的判斷標準很難區別客觀的變化，他因

此認為這個世界上存在著「實有」與「存有」（ousia）兩個層次：一個是永恆形式的完美世界，只有藉著靈魂才能察覺；一個是混雜多變的世界，藉由感覺事物察覺之。而後者只能模仿眞實必然之物的永恆形式，這就是柏拉圖理論的觀點。有一點很重要的，便是這些永恆客觀的東西，並不是由我們的思想製造出來。柏拉圖稱它們（客觀實有）爲觀念（ideai）或形式（eide）。

柏拉圖從來搞不清楚到底有多少種形式，有時看起來所有自然現象層次都有一個形式；但有時候只有完美才可能是形式。有些後來的柏拉圖主義者認爲「形式」不只是「想像的」（noeta），更是「思考的存有」（noera），因爲它們永恆不變的特性，扮演著非常重要的角色——也因此有些早期的基督徒認爲它們不只是道德觀念，甚至等同爲聖經中的天使（靈智實體）。柏拉圖藉由階級組織來勾勒形式，因此等級越高的形式就越高貴也越好。但是不同邏輯層次的存有之間不可能有交集。一個終極的形式，即純粹存有本身，不再和人類存有作比較。而基督教作家便把「純粹存有」作爲上帝至高而不變的象徵。

亞里斯多德（384～322BC）將實有的客觀性提升超越柏拉圖「超越形式」的說法，然而保留其「內在原理」的意義——例如，作爲生物的發展的指導一般。形式屬於「種」，個別存在物是因相同的形式展示在少量的個別物質上；而「存有」這個字或指出形式，或指出物質，或指的是結合形式與物質的個體。然而後來連亞里斯多德也混淆了形式與實體的意義。首先，亞里斯多德藉由認知一個特殊的意義——「實體」——來修正「存有」的意義。一個事物的「實體」特性代表它必須有此特性且不會失去它——這代表亞氏仍有以「形式」代表實體的意圖，而且「實體」物就算改變外型尺寸，仍能保有其同一性。其次，雖然亞里斯多德在《論範疇》中宣稱他重視形式與種類，然而個別事物——而非「種」——才是存有的基本形式，或稱「基本的實體」。

## （三）形上學與「三位一體」教義

### 1.本質與實體——hypostasis的意義

有關對實體的看法，已成為後來基督教神學家的基本爭論點。不過在進行這方面描述之前，我們必須介紹相關的詞彙——hypostasis。它自從斯多亞學派世紀開始流行（Zeno, c. 332～262; Chrysippus, c. 280～207BC）。hypostasis字義是「在下方者或支持者」，例如，動物的腳，是基礎的意思。這字有很多不同的意義，而我們必須提出其中兩個很奇特的，完全相對立的意義。hypostasis可以是事物「在下方的實體」，它有可能被其他物所分享；或它可能意謂「明顯知覺的實有」，即比較類似所謂的「個體」。前者的意思，舉例來說，一個偽造的錢幣，它鍍金的表面底下，「真正」材料是鉛；而後者意思是由hypostasis的反向用法回溯而來，意即「沈澱物」❷。

原始拉丁文將hypostasis等同為substantia（主體），但後來以希臘文的ousia來代替；而以一個更適合的拉丁字——essentia（本質）——來指稱hypostasis；但這個字就拉丁人而言，聽起來不甚自然，而且在亞里斯多德時代之前不常被使用——雖然在接下來的中世紀哲學家中頗為流行。

### 2.位格與「三位一體」之爭論

希臘的神學家開始描述「父、子、聖靈」為三個一組的神聖存有，或稱「三位一體」。他們稱之為三個位格（persons）——即是三個不同的個體存有；認為只有一個神聖位格的也許會認為只有父才是神聖的。但是拉丁教父們跟隨特土良的觀點，宣稱三個位格是由單一實體所發展出來，跟父一般有共同的來源及神性；有些希臘人接受「單一位格」的概念，將這個字使用在寬廣一點的意思上，反而不喜歡「三個位格」，因那聽起來好像有三個神一樣。

亞流（Arius）認為「子與聖靈本質上屬於父」的觀點開始造

成緊張與誤解。325年的尼西亞會議規定了祂們是「存在的相同」（或曰同一主體、同一本質）；而此教義的地位在半世紀之後才被卡帕多家的教父們所澄清，他們強調一個存有或主體的認識不會混淆三個位格，他們清楚地定義為「個別」的（複數）實有，或稱為「位格」。

尼西亞大公會議所定義的「同一主體」，其真正要反映的是「相同的個體存有」，或「相同的種」。尼西亞教父都不是訓練有素的哲學，特別地對於亞里斯多德有關ousia的分類——主體不是個體就是普遍的「種」（而兩者是相當不同）——都以可利用的基礎傳達出不同的意思，結果都是一知半解。事實上，對於名詞使用，希臘文與拉丁文有著相當大的差異，而這些差異造成了東西方教會對「三一論」與「基督論」教義的的爭執與分裂。

其中之一便是代表「位格」的用字。位格的拉丁文用法大概源自其法律傳統：一個「位格人」指的是在法庭上能完全為自己辯護的人，不包含奴隸及卑微者。希臘文的同義字prosopon比較有戲劇的特性，例如，「出場人物」（dramatis personae），指的是演員戴的面具所代表的人物。那絕對不像我們所聯想的人格特質——例如，原創性、專業成就、領袖特質等等。此外，就兩種用法的比較，它也不必然暗示一個個體，因為一個法定的團體可能是一群共同演出者；而一個戲劇中，劇團中的演員只占其中單一部分而已。這代表後來的基督徒追隨卡帕多家的教父們，將（個體）位格與（普遍）實體清楚地劃分，至於其他個別物便不在討論之列。

相同的區分也可運用在「本性」（phusis）這個字上；而且這導引出了「基督論」相當重要的爭論——基督存在著兩種phusis，因此我們清楚的明瞭這指出了兩種狀況或條件：祂與「父」永恆的夥伴關係，以及祂道成肉身為人的生命。但是有些東方教會的基督徒認為「兩種本性」（phusis）必會顯示出兩種分別的個體存有——神性的基督與人性的耶穌，而導致於他們自「單一性論者」❹團體中

分離出來。東正教的信仰在西元451年的迦克墩大公會議定型，同意拉丁教父們所謂基督存在著兩種本性，以兩種方式存在著——神性與人性，而統合在一個統一個體之中，或曰是單一本質中。

## 結論——關於「福音與文化」之反省

基督教自猶太教開始發展，藉著繼承了希臘思想而形成普世宗教。藉此鑄造它的信仰成為一協調的系統——在沒有失去信仰要素以及個人承諾的情況下——並引起有深度思想者與社會領導者的注意。如果我們對於基督宗教的思想具有好感，便會發現其實那是由希臘思想的學術方法與文學技巧慢慢發展而成的。事實上，基督信仰與希臘思想的結合也可視為是一種「道成肉身」——「道」指的是信仰內涵，而「肉身」則是先蘇哲學、柏拉圖思想、亞里斯多德、伊比鳩魯思想、斯多亞學派及新柏拉圖主義等。各種思想本身就具有靈性的意涵，是福音必須與之對話而且孕育其中的「肉身」。

就基督教的宣教工作而言，可分為兩個層面：一、個人層面：便是以傳福音、見證、談道為主；二、集體層面：在此強調的便是福音與文化的關係。我們看到初代教會所面臨的文化所遇到的問題與解決方式，基本上可以歸納成兩種模式：一、是全然的反對，例如，居普良、特土良與耶柔米等；二、表現出欣賞的態度，例如，猶斯丁認為基督教是一切哲學的最高展現。但是，就算是對希臘文化採取反對立場的人，如我在前面曾經提到，他們仍是以希臘文化的思考模式在希臘文化圈中抗拒希臘文化。因此，基督教思想不是產生於「真空」狀態之中，而是接續並茁壯於猶太教、希臘—羅馬文化的遺產之中，並且繼續在每一個時代中吸取新的文化養分。

福音與文化的爭論是人類歷史上一直不斷受到討論的問題。到

底福音是與文化思想相牴觸，還是兩者是相結合？若是後者，則基督福音與文化思想何者較優？是否有從屬的關係？若是兩者相牴觸，則是否在基督福音的內在便對世俗文化存在著相斥性？結合與牴觸的底限在哪裡？猶太拉比克勞斯納（Klausner）便認為法利賽人與撒都該人之所以要拒絕耶穌，原因是「耶穌的來臨危及了猶太人的文明」，祂來並未改革猶太文化，反而忽視文化，故猶太人殺了耶穌並非有罪❷❻。當然，猶太文化與耶穌的工作中的衝突絕不能與今日（或往日）有關基督教與文化曾發生過的緊張情形等量齊觀。但是，至少它說明了「福音與文化」的相關問題早在基督開始工作時便已存在了。就我個人的觀點，我是認為今天基督教福音的「功能與目的」自有歷史以來皆尚未改變過——在告訴人類上帝的創造與救贖；但是福音的對象是人，因此在它進入到任何一個文化場域之時，它必須是「可理解的」與「可傳講的」。它必須可以結合特定時、空的文化語言，甚至思維模式。因此，在哲學家、社會學家與人類學家的想法中，基督教福音是文化展現的一個面向，因為我們理解所謂的基督教的確是由歷史的文化事件與社會事件中所歸納而出，我們可稱之為福音的「內在性」；而神學家與基督教思想家則認為文化是福音真理的印證，上帝藉著不同特性文化的展現，證明了唯有祂才是歷史與文化的主宰。我們可稱之為福音的「超越性」。也因為上帝的福音——在某種角度下可視同為上帝的話——是既內在又超越，所以它與文化的關係永遠是搖擺不定的——永遠在文化內在真理的獨特性與文化外在展現的多樣性中尋找一個平衡點。

不過，我們仍要注意一個問題：當我們以特定文化的語言概念與思考模式要表達基督教福音內涵，而他因此逐漸發展茁壯時，必須隨時反省它是否仍忠實於基督教傳統，例如，「解放神學」與「黑色神學」所面臨的問題。因為沒有人能擔保這種問題不會產生，這也是我們致力於發展福音與文化的相融工作時所必須避免的陷阱。

# 參考書目

L. Michael White and O. Larry Yarbrough（1995）. *The Social World of the First Christians: Essays in Honor of Wayne A. Meeks,* Philadelphia: Fortress Press, pp. 175～183.

A. Richardson編著，湯張瓊英、朱信譯（1989年7月），四版，《聖經神學辭彙》。香港：基文。

布瑞恆（Boer H. R.）著，郭鳳卓譯（1985），《初早期基督教會簡史》。台北：眞道之聲。

H. Richard Niebuhr著，賴英澤、龔書森合譯（1963年5月），《基督與文化》。台南：東南亞神學院。

Richard Tarnas著，王又如譯（1995），《西方心靈的激情》。台北：正中。

華爾克著，謝受靈譯，趙毅之修譯（1979年7月），三版，《基督教會史》。香港：基文。

「眞理大學」宗教系編印（1999年12月），《宗教知識教育基本教材》。台北：眞理大學。

# 註釋

❶本文曾發表於《哲學與文化》月刊，第二十七卷第八期，2000年8月，頁
717～732。

❷也許有人認爲希臘哲學的原型應推溯至西元前8世紀所創作的荷馬史詩，甚
或更早；但是就傳統哲學的認定而言，作者個人仍然認同愛奧尼亞學派作
爲哲學開端之說法。

❸本文主要擷取Christopher Stead所撰 "Greek Influence on Christian Thought"
一文（收錄於由L. M. White & O. L. Yarbrough合編之*The Social World of the
First Christians: Essays in Honor of Wayne A. Meeks*）一書（下文皆簡稱爲
*The Social World of the First Christians*）中頁175～183之論點與內容爲主，
並加上其他資料與個人觀點。

❹七十士譯本（The Septuagint）相傳是當時埃及王多力買非拉鐵非
（Ptolemaeos Fjladelfos, 258～247BC）請耶路撒冷派70位語言及聖經學家到
埃及亞歷山大市圖書館翻譯希伯來文舊約而成書。當時統治埃及的托勒密
王朝大力推行希臘化運動，因此所有圖書館的藏書必須都有希臘文譯本。
希臘文舊約聖經比希伯來文舊約聖經多了約14卷，天主教的拉丁文聖經舊
約部分是譯自希臘文舊約，因此也將此14卷收入。基督教稱此十四卷爲
「次經」（apocrypha）。

❺值得一提的，這種掙扎一直到了羅馬統治時期的拉比猶太教與基督徒都存
在著。在這種情形之下，「未來的應許」便顯得特別重要，也因此，「啓
示文學」便紛紛出爐了。

❻像舊約次經中的＜三聖子之歌＞、＜蘇撒拿記＞、＜貝爾與龍＞也都是假
託但以理之名而收錄於《但以理書》中的。

❼Apuleius在其希臘文小說*The Golden Ass*（英譯名）中對基督徒的描寫，以
及Fronto、Lucian之作品中的觀點，都是以負面形象來描寫基督徒。對基督
教之殺傷力最大的是由哲學家Porphyry於270～290年左右綜合了15本反基
督教的書而成的*Against the Christians*一書。有關於早期基督教所受到文學
及哲學上的挑戰，詳見Timothy Barnes所撰 "Pagan Perceptions of
Christianity" 一文，收錄於*The Social World of the First Christians*一書中，
頁196。

❽詳見C. Brinton, J. B. Christopher&R. L. Wolff合著，劉景輝譯，《西洋文化
史（卷一）》。頁198。

❾詳見Copleston著，傅佩榮譯《西洋哲學史（一）》。頁460～461。

❿有關於早期基督徒與希臘文學的微妙關係，我們可從居普良（Cyprian）的態度得窺一斑，當他成為主教後便丟棄他的希臘異教書，並表白從異教書中他什麼也沒得到，同時卻繼續以他從前自異教教材中學到的技巧與資料寫作他那正式無瑕的散文。特土良（Tertullian）曾發表否定希臘文化的強硬聲明：「耶路撒冷與雅典有什麼相干？」但是在他的作品中，我們也可嗅出與居普良類似的氣味；耶柔米（Jerome, 348～420）與其他人似乎也是以如此的態度程度上受到希臘文藝之影響。詳見*The Social World of the First Christians*，頁176。

⓫荷馬描述至上神宙斯的老婆赫拉與火神海芬司特通姦，因此她被關在一個金色圈圈中（iliad）。一個第一世紀的評論家描述「宙斯對赫拉的話語等於上帝對物質世界的話語」；他將這個委屈的丈夫轉型為至高的創造者，利用對物質的限制（restraint）而製造有秩序的世界。有關俄利根的內容，詳見*The Social World of the First Christians*，頁177。

⓬詳見Will Durant著，《世界文明史（十）——基督時代》。頁247。

⓭有趣的是，印度佛教在原始佛像的製作上也受到了希臘的影響。印度北方犍陀羅地區出土的最原始佛像也展現出希臘阿波羅形象的特徵。因為希臘亞力山大帝國曾占領此地，並在西元一世紀前後與羅馬帝國通商。因此吸收希臘文化，創立了以具體人形為基準的佛像是可以理解的。

⓮事實上，當基督教漸漸茁壯時，相對地其雕刻藝術卻漸走下坡。其原因可能是基督徒對雕像的忌諱，認為雕像製作會導致偶像崇拜——這點倒是與猶太教很像；另外，希臘式的人像雕刻常以裸體的形式展現，而這也是嚴肅保守的基督徒所詬病之處。詳見同註❿。

⓯希臘人以30個字母來顯示個位、十位與百位數字，到了千位之後便開始重複。例如，我們知道3×2是6，以希臘表示法則就不能馬上知道30的20倍是多少。這就像我們寫下兩個完全不同的式子：b×c=f與K×L＝X一樣。關於這部分的說明詳見*The Social World of the First Christians*，頁180。

⓰阿基米得發明了一種由奴隸操作，能由礦坑及溝渠汲水的機器，稱為「阿基米得螺旋」。至今埃及不少農民仍使用改良後有簡單手柄裝置的「阿基米得螺旋」做為農田灌溉之用。相關敘述見《西洋文化史（卷一）》。頁142。

⓱Christopher Stead認為，若以精確定義為藉口，然後以當時的語言詮釋古代作家之主張用來作為爭論或反對他人，那特別容易誤導別人。最好就是使用寓意法（metaphor）；在這方面，希臘文學的批評者與其拉丁模仿者給了有價值的指引。但是聖經必須在其脈絡終將其格式化並整合成一整體，所以要以寓意的方法來連結不同時期的不同作家以及不同層次的文化，必

然是是有其不足——如我們今日所見一樣。此段話見*The Social World of the First Christians*，頁177～178。

⑱這是Frederick Copleston陳述早期希臘哲學思想對基督教之貢獻時的專用語。詳見Copleston著，傅佩榮譯，《西洋哲學史（一）》。頁642。

⑲詳見*The Social World of the First Christians*，頁179。

⑳相關說法可見亞里斯多德所著，《尼科瑪各倫理學》第二章的內容。

㉑J. B. Russell認為當基督教修道主義最興盛時為西元4～6世紀，以及10～12世紀。而此時恰巧也是基督教會的體制意識最強的時候。因此修道主義代表了作為抗衡體制化的先知運動。詳見J. B. Russell, *A History of Medieval Christianity: Prophecy and Order*, AHM Publishing Corporation, 1968, pp. 10～6.。

㉒Philips Rousseau認為其他兩個來源是：非正統團體——蒙他努主義、摩尼教、諾斯底主義，以及猶太教——例如，愛色尼人等。詳見Philips Rousseau撰 "Christian Asceticism and the Early Monks" 一文，收錄於*The Social World of the First Christians*，頁120。

㉓斯多亞學派全然地接受Heraclitus的「宇宙的圖像是永恆變化流轉的過程」的說法（然而亞里斯多德卻認為它是基本而不變的，而的確是永恆的）。他們認為物質是唯一的真實存有；思想概念是從人管思想的器官中生出來的。然而它們也認為每一種物質，都展現了其等級的秩序；依次為植物、動物、人類，到最後便是宇宙自身，而這些是由至高理性或稱「logos」所掌握，而我們可適切地尊稱祂為神。詳見*The Social World of the First Christians*，頁182～183。

㉔斯多亞學派的人建構宇宙的圖像為：從純粹的火作為原初情形而開始發展，漸漸形成堅固的物質，像殘渣般或像液體沈澱下來的沈澱物，而產生現在的現存物。詳見同註㉑。

㉕此派堅持耶穌只有一「神人混一」之本性，不承認耶穌具有神人二性。此說法自4世紀便存在，而在6世紀時由敘利亞的雅各所領導綜合，明顯是對迦克墩大公會議結論之反動。詳見趙中輝編著，《最新神學名詞辭典》。條目1,166。

㉖克勞斯納認為耶穌是徹頭徹尾的猶太人，但卻從社會生活中將倫理與宗教劃分出來，並期待只靠上帝權能來建設不屬於地上的王國，這絕對是違反猶太人的文化傳統的。因為猶太教是一種國民生活——結合宗教、倫理、法律……所有民族所需之成分之生活。他認為耶穌「沒有擴大他的民族知識、藝術和文化，甚至反而廢置民族所固有的、本來與宗教結為一體的文

化。」因此猶太人民拒絕了他。此段說法可見於克勞斯納所著，*Jesus of Nazareth*。頁368～391。作者摘自H. Richard Niebuhr著，賴英澤、龔書森合譯（1963年5月），《基督與文化》。台南：東南亞神學院，頁2～4。

# 第三章　基督教發展簡史

　　如果我們要以簡短的文字來盡述基督宗教這兩千多年來的足跡，那絕對是不可能的事情。因爲在基督宗教與世界各地文化的衝擊下，實在創造出太多的浪花。而我們也僅能用最精簡的文字來帶領大家觀看基督宗教在歷史上所遺留的遺跡。

　　在前面章節我們以歷史的角度稍微介紹了基督教自猶太教分離的經過，一直到耶穌受難、使徒傳教爲止。起初，基督教被視爲是猶太教的一個支派，但是在與猶太教逐漸分離以後開始受到迫害，例如，希律・亞基帕（〈新約・使徒行傳〉十二章1～23節）對使徒的迫害。同時，由於傳教對象的不同以及所衍生的「禮儀」問題，基督教會漸漸分爲「猶太基督教」與「外邦基督教」兩支，前者以彼得、雅各爲核心，後者以保羅、巴拿巴爲主要領導人。在第一次猶太戰爭之後，因爲耶路撒冷被毀壞，此後70年以後猶太基督教漸漸消失，原本是分支的外邦基督教反而成爲主流和骨幹。此後開啓了基督教的「反猶太」情結和傳統。在初代教會當中存在著猶太化基督教、希臘化基督教，以及外邦基督教三者的複雜關係。本章便是要從羅馬時代開始略述基督教歷史。不過在介紹之前，我們先來討論有關「分期」的一些問題。

# 第一節　基督教史分期的反省

## 一、西方傳統的分法

在傳統上，歐美基督教學者對於基督教發展史的分期一般是分為四個時期：初代教會、中世紀、宗教改革時代以及現代基督教，見圖3-1：

初代教會（early church）中世紀（middle age）宗教改革時代（reigious reform ago）現代（modern）

### 圖3-1　西方傳統基督史分期

大家都習慣於這樣的分期。因為基督教信仰是從西方傳來的，因此很自然地便接受西方教會的分期作為自己認識基督教的分期。但是西方的分期標準是從他們的「經驗」出發，這樣的分期內涵便是歐洲整個的文化與生存經驗，並且這樣的經驗陶鑄了他們現在的生存形態與價值觀。我們可以這麼說：在傳統西方教會分期之中，擷取其中的任何一點都對其今日的生活有意義。按照歷史發展的觀點來看，任一個時代的「當代」累積成了西方的歷史。

我們可以藉由「現代」概念的理解來佐證這樣的看法。「現代」（modern）的字源是來自拉丁文modo（當下），是16世紀的人發展出來的。16世紀所看的「現代」對於20世紀的人而言卻是「歷史」，故「現代」它不是一個「定點」，而是一個「對照」時間。如此我們就得問是否這樣的分期是絕對的？我們可以對照第三世界所

體驗到的基督教發展來作比對。

## 二、第三世界教會（亞、非、拉丁美洲）的分法

　　第三世界教會質疑這樣的分期，因為第三世界是在約14～16世紀才接觸基督教。故他們以「宣教狀態」作分期標準，見圖3-2：

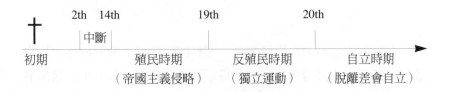

| ✝ | 2th | 14th | | 19th | | 20th | |
|---|---|---|---|---|---|---|---|
| | | 中斷 | | | | | |
| 初期 | | | 殖民時期 | | 反殖民時期 | | 自立時期 |
| | | | （帝國主義侵略） | | （獨立運動） | | （脫離差會自立） |

### 圖3-2　第三世界基督史分期

　　從圖上來看，第三世界的基督徒大概感受不到所謂的「中世紀黑暗時期」，大概也感受不到什麼是啟蒙時期與宗教復興。他們可以感受到的是西方歐美國家殖民式的宗教侵略，以及他們在爭取國家獨立時基督教所扮演的角色。他們也許也會有所謂基督教的復興，但這種截然不同於歐美的社會倫理復興，反而應該是與本身文化結合後所產生的宗教自主的復興。以台灣基督教會為例，自1865年長老會正式傳入至今只有136年歷史，對於歐美國家兩千多年的基督教發展史而言，台灣教會史根本不算什麼。但是實際上台灣也的確經歷了一個完整的基督教發展史，而且在短短136年的發展中，逐漸合流於世界基督教之中。台灣教會自己有自己的分期，而且每段分期各有自己的重要意義。作者所要強調的是，歷史的分期不只是作為一個宗教認知的區隔點，我們必須將分期視為某一個地區或民族自我定位與自我展現的基礎，而且是該民族對某事物理解與詮釋的基礎，並進而探求其中文化與集體意識的深層意義。如此，才不至於強以某一強勢觀點扭曲別個民族或文化的發展脈絡。

　　雖然如此，但是要介紹基督教自「耶穌運動」至今兩千多年的

發展，作者暫且還是遵循西方基督教歷史家的分期，也許不久之後，我們會發展出屬於自己本土的理解與詮釋方式來介紹這個宗教。我們將之分爲「初代基督教」、「中世紀基督教」、「宗教改革」，以及「近代至現代基督教」四部分加以介紹。

## 第二節　初代基督教（耶穌死後至西元6世紀）

在聖經中記載著在耶穌死後，耶穌的門徒四處躲避羅馬帝國的通緝。而五旬事件發生後，更使得耶穌的門徒對於耶穌復活深信不疑，也因此更加積極的向各地傳揚教義❶。

在向外傳教的過程中，最重要的人物莫過於保羅。保羅原名掃羅，改宗後也改名，「掃羅」是希伯來發音，改爲希臘話便是「保羅」，由此有人便認爲這是他作爲向非猶太人傳教的決心。他可謂是基督教「世界化」的先驅，同時其書信（在新約聖經之中占了十三卷）也爲基督教神學思想打下了基礎，在其宣教後期，也開始爲當時各地對於有關耶穌的說法作統合與整理的工作❷。當然，在這一個階段並沒有正式的教會組織，也沒有明確的神學系統。這一段時間因而被稱爲「後使徒時代」（post-apostolic age）❸。在後使徒時代中，基督徒遭受到最爲嚴厲的打壓與迫害。但也因爲如此，使得聖經的正典與護教的傳統逐漸建立。這對往後基督宗教的神學發展有著相當大的助益。在這段時期我們亦可區分其爲兩段：AD64～313爲第一段，AD314～蠻族入侵爲第二段。

### 一、迫害期（AD64～AD313）

此時期迫害來自兩方面：猶太人的迫害以及羅馬政府的迫害。前者的迫害原因有二：一、自猶太教宗教改革後，猶太教的領袖們

對於「耶穌運動」的反動；二、在基督教會內，也存在有猶太人與非猶太人之間的族群歧視，猶太人對於基督教會內的非猶太信徒與其領袖更是迫害有加。至於羅馬的迫害，其原因如下：一、拒向皇帝獻祭而被視為是非法宗教；二、不敬拜皇帝被指為叛亂分子，我們必須記得耶穌是以「叛亂罪」被釘死的；三、不敬羅馬神祇，在當時蠻族環伺、岌岌可危的羅馬政權詮釋下，基督徒被指為是諸神忿怒之因；四、基督徒重要禮儀之一便是「聖餐」，但是因其將餅與酒象徵耶穌之血肉，讓外人誤以為是吃人肉喝人血的邪教；五、拒絕公共事務，尤其是全國性祭祀活動，被認為排斥帝國；六、教會組織危及帝國安全。

在這段迫害期之中，並不是隨時都有迫害，也不是所有地區都對基督徒進行迫害。採取全面迫害的皇帝有3個，分別是德修（Decius, AD249～251）、戴克理先（Diocletian, AD284～305）、迦理流（Galerius, AD311），而基督徒的回應則約略有三種態度：一、接受甚至「尋求」殉教，視為光榮，是為基督而死；二、變節叛教，設法取得「脫離教會的證明」（libelli）；三、大多數基督徒則安靜、堅定信賴上帝，不去招惹麻煩。

在這一段繼續迫害的期間，基督宗教內部也為了因應當時的衝擊而在神學發展上出現了護教運動（apologetic movement）。初代的護教者有亞里斯德（Aristides）、亞里士圖（Aristo of Pella）等；之後的護教者如猶斯丁（Justin）、特土良（Tertullian）、俄利根（Origen）、奧古斯丁（Hippo man of Augstin）等人，都對於基督教神學正統性的建立具有十足的貢獻。話雖如此，當時基督教神學的發展也卻形成諾斯底主義（Gnosticism）❹、孟他奴主義（Montanism）❺及其他不同的派別之間的爭鬥❻。

## 二、國教期（314AD～蠻族入侵）

　　在迫害末期，基督教已經逐漸開始具有組織化的趨勢。加上君士坦丁大帝下召「米蘭上諭」（Edict of Milan, AD313），正式對所有宗教團體開放自由，西元391年狄奧多修大帝諭令（theodocian code）基督教爲國教時，基督教的組織便開始結構化與庸俗化，與世俗政權合流。君王對教會的偏愛並授與其特權，權力慾望也隨之而來；而教會「合法化」之後，也面臨到異教信仰與禮儀滲入教會的危機。也因如此，有許多的基督教徒開始嚮往一種與世隔絕的修道生活，企圖透過禁慾與出世的方式來培養出一種嚴謹與聖潔的生活態度。此即所謂的「修道主義」（monasticism），其類型有「個人式的修道模式」（hermitic monks）以及「集體式的修院模式」（coenobitic monks），重要人物有埃及的安東尼（Anthony of Thebes, 250～350）、聖帕柯謬（Pachomius, c. 290～346）、敘利亞的柱人西門（Simeon Stylites, 390～459）。

　　在基督教本身神學發展上，此時期也有相當重大的進步。爲了與當時的各種異端抗衡，所以召開數次的大公會議制訂了聖經的「正典」（canon）、確立了信條（creeds），以及強調使徒傳承（apostolic succession）。同時教父哲學興盛，並結合了希羅哲學思想，建立神、哲學體系。教會領導體系也確立了，第1世紀的使徒、靈恩領袖、長老或監督，到第2世紀地方主教的興起，第3世紀時主教勢力擴大至鄰近地區，不久到第4世紀5個主教區（羅馬、君士坦丁堡、亞歷山大、安提阿、耶路撒冷）形成，第5世紀時羅馬主教宣稱其權威在一切教會之上，這也造成了東西教會分裂的原因。

　　另外在政治方面，原本維持大一統面的羅馬帝國正不斷的趨於萎縮，以致於當時的蠻族時常入侵。在西元315年君士坦丁將羅馬

帝國的首都從羅馬遷於君士坦丁堡後，羅馬帝國的重心便逐漸從義大利往東遷移不久，羅馬帝國已無力再顧及西方被蠻族入侵的事實，只好任其自生自滅。因此在西元476年西羅馬帝國滅亡。話雖如此，在西方的教會卻以固有的資源來重建殘破的社會，在經濟與文化的傳承上具有舉足輕重的影響力，西方教會也因此在社會中扮演絕對的主導地位。

# 第三節　中世紀基督教（西元6世紀～16世紀）

承上述所說，羅馬帝國的西邊遭受到蠻族入侵的同時，此時的東方教會並非安然無事。查士丁尼大帝（527～565）之後，帝國勢力再次衰微。東方教會面對了對於基督意志與圖像崇拜的神學爭論，再加上回教徒約在西元630年時大舉侵入巴勒斯坦、北非、小亞細亞、希臘等地，對東方教會的衝擊更加強烈。西元1453年，東羅馬帝國滅亡。

## 一、政教關係的演變

在東方教會逐漸衰退的同時，此時的西方教會開始了新的一頁。自從君士坦丁皇帝以來，教會總是依賴國家（皇帝）的支持與保護，西羅馬帝國崩潰以後，教會開始尋求藉助別的政治勢力來援助。自居為「僕人的奴僕」的大貴鉤利（Gregory the Great），在西元590年任西方羅馬教會的教皇，他的即位代表「教皇行政化」、「神學通俗化」、「教皇普世權威」的興起。新的政教關係模式最為有名的例子便是教皇與法蘭克王Charles Martel之子丕平（Pepin, 741～768）互相支援，形成有名的「丕平獻土」事件❼。此時的教皇的權威因為法蘭克人的支持而使西方教會免受回教徒的侵擾。西

元800年時，法蘭克王查理曼大帝因為弭平東北的蠻族而進入羅馬城接受教皇的加冕，並被封為「神聖羅馬帝國的君主」。如此一來，教皇的地位與權力再度被擴大，甚至間接承認世俗的君主需由屬靈領袖的教皇來承認，對於其屬地的統治權自然不在話下。然而，在查理曼大帝死後因為兒子的爭權奪力，教皇需時常介入其中排解紛爭，而世俗的皇帝有時也需屈服於教皇的權威之下。

教皇的權力雖然很大，但是也容易使人腐化，例如，買賣聖職（simony）、平信徒授與聖職等現象在第8～9世紀時相當普遍。日爾曼族的奧圖一世便在西元963年召開會議準備罷免教皇。濫權的情況並沒有因此而改善，反而越演越烈。最後，教會在希爾德布蘭（Hildebrand）的改革下，教皇全逐漸由政治權中獨立出來。他自己在1073年登基教皇，號稱貴鉤利七世（Gregory VII），而他在位的同時，與德皇亨利四世有過激烈的衝突，後來簽沃木斯協定（Concordat of Worms, AD1122），確立了教皇的主權高於君主的權威，並且也確立了聖品人員獨身節慾的條件，且亦禁止貴族私自指派教會的職位。

## 二、單一基督教文化的建立：經院哲學的興起

西方教會在蠻族入侵之後，肩負了文化保存的重任，一方面又要宣教，一方面也被世俗君王委以教育的重責，而其結果便是歐洲的「再基督教化」（rechristianization）。其中查理曼大帝的文化事業最為有名❽。

中世紀有人稱之為「黑暗時期」，但是對基督教文化而言，卻不折不扣是黃金時期。此時期的成果包括有發展自修道院和主教座堂學校的「大學」的興起；十字軍運動加強對東方的貿易、文化交流，也帶來亞里斯多德的全部作品出現，讓教會擺脫數百年柏拉圖式教義的陰影；都市化與新的專業階級（醫生、律師、神學家）形

成，商業振興，各種基爾德（guild，即公會）組成，使得學術傳遞更為快速。而最重要的，便是「經院哲學」的興盛。

「經院哲學」是教會為了宣教與教育方便，逐漸形成了一套屬於教會官方的學術系統。它有一個固定的思辯論證模式：就某一個主題，由問題（quaestio）的提出，然後並列傳統權威的正面論點以及反面論點，最後才提出作者的結論。其中重要的思想家有安瑟倫（Anselm, 1033～1109）提出「本體論證」，用邏輯證明上帝存在和「道成肉身」的必要；最為重要的人物是多馬斯‧阿奎那（Thomas Aquinas），他融合亞里斯多德思想和基督教信仰而建構了經院神學系統，成為後來天主教思想主流。除此之外，中世紀的教會音樂也發展出了「複音音樂」（多種旋律的音樂），在禮儀與建築等方面都有相當重要的貢獻。

## 三、十字軍的興起與其影響

十字軍東征在此時是不可不提的重要事件。在背景方面，早期的東方教會被阿拉伯人侵擾逐漸地被土耳其人所取代。而在西元1070年土耳其人侵略君士坦丁堡時，東羅馬帝國教皇求助於西方的教皇貴鉤利七世，當時東西方教會1054年大分裂❾剛結束沒多久，貴鉤利正想要彌補東西方教會的差距，同時藉此完成三件事：一、保全東方教會不至於落入土耳其人手中；二、東西方教會的合一；三、建立大一統的教皇統治❿。再加上土耳其人因對宗教上的狂熱而仇視基督徒朝聖的活動，在許多方面都給予基督徒的朝聖者刁難，所以繼任教皇烏爾班二世（Urban II）在1096年便開啓了第一次十字軍東征的大門。在其間的過程大約維持了約200年左右，東征的次數約有8次，但是沒有一次達到目的。話雖如此，十字軍東征尚有對後來教會的影響：一、西方教會開始接觸東方教會的思潮，信徒開始體會到西方教會傳統並非唯一且絕對的，而信徒也因

此開始對西方教會的崇拜方式與哲學思辯進行批判。若西方教會處理得宜，這將會是教會進步的主要因素。然而，教會的自我封閉、對異端的打壓，造成了信徒對西方教會的失望；再加上教會濫用權威鼓勵信徒參加十字軍東征，並過度渲染成為上帝天上國度的「聖戰」，因此在教會因為十字軍東征大量浪費金錢的同時，教會便開始利用買賣聖職或在1300年的「贖罪卷」等手法來招募資金。如此一來，腐敗中的教會便埋下了之後宗教改革的導火線。

## 第四節　宗教改革時期基督教

　　一般人提到宗教改革便馬上會想到馬丁路德或是約翰加爾文的改革運動，基本上，宗教改革有五個傳統，分別是：一、由馬丁路德所開創的路德會傳統──德國及北歐；二、由慈運理與加爾文所創設的改革宗教會及長老教會傳統；三、由以上兩個傳統中分離出來的小派（重洗派）傳統；四、由亨利八世所開啟的英國國教（聖公會）傳統；五、羅馬大公教會所進行的更新運動以及「反宗教改革」運動。從16世紀一直延伸到18世紀，宗教改革運動帶來新的「世界觀」，造成了歐洲與其殖民地的政治、社會情勢與制度的重新洗牌，以下分別闡述之：

### 一、馬丁路德的改革

　　在日益腐敗的教會體制中，對教會改革所發出聲音的分貝也就越來越高。在西元1517年10月31日，在德國威登堡（Wittenberg）大學教書的神父的馬丁路德（Martin Luther）在威登堡大教堂的門前貼出他對天主教教義質疑的「九十五條抗議文」❶，針對教會發行贖罪卷的行為、對聖餐的看法以及教會與教皇傳統權威所提出批

判，並於1518年和羅馬大公教會的神學家辯論。教皇要求路德悔改並收回其主張，路德的回應是公開燒教皇的教諭及教廷法律，同時寫了《告德國貴族書》、《教會被擄巴比倫》，以及《基督徒的自由》三本小冊，建立宗教改革的理論基礎。在當時路德曾經為了與人爭辯不惜出席沃木斯會議，接受教皇與德皇的審判，並得到當時民眾的喝采。從此之後，宗教改革的運動便在印刷術發明不久後的歐洲地區如火如荼的展開❶❷。

按照一般基督教歷史學家的描述，路德具有強烈的宗教意識，有堅強的信仰良心及勇氣，強調信仰的個體性。強調用聖經作為信仰與生活之唯一權威（sola scriptura），反對虛假的「靈性」（spirituality）──修道主義、遺骨崇拜、守獨身、魔術性信仰等等，同時主張健康自然的家庭生活，認為婚姻比修道更好──路德後來也與曾為修女的凱薩琳（Katharina von Bora）結婚，生三男三女。路德的改革後來傳入北歐，所以今日德國與北歐幾乎都是路德派的勢力範圍。

## 二、慈運理與加爾文的改革

在同一時間，瑞士教會的慈運理（Ulrich Zwingli）最早開始受到天主教人文主義者伊拉斯姆的影響，熟讀許多早期教父的作品，希望以漸進的方式來改革教會。他在1519年開始擔任瑞士區利赫大教堂的主任宣教師之後，便開始大刀闊斧的進行其「回歸聖經」的改革。他在區利赫的改革是相當有成效的，而且也影響了瑞士與德國南部的其他城市。值得一提的是，他和路德於1529年在馬堡（Marburg）舉行和盟的會談，在許多教義議題上彼此都互相同意，唯獨在「聖餐」的意義上，兩者無法有結果──路德堅持「化質說」而慈運理堅持「象徵說」，於是結盟失敗。慈運理不久也過世了。

緊接著慈運理的便是加爾文。約翰加爾文（John Calvin）是法

國人。早期的加爾文本來在巴黎過著學者的生活，然而在西元1533年因為科布以巴黎大學校長的身分發表一篇對傳統教會具有挑戰性的演說。而這篇演說又外傳是加爾文提筆的，所以加爾文便從此展開逃亡的生活。在逃難的過程中，於1536年出版了改革宗最重要的神學文獻《基督教要義》（Institutes of the Christian Religion），在《基督教要義》中，加爾文認為認識神是信仰的起點，而認識神必須透過上帝所啓示的聖經。同年路經日內瓦時，在法赫勒（Farel）的邀請下，共同從事日內瓦教會的改革工作，1538年因為聖餐問題與當局不合，被迫離開日內瓦。1541再度受邀回日內瓦從事改教工作，一直到死為止。諾克斯（John Knox）稱讚其工作是「在論戰、紛爭、反對勢力，及難民潮中將日內瓦建設成『人類有史以來最高尚的城市』」。

加爾文是偉大的宗教改革家，他身上同時存在有許多重要的特質。他是一位系統神學家——《基督教要義》是宗教改革時期最重要的作品；他也是一位聖經註釋家——他寫了全部的新約釋義（除了啓示錄）及多數的舊約釋義；他還是一個卓越的講道者——據統計他一年講道350次，而且是根據聖經經文連續性的講道（sequential preaching）；他同時是一個教會組織者——他制訂「教會法規」、「教理問答」，以及改革教會的「教制」（polity）；他也是教會生活的紀律者——他要求嚴格的信仰生活及自我紀律（self-discipline）；最後，他更是社會改革者及社會倫理的規範者。加爾文派的影響相當深遠，蘇格蘭長老會傳統、英國清教徒傳統都源自於加爾文宗教改革的理念。

## 三、小派（重洗派）傳統

其實在宗教改革的運動中，還有許多不計其數的改革者在這一段時間裡對當時的歐洲教會提出改革的想法，而這些人對於當時教

會組織的腐敗與崇拜儀式的繁瑣提出批判——這些批判除了針對舊教❸（天主教）之外，也有針對路德與加爾文，也因此在歐洲各地建立起許多新的教會。這些教派大多被稱爲是「重洗派」（rebaptizers），原爲瑞士慈運理改革的跟隨者，由於對其「嬰兒洗禮」觀不滿而分離出來。其中最重要的領導人是胡伯邁爾（Balthasar Hubmaier）、瑪貝克（Pilgram Marbeck），以及門諾西門（Menno Simons），門諾西門後來成了「門諾會」的重要奠基者。

此派又被稱爲是「極端改革派」或「改革運動左義」，這是相對於路德派與加爾文派等所謂「主流改革運動」而被如此稱謂。其特色是：對外來的權威普遍加以懷疑、拒絕嬰兒受洗而只贊成成年信徒洗禮、財物的共同擁有權，以及強調和平主義與不抵抗原則。基本上，此派是由改革宗所分離出來，原應與改革宗攜手；可惜他們不但受到天主教的迫害，也同樣受到主流宗教改革派的迫害，可見對於宗教容忍的心在16世紀仍是相當缺乏的。

## 四、英國國教的改革

一談到英國的宗教改革，人們多會想到亨利八世及其婚姻。但是，亨利八世的離婚問題並不是真正實行改革的起因，頂多只能算「誘因」罷了。英國自11世紀開始，便極力要擺脫教皇給予它的所有束縛了。而由婚姻問題爲導火線，於1534年，亨利八世運用種種手段，德國會透過議案，使英國脫離教皇的管轄。而其子愛德華六世（1547～1553）與其庶出之女伊利莎白女王（1558～1603）確立了英國國教的規模與方向。

基本上，英國國教（Anglicans，或稱安立甘教會）在教義上是趨近於加爾文改革宗思想的，例如，作爲其信仰重點的《公禱書》與《卅九信條》都明顯具有加爾文主義色彩；但是在禮儀與教會制度上卻又較趨近於羅馬天主教。

## 五、羅馬教會的改革

當歐陸的宗教改革正如火如荼展開之時，羅馬教會內部並非毫無改革的跡象。當時的舊教教會內部便有許多的修會成立，這些修會的成立無非是想喚起中世紀來的傳統：透過讀經、禱告等來鍛鍊自己的宗教情操，在這些修會的努力奔走之下，舊教開始出現一種新的神秘主義。在這樣以恢復中世紀教會傳統為主的氣氛之下，並無法為舊教帶來進步與開放，反而使教會更加封閉與保守。而在這一段時間中最重要的莫過於天特會議（The Council of Trent, 1545～1536）的召開與耶穌會的成立。

天特會議召開原本只是舊教為因應當時新教的衝擊與尋求對教會的定位所召開的會議。在教皇保羅三世（Pope Paul III）的帶領之下，教會開始討論內部的流弊與改進之道。此會議中有兩大方向：對自己的改革與定位，以及對宗教改革的看法。在改革與定位部分，會中對道德、制度與教育方面都有重要改革，同時重新拾回「贖罪卷」、重視善行、肯定神父修士守貞制度、強調7個聖禮、強調教皇的權威；而對於宗教改革的看法部分，則正式排除與新教妥協的餘地。在天特會議之後，天主教與新教之版圖大略確定。

耶穌會是西班牙人羅耀拉所建立，該會以「教皇的軍隊」自許——要重新搶回新教徒所奪去之失土。耶穌會組織嚴密，要求對上級（組織階級）絕對忠誠、紀律嚴明；重實際及中庸之道，而且其成員往往致力於影響世俗權力者、重視教育及信仰品質、合理解釋天主教教義。我們可以這麼說，16～17世紀讓天主教在世俗與精神層面的聲望得以維持不墜，並繼續擴張天主教版圖，耶穌會居功厥偉。

## 六、宗教改革的共同特徵與影響

16世紀開始的宗教改革具有以下五個重要特徵：

1. 在16世紀，每一個新教教徒都認為他們自己的信仰才是真正基督與使徒的繼承人，因此難以真正彼此包容，甚至採取暴力的手段，往往自己曾遭受迫害，在得勢之後也會迫害別人，例如，加爾文對於塞維塔斯的迫害便是。

2. 新教大多數的教會組織、儀式與信仰的其他外在表現都縮減。例如，放寬了教士獨身的要求、拋棄修院制度、減少了幾種聖禮、保留「洗禮」與「聖餐」。另外「聖徒崇拜」、「玫瑰經」與「聖牌」等天主教習俗都不見了。

3. 在新教徒看來，羅馬教會在信仰與教會制度上反叛了基督，只不過它訴諸歷史而使反叛合法化。因此，所有新教徒都多少有點路德式貶事工崇信仰、輕形式重精神的氣味，也都至少有一些訴諸個人判斷的傾向。

4. 幾乎所有的改革者（無論是路德、加爾文抑或各小派領導人），都有程度上的「復古」情結，亦即人文主義者所謂的「回到源頭」（ad fontes）──回到使徒時代充滿活力的「更新基督教」（christianismus renascens）。

5. 宗教改革者都存在有基本的弔詭：反抗權威卻不自覺地成為新的權威；反對迫害卻常無法容忍其他教派；採行政治之勢力而要求政教分離。

總體來說，宗教改革為後來歐洲的發展帶來長遠的影響：一、在思想上從早期的以亞里斯多德形上學為主的基督教神學體系得到解放，取而代之的是以整合了文藝復興科學新發現的思想脈絡為其基礎；二、個人主義的抬頭，「萬民皆祭司」的觀念為教會組織的

改革帶來舉足輕重的改革，也為後來所發展出的民主政治奠定基礎；最後在經濟的層面上，社會學家韋伯（Max Weber）認為資本主義的興起與宗教改革時期所提倡的神學觀念有關。他以加爾文的預定論為出發點，認為上帝救贖的預定論為信徒帶來了在工作上勤奮工作，以及節制在世俗上的慾望以便榮耀上帝的觀念為社會帶來了「創造利潤、累積資本」的資本主義精神。薛華（Francis A. Schaeffer）認為宗教改革帶來了兩個結果：一、文化的發揚：將文化藝術從混雜於宗教之中蒸餾出來，使得文化得以自主地發展；二、政治、社會的體制與自由的建立：高舉聖經讓人民得以自由，卻也讓社會有一個可遵循的底限，自由之中不致廢除體制❶❹。

## 第五節　近代至現代基督教

當歐洲的各個宗教勢力彼此傾軋，互爭版圖的同時，有一個更具爆炸性的改革同時爆發了，那就是工業革命。工業革命帶來的，不只是生產方式的改變，還包括社會型態與社會階層的重組，連帶的政治型態與政策焦點也有極大的變革，商業的開展、生活品質的提升、壽命的增加，使得人的自我定位與生存價值觀也受到了極大的震撼。歐洲人開始醉心於建構人類「無限進步」（infinite progress）的可能性。在這種情勢下，既然以往的哲學與宗教並不能帶給人類實際生活上的改進，而科學與理性卻可以，那何不改以科學與理性作為知識的新標準呢？

### 一、啟蒙主義的挑戰

啟蒙主義（enlightenment movement）——啟蒙運動時期其實便是理性至上時期。嚴格說來，啟蒙運動在17世紀培根（Bacon）

與牛頓（Newton）所引發的「科學革命」便開始了，商業與殖民的開展，哲學的刺激──康德認為「世界已經成人（the world come of age），因此應該敢於懷疑（dare to doubt）」，以及對回教徒戰爭的勝利❶，這些都刺激了歐洲人以新的思考架構來反省自己的環境、社會，以及以往所不能懷疑的傳統與權威。例如，他們開始探討過去被認為神聖不可侵犯的領域──政治與宗教，追問什麼是好的政府？什麼是好的社會秩序？什麼是好的宗教形式？同時也對由統超越的、啟示的真理觀轉向為內在的、關聯性的世界真理。這種「真理的轉向」以及「以理性代替傳統權威」對於18世紀以降的宗教思潮有極大的衝擊。

啟蒙運動在英國與法國對宗教所造成的最大衝擊便是「自然神論」（deism）的興盛。英國的Lord Edward Herbert、牛頓、斯賓諾沙（Spinoza）、霍布斯（Hobbes）、法國的伏爾泰（Voltaire）、狄德羅，以及德國的藍辛（Lessing）等人都在程度上支持「自然神論」，強調基督教要免於迷信與教條，反對「超自然」的解釋，主張信仰應合於理性。不過英國的啟蒙運動者仍然接受基督教，後與敬虔主義結合進而發展出18世紀後半的大復興；法國則因反羅馬而反基督教，高舉「理性女神」，結果引起了1789年「法國大革命」的殺戮。德國的啟蒙運動因為受敬虔主義的影響，先有康德的「道德宗教」❶產生，後又轉向為「浪漫主義」──反對理性至上主義、反對對事物過度的分析而強調「整體」與「和諧」，也強調「回歸自然」與「復古」。

在這樣的思潮底下，基督教如何回應呢？以往的保守與反動是無法阻止歐洲社會「改變與進步」的浪潮的。面對以往整個傳統的基督教社會的「世俗化」（secularization）以及新興國家的「非基督教化」（laicization），教會也開始產生了「內在的改變」，並且外顯而成為另一波偉大的復興運動。

## 二、敬虔主義與衛斯理大復興

宗教改革運動之後，各宗派都出現了「正統化」的傾向——亦即將本宗的道理公式化與絕對化，這種情形尤以德國路德教派最為嚴重。而敬虔主義（pietism）正是對正統派將宗教改革各宗的教義加以「教條化」與「公式化」的反動。

### （一）敬虔主義（pietism）

「敬虔主義」是由德國興起的。德國的施本爾（P. J. Spener）認為官方的路德會已經走入過度教條化而逐漸死亡，於是在1670年開始於家中組織「靈性造就」小組，強調活潑而富生命力的敬虔，倡導除了客觀神學知識外，主觀的信仰體驗亦相當重要。這個小組又稱為「敬虔團」（collegia pietatis），敬虔主義由此得名。

施本爾在1675年出版了一本相當重要的著作《渴慕敬虔》（*Pia Desiderea*），其中提出六點建議，可做為我們理解「敬虔主義」的依據：一、密集研讀聖經，主要目的是增進個人靈性；二、讓一般信徒更完整地實行其「靈性祭司」的職分；三、強調基督教的「實踐」面，而非「知性」面，基督徒應實現「愛」的精神；四、在宗教爭論中應注重「寬容」的精神，因為目的是為了要讓人「從心裡信服」；五、改革當時大學中的「神學研究」部門，並要求該部門中的教授與學生都應有較高的宗教生活標準；六、對「講道」的要求提高，講道是為了「教化」。

值得一提的是，在德國的撒克森地區，Zinzendorf伯爵深受敬虔主義的影響，而以敬虔主義的精神培養「心靈宗教」，間接促成了「莫拉維亞兄弟會」 ❶ （Moravian Brethren）的產生，而這對後來的衛斯理大復興有相當重要的影響。

## （二）衛斯理的復興運動（revivals of John Wesley）

　　近代歷史中最爲有名的社會道德改革運動，便是約翰衛斯理（John Wesley）的復興運動。其背景是18世紀英國在工業發達之下的貧富差距、道德淪喪，加上自然神主義使得英國對傳統基督教漸漸失去信心，社會漸成了「非基督教化」的社會，教會成了「宗教性俱樂部」。當時牛津大學中的一群熱心的學生在「循規追求信仰」的心態下，先自我要求信仰的純化與生活的聖潔，並開始走出校園向犯人、乞丐以及社會底層的窮苦大眾傳福音，這就是「循理主義」（methodism）的由來。其中最爲重要的三個人是威特腓德（George Whitefield）以及查理衛斯理與約翰衛斯理兩兄弟。

　　1736年衛斯理兄弟赴美國喬治亞洲向印地安人傳福音失敗，但是卻接觸到當地「莫拉維亞兄弟會」的領袖史龐恩伯格（Augustus Spangenberg），其謙卑敬虔的信仰深深吸引了約翰衛斯理。回英國之後，兄弟兩人與獲得「重生」經驗的威特腓德開始宣傳「悔改」（conversion）的經驗與聖潔的生活，這變成了後來福音派（the evangelicals）的重點與標記。1739年開始，三個人幾乎走遍了整個英國，以邊唱歌邊講道的方式重新挑動了英國人民心中的宗教熱情與對道德的渴望，復興之火一發不可收拾，在英國與美國都建立了「循道會」──雖然一開始約翰衛斯理並不打算離開英國國教會，但是越來越多的皈依者卻迫使其不得不將其組織化而自國教中分離出來。許多歷史學家相信，循理運動徹底復甦了整個英國社會，使得英國免於重蹈「法國大革命」慘劇的覆轍。

　　循理會的復興運動對美國也造成了同樣的影響──「大覺醒運動」（great awakening），由威特腓德的鼓吹，從荷蘭的改革宗教會開始，快速地轉向「長老教會」與「公理會」。英國的循道會之中不久又興起了一個新而關係重大的組織，那就是「救世軍」。

## 三、海外宣教運動與普世教派合一運動

### （一）海外宣教運動（overseas missionary movement）

宗教改革之後，新教忙著對抗羅馬的「反改革運動」而忽略了宣教，加上加爾文主義中的「預定論」（有限的救贖）也限制了布道性宣教工作的進展，歐洲在18世紀的革命風潮使得各國國力衰微，無力擴展宣教工作，凡此種種原因使得18世紀的基督教宣教只有天主教較有成果。

但是到了19世紀，歐洲重回穩定和平，然而因戰亂而必須重獲資源以利建設；同時各國在亞洲、非洲與拉丁美洲的殖民統治相當穩固，所以在殖民主義與經濟需求的帶動下，各國開始鼓勵其宣教士進行海外宣教❸。另一方面，受到基督教敬虔主義與福音復興運動的影響，基督教本身也發起了「青年宣教」的熱潮，「世界學生海外宣教運動」（Student Voluntary for Foreign Missions，簡稱SVH）就是在此背景下成立的。除此之外，有許多的宣教會紛紛成立，例如，1786年成立的「衛理公會宣教協會」、1795年成立的「倫敦宣教會」（London Missionary Society）——1865年派巴克禮博士與馬雅各醫生到台灣宣教、1804年成立的「英國及海外聖經公會」（British and Foreign Bible Society）都是，另外也有所謂「超教派」的宣教協會，例如，由戴德生（J. Hudson Taylor）於1865年創辦的「中國內地會」（China Inland Mission）——後改名為「海外宣教團」（Overseas Missionary Fellowship，簡稱OMF）即是。

嚴格來說，19世紀的海外宣教應該算是一種「殖民式」的宣教，宣教師跟隨著本國優越的科技武力而到海外宣教，難免會帶有些許的「殖民情結」（colonial complex），而往往造成「父權式」（paternalistic）的宣教理念，其中充滿著「企業式」與「征服式」

的心態。宣教等於對殖民國家的「宗教侵略」——不認同也不尊重當地人民的宗教情感與文化，甚至對於當地宗教採取「破除偶像」式的破壞，這也是為什麼一開始會造成被宣教人民的激烈抗拒之原因。況且，許多成立的海外宣教協會並不完全真心在宣教，反而常常有「爭地盤」、「爭經濟利益」的情事發生。近年來基督教宣教立場開始轉變為「上帝對世界及基督的普世主權之關懷」（Hoekendijk, 1950），這為20世紀興起的「上帝的宣教」（missio dei）理念鋪路。

## （二）普世教派合一運動（ecumenical movement）

基督教教派要合一，代表著基督教分裂的這個事實。教會的分裂早已有之，只不過宗教改革之後的大分裂使得各個教派在自我特色與版圖上都強調「本宗」而相對地排斥他宗派。19世紀以降，由於海外宣教的需要，使得不少宣教師認為有「合作宣教」的必要，甚至有教派聯合的必要，於是1910年在愛丁堡舉行了第一次世界宣教會議。從那時候開始，教會合一運動便開始展開了。天主教則到了1962年至1965年間的「第二次梵蒂岡大公會議」後保守勢力有了戲劇性的轉變，當時的天主教教宗若望保祿六世對於基督宗教的合一與基督教外的對談都展現了開放的態度。1948年普世教協（World Council of Churches，簡稱WCC）在荷蘭阿姆斯特丹成立，這可說是普世合一運動的主要果實。至今在許多歐美國家都已經有跨教派的「聯合教會」，例如，英國的長老會、循道會部分安立甘教會與一些宗派組成了「聯合改革教會」（Unite Reform Church，簡稱URC）；又例如，台灣北部基督長老教會原母會屬於加拿大的基督長老教會（Presbyterian Canada Church，簡稱PCC），但其後來便與其他教派合組了「加拿大聯合教會」（Unite Canada Church，簡稱UCC），美國也有類似的聯合教會。我們可說，教派的合一是基督教20世紀的重要趨勢。

普世合一運動是現代基督教會因應其已然分裂的事實所產生的信仰運動。當然，從基督教的長遠發展與其多元歷史處境來看，教會的分裂是一個不幸的錯誤，也是難以避免的結果。作者個人認為，我們不應只單純視其為一種「罪惡」而譴責。而應該就現狀找出「契合點」，而且也不必汲汲地要求「組織與制度」的合一，反而是在「功能與教義」上尋求合一的可能性會更具成效。重要的是，基督徒應視「合一」為一種「信仰的責任」，如此才能有真正「復合」的可能。

## 結論

基督教會繼續發展，今日基督教在世界上普遍遭遇的問題是「現世主義」與「俗化主義」，以致於無論是新教或天主教都面臨信徒人數急遽減少的危機——當然，這也可以是一個契機。筆者相信歷史自有其規律，或許我們可以從過去的歷史規律裡面，找到基督教繼續成長與進步的可能性建議也不一定。

# 參考書目

余達心著（1996），《基督教發展史新釋》。香港：宣道。

華爾克著，趙毅之譯（1985），《基督教會史》。香港：基文。

布瑞恆著，郭鳳卓譯（1985），《初早期基督教會簡史》。台北：眞道之聲。

祈柏爾著，李林靜芝譯（1986），《歷史的軌跡——兩千年教會史》。台北：校園。

薛華（Francis A. Schaeffer）著，梁祖永等譯（1983），《前車可鑑》。香港：宣道。

# 註釋

❶ 在聖經中記載耶穌升天後的五旬節時，門徒聚集在一起的同時忽然聖靈降下，許多的門徒都開始用不同的語言開始講述天國的消息，眾人都以為他們喝醉酒了。至此之後，相信耶穌的人都聚集在一起等待耶穌的再臨（詳見〈新約·使徒行傳〉第二章1～13節）。

❷ 關於保羅改宗與其宣教，詳見〈新約·使徒行傳〉九章至最後。

❸ 此分期說法詳見余達心著（1996），《基督教發展史新釋》。香港：宣道，頁1～8。

❹ 諾斯底主義深受柏拉圖與新柏拉圖主義影響，採用二元論的思考方式，重精神而輕物質。諾斯底主義認為，耶穌為一幻影，並且強調得救的希望乃是知識（靈智）。意即這些知識是上帝給人超越肉體的束縛，而非科學上的知識。詳見林鴻信著（1996），《教理史（上）》。台北：禮記，頁78～82。

❺ 孟他努主義（montanism）是初代基督教會的異端之一，興起於1世紀，消失於4世紀左右。此派強調聖靈的啟示比聖經重要，教會的組織形式俱無價值，並極端強調末世論。是最早的激進式靈恩派。

❻ 除了上述的之外，尚有以便尼主義(ebionism)、馬吉安(marcionism)等。而這些流派對基督宗教神學的影響與發展詳見《教理史（上）》，頁76～100；以及布瑞恆著，郭鳳卓譯（1985），《初早期基督教會簡史》。台北：真道之聲，頁75～86。

❼ 丕平篡奪父親的王位，而當時教皇在事後予以承認。丕平為感謝，所以將拉溫納到羅馬的一大片土地獻給教皇作為謝禮，此即有名的「丕平獻土」事件，此事件演變成後來「教皇國」成立，並教皇具有現世政治權力。

❽ 查理曼在Aix-la-Chapelle的宮廷中建立學校（Palatine Academy），訓練傳教人員，教導他們古典拉丁文，專精研究聖經、教父，以及禮儀。

❾ 東西方教會長久在文化、神學思考、教會生活、政治勢力上有相當大的差異，而且都自認為自己才是正統。1054年雙方領袖又為了三位一體論中的「與子說」而鬧得不可開交，最後東方主教長賽魯拉流（Cerularius）與羅馬教皇利奧九世（Leo IX）互相開除教籍，史稱為「大分裂」。

❿ 詳見祈柏爾著，李林靜芝譯（1986），《歷史的軌跡——兩千年教會史》。台北：校園，頁139～140。

⓫ 路德當時提出「九十五條抗議文」主要是針對教會發行贖罪卷的行為、對聖餐的看法以及教會與教皇傳統權威所提出的批判。路德只是想要藉此與當時的神學家與教會領袖公開辯論，而非企圖引起全歐的宗教改革風

潮。

⓬「九十五條抗議文」在印刷術的促使下快速的在德國廣為人所傳閱。不到2個星期，全德國人皆知道了路德的九十五條；不到4個星期，全西歐的人都知道九十五條。詳見《歷史的軌跡──兩千年教會史》，頁198。

⓭一般來說，舊教即指宗教改革前的基督教會（現稱天主教）；新教即指在宗教改革後所產生出新的教會（現稱基督教）。

⓮詳見薛華（Francis A. Schaeffer）著，梁祖永等譯（1983），《前車可鑑》。香港：宣道，頁104。

⓯1571年的Lepanto海戰以及1680年Kallenberg戰役，土耳其人都為歐洲人所敗，從此一蹶不振。「不信者」（infiodels）既除，歐洲人由此再一次尋回自我文化的優越性，也重新整全自己的文化與智識。

⓰康德認為理性的純粹宗教才是真正的宗教，可作為解釋聖經的原則；而道德（努力追求聖潔）是聖經故事背後的意義。人要獲得恩典必須有所貢獻（美德）以證明自己有獲得恩典的資格。因此，康德是由「實踐理性」為基礎建構宗教。

⓱Zinzendorf伯爵在法蘭克福大學求學時，深受敬虔派的影響，回到撒克森之後，便組織並領導兩個敬虔派組織，這後來變成了「莫拉維亞兄弟會」的基礎。此組織可謂是新教最早的宣教團體。

⓲殖民主義在工業革命與地理大發現後大行其道，因著經濟需求與政治角力展現而發展，一般民眾也由於極端「民族主義」而支持。當時歐美流行著「千禧年」思想，認為如果世界變成「上帝國」則耶穌會再臨。再臨的結果當然是優越的白種基督子民將與耶穌一同統治世界。故宗教便藉著政、經、軍事勢力而往歐洲以外之地傳播。

# 第四章　基督教的經典——《聖經》

基督教的特色之一，便是經典的唯一性。基督教的經典稱爲《聖經》(*Bible*)，並且此《聖經》是作爲正統基督教派極重要的判準之一❶。在普世性宗教中，大概也只有「回教」是主張唯一經典（可蘭經）的宗教了。就以一本書的角度來看，《聖經》可謂是銷路最好、翻譯文字最多❷、相關注釋書最多、影響力最大的一本書；而就基督教信仰的角度而言，它是得到永恆生命的保證、是一切眞理的判準、是道德的標準、是傳教的依據。對某些人而言，它甚至是驅魔的利器。

## 第一節　聖經的意義與起源

《聖經》之所以被加上個「聖」字，代表它是「被分別出來的著作」。傳統猶太教與基督宗教（包含天主教與新教）皆認爲它不同於世俗的文學著作，他們相信《聖經》是源自於「神」的啓示（revolution）❸。

《聖經》的英文字是Bible（也有人用The Book表示，不過Bible還是最常見的用法）。這個字是由希臘文biblia而來，biblia是複數形式，其單數名詞爲biblion（βιβλιον），即書的意思，故biblia即「叢書」之意。因此，聖經是一部由許多不同的人執筆所寫的書卷集結成的書。

在中文聖經中，這部書的標題是「新舊約全書」。「新舊約」的用法源自聖經本身，在其〈新約〉中的哥林多後書三章14節中，

該書作者保羅稱早期基督教會中所用的猶太人經典爲「舊約」❹；
至於爲什麼稱爲「約」呢？這「約」最通常的說法是「契約」
（engagement）的意思。「約」是包括雙方在內的一種協定，參與
協定的雙方 —— 或至少一方 —— 需受盟約誓言的約束。聖經學者一
般認爲聖經乃上帝與以色列民族（或祖先）所訂契約的紀錄，他們
的道德規條「妥拉」（torah）常常是以契約形式呈現出的。

　　剛剛我們提到，聖經是一部由許多不同的人執筆所寫的書卷集
結成的書。其自首卷書成書至整本聖經正典的認定編纂完成，時間
相隔近1500年。這本歷盡千年由各種不同階級作者之作品所編成的
書，能存留甚至被傳誦至今，最主要的原因便是其主題能相續而不
相矛盾。其原因何在？作者認爲可分爲兩層次來談：

一、宗教層次

1. 來源相同：基督徒相信聖經的內容是由上帝所啓示的，就算
   作者不同，但來源相同。
2. 使命相近：舊約的使命是預言「彌賽亞」的將臨；新約則是
   見證「彌賽亞」的來臨。

二、非宗教層次

1. 作者大多有同樣的民族認知與宗教背景：他們大多是屬於以色
   列民族，或至少信奉猶太教，因此作品內容有基本之同質性。
2. 在「正典化」集結時作過選擇：聖經是由許多文獻作品選輯
   而成的經典，因此挑選蒐集時必有標準。所以在程度上可保
   持不矛盾性。

　　既然聖經是一部集成的經典，那麼接下來我們便來談談聖經的

集成。

# 第二節　聖經的正典化

## 一、正典的意義與標準

　　正典（canon）是從希臘字而來❺，其原意為「量尺」，轉意為準則，因此正典可謂是一種「標準或準繩」。而當「正典」用於聖經時，表示聖經中各卷書是作為前後一致相關聯地蒐集被寫下來，不可以任意增減或修改。

　　就林鴻信所著《教理史（上）》表示，聖經經文的形成階段為：口傳時期→文字化→編輯成形→抄寫流傳→正典化。為什麼要訂定正典呢？因為在初期的基督教傳布過程中，有不少的傳說與文獻在各地教會中流傳，而這些傳說或文獻常常便成為當地基督徒信仰的根據。其中當然有不少文獻紀錄的內容是以訛傳訛，或根本是虛構的。所以早期基督教會中出現了不少的「異端」❻。為確認經典的權威性，並維護信徒信仰的純淨性，因此才有「正典化」運動。

　　至於什麼樣的作品才夠資格被編入正典呢？一般而言有三個標準被應用❼：

　　1.一本特殊的作品在教會中被接受和應用的程度。

　　2.它的內容對教會傳統教訓的忠實程度。

　　3.它所宣稱的辯護性（或權威性）是否根源於使徒❽的傳統
　　　（由某一位使徒所寫的或賦予權威的）。

　　早期負責編正典的聖經學者或教父們大概是以這三點作為規範正典的原則。

## 二、聖經正典化的過程

聖經正典的內容包括了猶太教的部分經典（含「律法書」、「先知書」以及「聖卷」），與早期基督教會所流傳的文學作品（大部分是書信，另有耶穌及使徒們的傳記）。我們就將其分為舊約與新約兩部分來看。

### （一）舊約正典的形成

在耶穌及保羅的時代，已經有「聖經」一詞，不過那所指的乃是以希伯來文字的舊約，而且只包含律法書及部分的先知書。一直到了西元2世紀左右，包含「聖卷」的舊約聖經才正式確立。整個舊約集成過程約有四階段：

1. 申命記的確定：622BC猶太國王約西亞確立了申命記之地位。
2. 「律法書」（torah）的確定：「律法書」即摩西五經。五經的原始資料在以色列人民中流傳已久且具權威地位，至於成為現有形式約為西元前5世紀，而在西元前4世紀初為以斯拉及以色列人接受並確立❾。
3. 「先知書」之蒐集：所謂「先知書」即指受到上帝指示而將教訓及預言帶給以色列人民的人。「先知書」之蒐集包括前先知書（約書亞記、士師記、撒母耳記、列王記）及後先知書（以賽亞、耶利米、以西結和十二小先知書），它們之蒐集約在西元前2世紀左右完成。
4. 「聖卷」之確立：有一些不屬律法及先知書的文學作品在民間也有流傳，直到西元1世紀猶太教的聖經學者們才開始編纂其中可被認同的書目，及現在舊約中的十一卷「聖卷」。

## （二）新約正典的形成

　　早期基督教徒雖然承認希伯來文的舊約，但他們心目中最高的權威還是耶穌，所以有不少的口傳及文藝記書是有關於耶穌的言行教導及使徒見證。有的是以傳記形式，有的是以書信形式，其內容中心卻都一致，便是見證耶穌。而為了抵禦迫害及毀謗，並分別異端，便開始有人編纂可資信賴且有權威的作品，馬吉安（Marcion）在西元160年開始編正典，收錄了部分路加福音及十卷保羅書信，但他反對舊約，不合早期基督教會信仰，故其他人也紛紛編纂更合乎信仰的正典。而直到AD325的優西比烏（Eusebius）才真正將新約正典化，他所編出的書大致與今日新約相同，但仍有幾本有爭議❿，直到AD367，亞力山大的亞他那修（Athanasius of Alexandria）提出正典書目便將之確定。而現在新約中那些書卷之確立是經過數次大公會議所定的⓫。

　　值得一提的是，新約各卷雖然是到4世紀中葉才確定，但是其中都是2世紀的作品。理由很簡單，如前所言，新約重點中心在見證耶穌所以越靠近耶穌年代的作品才能越正確見證之。因此時間上便限制為2世紀之前的作品，其後也許有很好的神學著作，但不再納入正典。換言之，基督教採取的是一個「封閉」的正典觀⓬。

# 第三節　次經與偽經

　　既然提到了「正典」，那就絕對不能不提次經與偽經。「次經」（apocrypha）也稱「旁經」，原意有隱密、隱藏之意。前面提到收錄成舊約正典的經卷是依據希伯來文聖經，但在西元前3世紀左右另有一希臘文譯本的舊約聖經同樣廣為流傳，被稱為七十士譯本（The Septuagint），相傳是當時埃及王多力買非拉鐵非（Ptolemaeos

Fjladelfos, 258～247BC）請耶路撒冷派70位語言及聖經學家到埃及亞歷山大市圖書館翻譯希伯來文舊約而成書。希臘文舊約聖經比希伯來文舊約聖經多了約十四卷❸（見表4-3），天主教的拉丁文聖經舊約部分是譯自希臘文舊約，因此也將此十四卷收入。在新約也有不少卷書被列入次經只不過數量不定。但宗教改革後的基督新教則不採用而排除於正典之外。向馬丁路德便反對這十四卷書的權威性。在其所譯德文聖經中，將其列入舊約的附錄裡並標明：「次經，這些書不具有與聖經同等的地位，但卻是有用的並有益於閱讀。」但有的教派仍承認其具有參考價值（例如，聖公會）。天主教則在AD1546的天特會議中承認它們為正典❹。

　　至於「偽經」（pseudepigrapha）則比次經更不具正典性，大部分是偽託古人或假名之作，其內容往往是作者自行杜撰想像而出，或有特殊目的而寫的。例如，4世紀時的《馬利亞過世》，以及6世紀時的《馬利亞誕生》皆屬之，當時正好崇拜聖母風潮開始，因此便大為流行，曾經一度為天主教收納。舊約的偽經約有六十五卷，作者橫跨兩約之間。新約則因數量極多而難以估計，不過大部分是屬於「福音書」的範圍較多，其次是偽造的使徒書信。

　　值得注意的是，無論是次經或偽經，雖不納入正典，但不代表它沒有任何價值。事實上，目前越來越多的聖經學者重視次經，因為有些次經與正典的經文同屬於同一時代，甚至同一社會背景之作品，有些對於正典難解釋之處可透過次經之研究而加以解釋，故次經最少具有學術參考價值❺。


## 第四節　聖經內容大綱


　　聖經的中心思想是上帝的創造與救贖。起初上帝創造了世界與人類，並將人安置於伊甸園中。後來人類犯了罪，違反了上帝所定

的禁令。所以上帝開始進行徹底改造及救贖人類的工作，先後發生了「洪水」事件及「巴別塔」事件，後來上帝選上了亞伯拉罕（Abraham）並藉之來創立一個國家。上帝先帶領他到迦南地（即今巴勒斯坦），後來他的後裔移居埃及，並在該地發展成一個大族了。

400年後，他們因著摩西（Moses）的帶領出埃及，重返迦南地。經過了四、五百年，到了大衛與所羅門這兩個王時代，這個民族已成為強大的猶太王國了。然而所羅門統治結束後，猶太王國便分裂為北國以色列與南國猶太。北國於西元前721為亞述所滅，國祚約200年；南國約於西元前600為巴比倫帝國所滅。此二國的人民分別被擄，直到西元前536左右方回故土，開始重建其家園。不久，舊約時期便結束了。

綜觀整個舊約歷史，有兩個非常重要的事項必須注意：一、亞伯拉罕——大衛家族將成為猶太永遠之君王，地上萬國也因之得福。這便影射了新約的耶穌基督，祂將完成人類最大的救贖；二、以色列民族的興衰是根植於他們與上帝的約——敬拜順服則興盛，離棄背叛則衰。總之，整個舊約重點在確立了一神教之信仰，並預言了彌賽亞（Messiah）之降臨。

在以色列人回到巴勒斯坦後400年，耶穌（Jesus）——即舊約所預言的彌賽亞——出現了。祂一生的工作重點便在傳揚上帝國近了，人們必須悔改並信祂方能得救。耶穌最後被釘十字架並復活，再復活到升天這段期間內吩咐祂的學生們必須將祂的生平與救贖的事蹟傳往萬國。耶穌的學生們開始向耶路撒冷以外的地方傳教。主要的方向經小亞細亞、希臘而到羅馬，就是沿著當時所謂「羅馬帝國屋脊」的那一帶，當然也有傳向非洲（腓力）及東傳印度（多馬）的。其中最有名的便是保羅（Paul）的事蹟與傳道工作了。當時的傳教中心主要有猶太的耶路撒冷（Jerusalem）、敘利亞的安提阿（Antioch）、小亞細亞的以弗所（Ephesus），以及希臘的哥林多（Corinthian）等，建立的教會不下30間❶。當人類的救贖工作如此

展開之後，新約時代也如此告終了。

總結而言，對於具有基督宗教信仰的人而言，聖經的內容充滿了得救的奧妙，聖經所記載的整個歷史就是人類的蒙恩史；而就一般沒有基督信仰的人而言，不妨將聖經視為故事來閱讀，仔細搜尋其中的文化與道德意義，瞭解基督宗教的某些基本思絡，相信無論對於視野的拓展或對宗教間的包容，應多少有所幫助才是。

## 結論——聖經的貢獻

我在本章一開始說過，就一本書而言，聖經是流傳最廣、影響力最大的著作。它之所以能被廣為流傳，除了它裡面的主題大致上不相矛盾外，相信對人類更有實際更多樣的貢獻。當然，對基督徒與非基督徒來說，聖經的貢獻是不同的。

從基督徒的角度來看《聖經》的貢獻，我想可以就《聖經》中〈新約·提摩太後書〉三章16～17節所記載來說明：「聖經都是神所默示的，於教導真理，指責謬誤，糾正過錯，指示人生正路，使信奉上帝的人能得充分的準備，並能使人作多種善事，都是對人有益的。」以一般性的文字來解釋，對基督徒而言《聖經》是「得救」——正確認識神並與之建立關係——的基礎；可以抵抗異端邪說；它也可以給予道德性規勸，正確指示人生觀及價值觀；在宗教禮儀、宗教事務的工作有所依循；並且可作為社會性生活中實踐真理的依據。

至於從其他非基督徒的角度來看聖經，它仍具有不少價值，我們可以就學術、道德、文化三層面來討論。

### 一、學術價值

1.它具有歷史價值。整部《聖經》其實便是一部近東、小亞細

亞的宗教發展史，尤其對猶太教史、以色列史之研究更是重要參考資料。

2.它具有神証學、宗教人類學、社會學及考古學參考價值。舉例而言〈舊約·創世記〉中某些關於文明起源的記載深具神話學研究價值；而從「族長史」中的生活形態也可理解西元前2000年的米所波大米的生活形態。

## 二、道德價值

1.《聖經》的「傳記」中充滿了完人的典範，例如，亞伯拉罕、以利亞、但以理等。而更有趣的，是這些人並未被「神化」，他們的缺點也同樣被點出來，說明雖然人有限制，但也可以成爲有道德的人。

2.《聖經》中某些有關道德性的說明也可以作爲一般生活的道德所求。

## 三、文化價值

1.正如大多數的人所言，基督教思想是西方文化與社會多神制度之起源，而基督教思想的底基便是《聖經》。我們可以這麼說：能理解《聖經》便可瞭解西方文化的特色。

2.既然《聖經》是西方文化與宗教最主要的依據，那麼它也便是文化對話、宗教對話的重要資料。

就因爲《聖經》的價值不只局限於單一層面，它還有學術的、道德的以及文化的層面，所以它能被大眾所接受。它不是史書，但它有史實；它不是文學作品，但它具有文學深度；它不是學術著作，但具有學術價值。盼此章能帶給讀者一個較寬廣的視野，更正確地來理解並看待這本《聖經》。

表4-1　舊約各卷簡介

| 卷名 | 著者 | 約成書時間 | 內容或主旨 | 備註 |
|------|------|-----------|-----------|------|
| | | | 舊約各卷簡介 | |
| 創世記 | 摩西<br>（至少爲其基本或原始作者） | 約西元前1400年 | 上帝啓示之歷史：<br>1.上古史。<br>2.以色列族長史。 | 「摩西五經」或「律法書」 |
| 出埃及記 | | | 以色列族發展、遷徙、十誡頒布及「會幕」建立之命令。 | |
| 利未記 | | | 以色列族在宗教與生活上的一些管理法規（祭司職只能由利未人擔任）。 | |
| 民數記 | | | 以色列族從聖山（西乃山）至摩押平原之事跡，以及12支派分地情形。 | |
| 申命記 | | | 摩西在摩押平原對以色列人複述律法，以勸諭方式說出。 | |
| 約書亞記 | 約書亞等人 | 約與摩西五經同時 | 以色列族過約旦河、攻克迦南平原各族並定居迦南平原之事跡。 | 「前先知書」 |
| 士師記 | 撒母耳先知（或約大衛王時期之史官） | 大衛王朝初期（約西元前1050年） | 自約書雅逝世撒母耳先知期間（約300年）、以色列之統治者之歷史。 | |
| 路得記 | | | 在動盪不安之歷史中，一個溫馨之愛情故事（路得乃大衛王之祖母）。 | 「聖卷」 |

| 舊約各卷簡介 | | | | |
|---|---|---|---|---|
| 卷名 | 著者 | 約成書時間 | 內容或主旨 | 備註 |
| 撒母耳記（上）<br>撒母耳記（下） | 不詳 | 以色列王國分裂初期（約西元前900年） | 建立以色列王國之經過，並撒母耳先知在建國過程中之地位。 | 「前先知書」 |
| 列王記（上）<br>列王記（下） | 不詳，可能為先知耶利米時代之另一先知（有人日乃先知耶利米） | 約西元前580年左右 | 1.所羅門王朝。<br>2.王朝之分裂。<br>3.南北兩國平行之歷史。<br>4.北國滅亡後，南國猶太之歷史直至被巴比倫滅亡為止。 | |
| 歷代志（上）<br>歷代志（下） | 相傳為以斯拉 | 約西元前536～432年之間 | 1.大衛王朝。<br>2.所羅門王朝。<br>3.聖殿之建造。<br>4.北國十支派分離後之歷史。 | 「聖卷」 |
| 以斯拉記 | 相傳為以斯拉 | 約西元前536～432年間 | 從宗教或祭司觀點，敘述以色列民族回歸故土之情形。 | 「聖卷」 |
| 尼希米記 | 相傳為尼希米 | 約西元前536～432年間 | 記載尼希米此人之使命，並他在耶路撒冷所做之革新。 | 「聖卷」 |
| 以斯拉記 | 應為一住在波斯的猶太人 | 約西元前450～420年間 | 敘述一個猶太女人如何當上波斯王后並拯救同胞之故事。 | 「聖卷」 |
| 約伯記 | 可能為所羅門王時期之史官 | 所羅門王時期 | 對於人類受苦之問題，用絕妙之詩詞做哲理的探討。 | 「聖卷」；又有人稱此五卷為「智慧文學」 |
| 詩篇 | 主要為大衛王，另有其他人之作品 | 詩篇今日之樣式應為以斯拉時代所完成 | 此乃以色列人宗教詩歌集之核心。 | |

（續2）表4-1　舊約各卷簡介

| 卷名 | 著者 | 約成書時間 | 內容或主旨 | 備註 |
|---|---|---|---|---|
| | | | 舊約各卷簡介 | |
| 箴言 | 主要爲所羅門王 | 所羅門王時期 | 以色列宮廷的道德教科書。 | |
| 傳道書 | 不詳（有人曰所羅門王所做，但應爲西元前3世紀之作品） | 應爲西元前3世紀之作品 | 作者敘述其人生經驗，勸告人如何享受人生，但最後強調：若離開上帝，任何多采多姿的人生亦爲空虛。 | 「聖卷」；又有人稱此五卷爲「智慧文學」 |
| 雅歌 | 不詳（應爲西元前4世紀之作品） | 應爲西元前4世紀之作品（被擄至波斯時期） | 充滿東方隱喻色彩，形式乃一愛情詩歌。然其中深具倫理性教訓。 | |
| 以賽亞書 | 主要爲先知以賽亞及其門下 | 應爲西元前6～7世紀之作品 | 教導人依靠恩典得救的真理，得救乃藉著神，而非藉著人。並一再提到彌賽亞之預言。 | 「大先知書」 |
| 耶利米書 | 先知耶利米 | 應爲西元前590之作品 | 對於猶太人離棄上帝給予嚴厲責備。 | 「大先知書」 |
| 耶利米哀歌 | | | 耶利米爲耶路撒冷城而憂傷。 | 「聖卷」 |
| 以西結書 | 先知以西結 | 應爲西元前570之作品 | 顯明上帝對其永恆目的之信實，犯罪之國民必被毀滅。 | 「大先知書」 |
| 但以裡書 | 據說爲先知但以理（但其實應爲在巴勒斯坦的猶太教師假託其名所作） | 應爲西元前4世紀之作品 | 顯明上帝地位的獨尊性，以故事體裁說明上帝遠超過異教世界諸神明。 | 「聖卷」 |
| 何西阿書 | 先知何西阿 | 應爲西元前720之作品 | 顯明神對犯罪與背逆之民的愛。 | 「十二小先知書」 |

（續3）表4-1　舊約各卷簡介

| 舊約各卷簡介 | | | | |
|---|---|---|---|---|
| 卷名 | 著者 | 約成書時間 | 內容或主旨 | 備註 |
| 約珥書 | 先知約珥 | 應為西元前830之作品 | 警告以色列人需謙卑悔改，因審判確將來臨。 | |
| 阿摩司書 | 先知阿摩司 | 應為西元前751之作品 | 針對有錢人的自私與貪婪加以斥責。 | |
| 俄巴底亞書 | 先知俄巴底亞 | 不詳 | 表明外族以東侵略猶太必遭刑罰，而猶太必得榮耀。 | |
| 約拿書 | 先知約拿 | 不詳 | 1.先知約拿之經歷。<br>2.上帝之拯救不只限於以色列人。 | |
| 彌迦書 | 先知彌迦 | 應為西元前600之作品 | 南北兩國之罪、毀滅及復興。 | 「十二小先知書」 |
| 那鴻書 | 先知那鴻 | 應為西元前630之作品 | 亞述國都城尼尼微必受刑罰而傾覆。 | |
| 哈巴谷書 | 先知哈巴谷 | 應為西元前605之作品 | 神將責罰頑劣之民，必有一殘忍之民族來刑罰以色列人。 | |
| 西番雅書 | 先知西番雅 | 應為西元前6世紀之作品 | 警告以色列人若不悔改災禍將至。 | |
| 哈該書 | 先知哈該 | 應為西元前530之作品 | 勉勵歸回之以色列人建造聖殿。 | |
| 撒迦利亞書 | 先知撒迦利亞 | 應為西元前530之作品 | 勉勵以色列人努力持守上帝的教訓，並一再提到彌賽亞預言。 | |
| 瑪垃基書 | 先知瑪垃基 | 應為西元前400之作品 | 以色列人之罪惡，以及即將臨到之審判。 | |

表4-2　新約各卷簡介

| 卷名 | 著者 | 約成書時間 | 內容或主旨 | 備註 |
|---|---|---|---|---|
| 馬太福音 | 使徒馬太 | 約西元60左右 | 耶穌是舊約先知所預言之彌賽亞，針對猶太人而寫。 | 四福音書，前三本稱為「共觀福音」；第四本稱為「符類福音」。 |
| 馬可福音 | 馬可 | 約西元60左右 | 耶穌有超人性之能力及權柄可行神蹟，針對羅馬人而寫。 | |
| 路加福音 | 路加醫生 | 約西元60左右 | 注重耶穌同情弱者、被拋棄之人性特質，針對希臘人而寫。 | |
| 約翰福音 | 使徒約翰 | 約西元90左右 | 注重耶穌之神性，內容多為其演講與談話。 | |
| 使徒行傳 | 路加醫生 | 約西元60左右 | 記載彼得與保羅的言行工作，並基督教如何由耶路撒冷傳至羅馬。 | |
| 羅馬書 | 保羅 | 西元56左右 | 因為耶穌基督的恩典，人可「因信稱義」。 | 使徒書信 |
| 哥林多前書 | | 西元55左右 | 哥林多教會有相當的混亂，保羅寫信斥責之。 | （保羅）提摩太前、後書又稱為教牧書信。 |
| 哥林多後書 | | 西元55左右 | 保羅對哥林多教會作自我剖析並介紹。 | |
| 加拉太書 | | 約西元53～55左右 | 得救乃因著上帝之恩典，不是因遵守律法傳統。 | |
| 以弗所書 | | 西元61左右 | 闡述基督徒因著同為耶穌教會的肢體而合一，就算不是猶太人也一樣。 | |

（續1）表4-2　新約各卷簡介

| 卷名 | 著者 | 約成書時間 | 內容或主旨 | 備註 |
|---|---|---|---|---|
| | | | 新約各卷簡介 | |
| 腓立比書 | 保羅 | 西元61左右 | 腓立比教會在保羅急需金錢時適時捐出一筆款項，並託人帶至羅馬給他。保羅相當感動，便寫信給腓立比教會。 | （保羅）提摩太前、後書又稱為教牧書信。 |
| 歌羅西書 | | 西元61左右 | 此信多談論到耶穌基督的神格與內涵。 | |
| 帖撒羅尼迦前書 | | 西元51左右 | 帖撒羅尼迦教會建立不久，有人便因迫害殉道，有人便猜疑那已死者如何得到耶穌再臨時之祝福。保羅寫此信說明之。 | |
| 帖撒羅尼迦後書 | | 西元51左右 | 論及耶穌再臨之前，將會有離教反道之事。 | |
| 提摩太前書 | | 約西元64～65左右 | 保羅對提摩太此人相當看重，寫信指示他在以弗所教會之工作。 | |
| 提摩太後書 | | 西元65左右 | 保羅對提摩太最後的訓勉，臨終之凱歌。 | |
| 提多書 | 提多 | 西元65左右 | 委派適宜的領袖來治理教會。 | 使徒書信（提多） |
| 腓利門書 | 保羅 | 西元60～61左右 | 保羅寫給腓利門的一封個人書信。 | 使徒書信（保羅） |
| 希伯來書 | 可能是保羅 | 西元61～63左右 | 上帝對猶太教最後之訊息：基督為新約之創始人。 | |
| 雅各書 | 耶穌的弟兄雅各 | 西元60左右 | 訓勉基督徒應有之德行、智慧及純潔。 | 使徒書信（雅各） |

（續2）表4-2　新約各卷簡介

| 卷名 | 著者 | 約成書時間 | 內容或主旨 | 備註 |
|---|---|---|---|---|
| | | 新約各卷簡介 | | |
| 彼得前書 | 使徒彼得 | 西元61左右 | 訓勉基督徒不要以受苦為苦，要思考為基督耶穌受苦之意義。 | 使徒書信（彼得） |
| 彼得後書 | | 西元61～64左右 | 警告教會領袖將會背道，而不再盼望耶穌降臨。 | |
| 約翰一書 | 使徒約翰 | 西元1世紀末 | 寫給以弗所地區四周教會之教會公函。 | 使徒書信（約翰） |
| | | | 使徒約翰寫給其朋友之各人書信說明自己將去探望他們。 | |
| 猶大書 | 耶穌的弟兄猶大 | 西元67左右 | 一封言詞激昂、警示異端的警告書。 | 使徒書信（猶大） |
| 啓示錄 | 使徒約翰 | 西元96左右 | 奧秘之書。預言基督最後之勝利與罪惡之結局。 | 啓示文學 |

相關資料來源：

1.《聖經》（新舊約和合本）。聖經公會。

2.Henry H. Halley著，桑安柱等譯（1980），十一版，《聖經手冊》。香港：證道。

表4-3　舊約次經

| 卷名 | 概略內容 | 備註 |
|---|---|---|
| | 舊約次經 | |
| 以斯得拉前書 | 描述波斯國王寬待以色列人，暗喻埃及王亦應效彷之。 | 本書是〈以斯拉記〉、〈歷代志下〉、〈尼希米記〉所取出之片段集成。 |
| 以斯得拉後書 | 記錄以斯拉所見異象，並上帝對世界之管理與未來世代。 | |
| 多比雅書 | 無甚價值的愛情故事。 | |

（續）表4-3　舊約次經

| 舊約次經 | | |
|---|---|---|
| 卷名 | 概略內容 | 備註 |
| 猶底特書 | 記述巴比倫進攻猶太時，一個猶太寡婦如何設計殺死敵方將領的故事。 | |
| 以斯帖續記 | 補充〈以斯帖記〉之記載，強調上帝在以斯帖事蹟中之地位。 | 本書原為零碎記載，插在七十士譯本的〈以斯帖記〉中。 |
| 所羅門的智慧 | 一些故事與訓誨，是一種希伯來思想與希臘哲學之混和體。 | |
| 傳道書 | 講論一些行為準則——社會的、宗教的、家庭的。標榜許多舊約人物。 | 本書或稱「西拉之子耶穌的智慧書」。 |
| 巴錄書 | 勉勵被擄至異鄉的猶太人，要認罪悔改便可重回故土。 | |
| 三聖子之歌 | 記載但以理的三個朋友在火窰中的禱告及脫險後的讚歌。 | 插於〈但以理書〉中，但非但以理所寫。 |
| 蘇撒拿記 | 記載但以理如何以智慧解救一個被誣陷為淫婦的猶太人的妻子。 | 〈但以理書〉的延伸，但非但以理所寫。 |
| 貝爾與龍 | 記載但以理如何證明貝爾（Bel）與龍這兩個偶像並非神明。 | 插於〈但以理書〉中，但非但以理所寫。 |
| 瑪拿西的祈禱 | 猶太王瑪拿西被擄至巴比倫時的祈禱。 | 約著於西元前1世紀。 |
| 馬加比一書 | 記載馬加比時代（175～135BC）的猶太人，如何為自由而奮戰。 | 是一本極有歷史價值的書，約著於西元前1世紀。 |
| 馬加比二書 | 記載馬加比戰爭（175～161BC）的事蹟。 | |

## 表4-4　新約次經

| 卷名 | 備註 | 卷名 | 備註 |
|------|------|------|------|
| 尼哥底母福音 | 關於耶穌受審經過的公文。 | 木匠約瑟福音 | 爲標榜耶穌之養父約瑟而作，成書於4世紀。 |
| 雅各福音傳 | 從馬利亞分娩至希律王大屠殺爲止之記載。 | 彼得啓示錄 | 記載彼得得自上帝有關天堂與地獄之異象。 |
| 馬利亞過世 | 主要歌頌馬利亞無疵屬性，約成書於4世紀。 | 保羅行傳 | 乃要人禁慾自制的傳奇小說，約成書於2世紀中期。 |
| 希伯來人福音 | 原附於新約正典之後，成書約於西元100年。 | 彼得行傳 | 敘述彼得及其女兒的相關事蹟，約爲2世紀末期作品。 |
| 伊便尼派福音 | 根據馬太、馬可、路加三本福音編成，充滿*伊便尼派思想。 | 約翰行傳 | 記載約翰有一次訪問羅馬的故事，約爲2世紀末期作品。 |
| 埃及人福音 | 記載耶穌與撒羅米之間之想像談話，乃*撒伯流派所用之書。 | 安得烈行傳 | 記載安得烈如何勸告一個婦女勿與丈夫交歡的故事。 |
| 彼得福音 | 爲反駁猶太教所傳「耶穌是幻影」而作，成書於2世紀。 | 多馬行傳 | 一種旅行的羅曼史，同樣極力禁止男女交歡之情事。 |
| 僞馬太福音 | 是一本西元5世紀馬太福音之僞譯本，加入耶穌童年之神蹟。 | 彼得致雅各的手書 | 內容極力攻擊保羅，充滿伊便尼派思想。 |
| 多馬福音 | 記載耶穌5歲至12歲之事蹟，約成書於2世紀。 | 老底嘉書信 | 此書表白它是〈歌羅西書〉四章16節所提到的那本書。 |

（續）表4-4　新約次經

| 新約次經 | | | |
|---|---|---|---|
| 卷名 | 備註 | 卷名 | 備註 |
| 馬利亞誕生 | 成書於6世紀，乃為傳播「馬利亞崇拜」思想而產生。 | 保羅致西尼卡的書信 | 第4世紀的偽造作品，目的是把西尼卡介紹與基督徒。 |
| 亞伯拉幼童福音 | 成書於7世紀，記載耶穌寄居埃及之神蹟故事。 | 阿加魯的書信 | 埃底撒王阿加魯患病而致書耶穌盼得醫治的故事。 |

*伊便尼派與*撒伯流派都是早期基督教會之異端。

相關資料來源：

1.馬有藻著（1982），《次經概論》。香港：基道。

2.Henry H. Halley著，桑安柱等譯（1980），十一版，《聖經手冊》。香港：證道。

# 參考書目

吳羅瑜、胡雅各等譯（1993），三版，《證主聖經手冊（修訂版）》。香港：福音證主協會。

Henry H. Halley著，桑安柱等譯（1980），十一版，《聖經手冊》。香港：證道。

Edward P Blair著，陳南州、吳文雄譯（1995年9月），五版，《認識聖經》。台北：人光。

蕭江祥編著（1992年9月），五版，《聖經之起源與形成》。台中：個人（鄧郭貴美）發行。

# 註釋

❶在基督宗教內，對於是否是正統教派有一個很重要的判準，那就是是否以
《聖經》為唯一權威經典。依此標準，有許多的教派就被視為非正統。例
如，統一教中除聖經外還有《原理講論》；摩門教的經典為《摩門經》；
「耶和華見證人會」對於「聖經的研究」（由創始人C. T. Russell所著）重視
便勝過於聖經。相關資料詳見董芳苑，《台灣基督教宗派》。自編自印，頁
13，148，180。

❷自西元前3世紀舊約的七十士譯本開始至今，聖經已被譯為一千多種文字與
方言，堪稱當今譯本最多的一部著作。詳見吳羅瑜、胡雅各等譯
（1993），三版，《證主聖經手冊（修訂版）》。香港：福音證主協會，頁69
～80。

❸有關上帝對聖經作者的啟示有四種理論：一、直觀論（the intuition
theory）：認為所謂「啟示」只不過是人類直觀能力的充分發揮而已；二、
傀儡論（the dictation theory）：所謂「啟示」便是上帝將人變成祂自己的
書寫工具，人毫無自主性；三、潛能論（the illumination theory）：所謂
「啟示」只不過是上帝將人的內在潛能激發出來，寫作者只能知道而寫出自
己能力之內的作品；四、動力論（the dynamical theory）：「啟示」便是上
帝不但激發人的潛能，也將奧妙的知識啟發給作者。相關說法詳見蕭江祥
編著（1992年9月），五版，《聖經之起源與形成》。台中：個人（鄧郭貴美）
發行，頁2～4。

❹保羅之所以用「舊約」稱呼它，可能根據《聖經·出埃及記》二十四章7節
的說法：「摩西將『約書』唸給百姓聽。」此「約書」指的便是「律法書」
是猶太教最早期形式的經典。相關說法請參閱Edward P Blair著，陳南州、
吳文雄譯（1995年9月），五版，《認識聖經》。台北：人光，頁3。

❺也有人認為canon是從古代閃文而來，原意是「蘆葦」。詳見同註❹，頁
23。

❻「異端」（heresy）源於希臘文hairesis，有「揀選」之意。在基督教中之異
端便是指「與教會及聖經之一般教訓相違背的個人抉擇」。異端的產生絕大
部分與所選擇的經典有關，這在使徒時代（十二使徒與保羅尚存在的年代）
便已出現。早期主要異端的主題如下：「創造與罪惡的起源」、「耶穌神人
二性」、「三位一體」、「聖靈論」等四大項。詳見趙中輝編（1983），《神
學名詞辭典》。台北：基督教改革宗翻譯社，條目0,802「異端」。

❼此三個標準最主要還是用於新約正典的判定上。舊約正典主要是由猶太教

經師在西元約2世紀時於雅麥尼亞（Jamnia）城開會所集成，並無流傳什麼具體標準最主要是由當時的宗教領導，團體確認是來自上帝之啓示便可。詳見同註❹，頁25～33。

❽使徒（apostle）來自希臘文 $\alpha\pi o\sigma\tau o\lambda o\xi$，原意乃被差遣進行傳信息之工作者。早期基督教稱「使徒」者，原只跟隨耶穌的12個門徒，後來再加上保羅。最被接受的說法，是指「特別得到神選召的人」。詳見Alan Richardson編著，湯張瓊英等譯（1989），四版，《聖經神學詞彙》。香港：基文，頁23～26。

❾以斯拉（Ezra）約西元前4世紀之猶太祭司。當時猶太民族被擄到波斯者已漸回國，他是當時領導人之一。回國後他設置了「祭司」與「文士」之制度，並蒐集了因亡國而流散各處的經卷抄本及成最早期的聖經（舊約）。此說法最得學者支持。有關舊約集成的說法可參見Henry H. Halley著，桑安柱等譯（1980），十一版，《聖經手冊》。香港：證道，頁296～298。

❿當時有爭議的書卷包括：〈雅各書〉、〈彼得後書〉、〈猶大書〉、〈約翰二、三書〉等。詳見同註❾，頁573。

⓫按記載，現今〈新約〉中之書卷是經由「羅馬會議」（AD382）、「希坡會議」（AD393）、「迦太基會議」（AD397與AD419兩次會議）被確定的。詳見同註❹《認識聖經》。頁33。

⓬基督教不像佛教或摩門教每隔一段時間便會重新再編纂其經典，所以他們的正典有可能會繼續出現，是屬於開放的正典觀。基督教因爲主要在見證耶穌，所以有時間限制，正典不再增加。這也是基督教正典觀的特色。詳見林鴻信著（1995），《教理史（上）》。台北：禮記，頁65。

⓭有關舊約次經之數目有不同的說法。林鴻信認爲是13卷；陳南州等編寫的《認識聖經》認爲是15卷；但一般而言是認爲14卷。相關資料詳見林鴻信著（1995），《教理史（上）》頁66；（同註❹），頁5，23～24；《聖經手冊》（同註❾），頁298～299。

⓮天特會議（The Council of Trent）是天主教於西元1456年爲反對「宗教改革」所召開的會議，會中宣布「次經」爲聖經的一部分。其實將「次經」列爲聖經的一部分不純粹是因信仰因素，因爲當時宗教改革的議題之一是反對「煉獄」與因之衍生的「贖罪券」，而「煉獄」觀念只在次經的〈馬加比二書〉十二章39～45節有提到。因此天特會議便將14卷次經「包裹表決」，一股腦收入正典中。詳見同註⓫，《教理史（上）》。頁66。

⓯相關資料詳見馬有藻著（1982），《次經概論》。香港：基道。

⓰詳細數量並不能完全確定，不過應該是超過30個地點有教會的建立。相關

資料詳見盧立編著（1989年8月），五版，《聖經地圖》。香港：基文，圖十
八。

# 第五章　基督教的禮儀與崇拜

　　「禮儀」與「崇拜」在基督宗教常常是合一的──禮儀是崇拜的一環，而「崇拜」基本上也是「禮儀」，宗教學研究便常把崇拜歸劃成禮儀。不過，我倒是覺得至少在基督宗教之中必須將兩者分開討論，因爲崇拜常指的是每週日的集體崇拜；而禮儀則指「聖餐」或「洗禮」等這些特殊儀式。當然有的教派是每週集體崇拜時都會舉行聖餐，但這畢竟不是普遍現象。加上兩者原始字面意義亦有不同，所以本文將分兩部分來分別討論基督教的「禮儀」與「崇拜」。

## 第一節　基督宗教的禮儀：洗禮與聖餐

### 一、「禮儀」的意義與功能

　　任何一種宗教都有其一套特殊與「神聖」溝通或「自我認同」的儀典。而此儀典常常是需衆人之力或在公共場合情形下進行。基督教亦有如此之儀式─以有形的「記號」來顯示上帝無形的救恩，稱之爲「禮儀」（sacrament）或「聖事」。天主教辭典中，對於「聖事」有如下說明：「耶穌基督所設立，可將上帝在基督中所賜下可見的恩典藉以表現出來，並印證與執行在信徒身上。」❶，在新教的《基督教要理問答》中，認爲：「上帝的救恩藉著福音的宣揚而啓示我們，這啓示則通過聖禮的施行向我們印證爲眞實。」❷，換

句話說，「禮儀」是爲了印證「福音」，藉由禮儀的進行，讓信徒知道他們所信的是眞的。

至於「禮儀」的功能有哪些呢？它具有「再次啓示」、「紀念」以及「信仰告白」等功能。所謂「再次啓示」便是指藉由絕對神聖時空與記號動作的再現，使神的啓示再度降臨；而「紀念」則是藉由某些特定的儀典來具現某些情境，而紀念神的恩典，並強調「神一人」的關係；「信仰告白」則是藉儀式來再次表明自己的信仰，一方面增強信仰強度，一方面宣告自己的宗教身分認同。

我們舉例來說：舊教——無論天主教會或東正教會——認爲禮儀都具有眞實神聖的意義，7種聖事在其中之任何環節都有「聖化」的實質，藉著聖禮的舉行，聖靈將再次眞實地臨在於典禮之中，並且賜予施行者能力，這便是「再次啓示」，因此在進行的時間地點上皆必須有所規定，甚至連動作禱詞都不能出錯。此外，新教——尤其加爾文教派——則強調「聖餐禮」的「紀念」意義，認爲藉由施行聖餐，人可以因此紀念耶穌基督的代贖而心志回歸於耶穌，也因而領受聖靈的恩典。至於禮儀的「信仰告白」意義，就如同我們看一個人正在作「飯前禱告」，便知道他應該是一個基督教徒，而禱告者也因著這個動作再一次提醒自己的基督徒身分；在基督教會之中，若一個人一直都不接受聖禮，也不願配合崇拜儀式的進行，此人必然不易受到信徒的認同。

## 二、禮儀的種類

禮儀的種類因爲基督宗教教派的不同，其種類與形式亦有所不同。一般天主教與東正教有7種，而英國安立甘（Anglican）教會（美國聖公會亦屬之，但在行政上不受安立甘教會管轄）有5種，至於宗教改革之後，新教教派爲簡化禮儀，只保留2種。以下分別介紹之。

7種禮儀（天主教會皆稱為「聖事」）分別為：懺悔（修和）、婚姻、堅振（膏油）、授職（聖秩）、傅油、聖餐（感恩）、洗禮（聖洗）。一般天主教會將此7件聖事歸納為3大類：入門聖事（包括聖洗、堅振、感恩聖事）、治療的聖事（包括修和、病人傅油聖事）、和為共融服務的聖事（聖秩、婚姻聖事）。其中，最重要的是感恩聖事，每週皆有舉行之。

安立甘教會的5種禮儀為：洗禮、聖餐、堅振、授職、傅油。少掉了「婚姻」與「懺悔」兩項。當然，我們可以試著從安立甘教會的起源——亨利八世的改教來理解：當時英國政府與羅馬教廷分裂的導火線便是亨利八世的婚姻問題，所以或許可用此程度上來解釋為何不將婚姻列入聖事之中。至於「懺悔」之所以不被接納為聖禮，可能與他們程度上接受了信義宗「因信稱義」思想的啟發有關。

改革宗有2種：洗禮（含堅振）、聖餐（和洗禮前後舉行）。就改革宗的傳統而言，唯有「洗禮」與「聖餐」是耶穌在世時親自交代並設立的（太廿六：26～29；廿八：19），基督徒咸信它們是救恩的記號，藉由信徒的信心而在過程中經驗基督耶穌的同在。也因此只有這兩種禮儀一定要由「受按立」的神職人員來主持。事實上，連安立甘教會也承認唯有洗禮與聖餐才真正算是「福音的聖禮」❸，以下介紹這兩種聖禮：

# 第二節　「入教禮儀」：洗禮介紹

## 一、「洗禮」的意義

洗禮（baptisms）是基督教的入教儀式，是出於信心的一個實

際的手續，也是自我認同與群體認同的象徵。洗禮是用來紀念主耶穌的受死埋葬和復活（羅馬書六：5），也表示信耶穌的人要獲得新生的生命與力量。彼得曾經吩咐那些初次聽使徒講道的人說：「你們個人要悔改，奉耶穌基督的名受洗，叫你們的罪得赦，就必領受所賜的聖靈。」（徒二：38）洗禮也是有極大的盼望，說明耶穌能從死裡復活，信徒將來也必因此而得以復活❹。《聖經》中便如此記載：「信而接受洗禮的，必然得救；不信的要被定罪。」（可十六：16）

「洗禮」不只是信徒進入教會的入教儀式，它還具有三種神學意義，分之為「形式意義」、「實質意義」與「個人象徵意義」。所謂「形式意義」即指「潔淨」——靈性被潔淨與純化，所以洗禮與「赦罪」和「重生」是分不開的。基督徒相信藉著被洗禮者的「堅定的信仰」，耶穌在十字架所流的血便可以有效地洗淨其罪惡，其靈性重得潔淨；「實質意義」指的便是與上帝重新立約——與基督同死、同埋葬、同復活。「洗禮」這個儀式在耶穌時期便存在，那是猶太人與上帝再次立約的一個記號。基督徒延續此傳統，在「洗禮」儀式中將過去的自己拋棄，好像「罪惡」與耶穌同釘死，而「靈性」再與耶穌一起復活。而復活的靈性得以接受聖靈（holy spirit）（西二：12～14）；「個人象徵意義」即新生活的信仰告白，在上帝與眾人面前「公開」地表達自己將以基督教的道理來過一個新的生活，象徵自己已經與上帝再次和好，歸入其名下（林前六：11；提多三：4～7）。

## 二、洗禮的形式與程序——一般程序

一般而言，基督教的洗禮分為「滴禮」與「浸禮」，同時都伴有「按手禮」。所謂「滴禮」即以灑水、滴水的方式洗禮，指的是牧師以手盛祝聖過的水覆按在受洗者的頭上，新教中的長老會、貴

格會、衛理宗、部分信義宗等都屬之。而「浸禮」則要求全身都浸於水中，浸信會（或稱浸禮宗）便強調浸禮，此又分活水浸禮與死水浸禮。一般教會在祭壇之後建一水池，洗禮時池中注滿水，受洗者身穿白袍，在牧師按手後全身浸於水中，此即死水浸禮；而主張「活水浸禮」的教派（亦屬浸禮宗）則堅持洗禮必須在野外流動的溪水中舉行，否則罪惡無法有效洗淨。

　　當然，在基督徒看來，「洗禮」是信仰的宣任，是歸入上帝之家的儀式，所以在接受洗禮之前，必定有一連串的準備過程。一般而言，接受洗禮之前，慕道者要經過一段「學道」時間——有時為1個月，有時甚至長達3年——的培育、甄選、考核，確定信仰清楚，願意在眾人面前承認自己是基督徒，並且清楚地知道基督徒的信仰生活與社會責任，決心畢生遵守聖經的教訓。至於受洗當天的禮儀，因為基督教派的不同，其實施亦有差異，但是原則上都必須走到講台前，在眾人面前回答牧師所問的誓約，之後牧師便滴水並按手禱告（或禱告後浸禮），之後牧師便宣告接納受洗者為教會之一員，有的教派還會由長執與受洗者握手並介紹❺。

　　除了洗禮之外，還有所謂的「堅信禮」（confirmation）（或稱「堅振禮」），其對象通常是針對受過嬰兒洗禮而長大成人的信徒，或是從某教派轉入另一個教派的基督徒。按照字面理解，「堅信禮」是信徒對於所信的信仰再確認的儀式。羅馬天主教認為其乃神聖禮儀之一，但是一般的改革宗教會則認為它只是出自教會的規定，不算聖禮；浸信會甚至認為「堅信禮」沒有聖經支持，是不需要的。

## 三、不同的觀點與爭議

　　有關於「洗禮」的爭議集中在「重洗」的爭議上，在16世紀宗教改革後，其中的一個重要傳統就是從改革宗分裂出來的「重洗派」傳統。大部分教會皆同意舉行洗禮（嬰兒或未接受嬰兒洗禮之成人）

與堅振禮（已受嬰兒洗禮之成人）；但浸信宗與門諾會不同意為嬰兒洗禮，認為這種作法不符合聖經的教訓，嬰兒無法知道自己的信仰，無法為自己所信負責，所以他們只承認成人洗禮的有效性；既然大人才能接受洗禮，也因此他們認為堅信禮也是不需要的。不過一般改革宗教會援引耶穌說過的話：「讓小孩子到我這裡來，不要阻止他們，因為天國的子民正是像他們這樣的人。」（太十九：14）主張嬰兒的洗禮是為讓上帝的教會更具包容性，嬰幼兒的無法為自己所信負責是「能力上的不足，而非意願上的不能」❻。所以若父母願意負起家庭宗教教育的責任，教會是可以為嬰幼兒施行洗禮的。不過，這個難題至今仍未有定論，也造成浸禮宗教會與改革宗教會最大的隔閡。

## 第三節 「聖餐」禮儀介紹

### 一、「聖餐」的意義與由來

　　「聖餐」（eucharist）是耶穌在被釘十字架前，在與門徒一起享用「逾越節」之晚餐中，將舊約的逾越節晚餐轉變而成。之所以用「逾越節」晚餐來作為聖餐的基礎是有原因的：在舊約的「逾越節」時，死亡越過以色列人，他們因此獲得自由；這代表在聖餐時，死亡也將越過基督徒，他們將因此得自由。「聖餐」最重要的意義是紀念耶穌受難，藉著「吃、喝」的動作象徵基督與信徒「重新聯合」，同時信徒之間也彼此聯合，藉以強化信仰。除此之外，聖餐也代表等候基督的再來，耶穌在最後的晚餐時應允祂必再來（路廿二：14～20；太廿六：26～29；林前十一：23～28）。而主餐是信徒懺悔自潔的好機會，使徒保羅說：「人應當自己省察，然後吃這

餅、喝這杯。」（林前十一：28）

　　綜整上述所言，「聖餐」有「獻祭」的意義——以耶穌爲祭物
而贖回人類；有「新生」的意義——越過死亡得自由；有「重新聯
合」的意義——藉著「吃喝」象徵耶穌血肉的酒與餅，使基督徒再
次與耶穌聯合，也讓基督徒彼此聯合；最後，「聖餐」有「盼望」
的意義——盼耶穌再來，同時信徒藉此禮儀自我潔淨。

## 二、聖餐的程序——一般程序

　　聖餐的形式很多，東正教、聖公會，甚至改革教派中的信義
宗、貴格會及清教徒諸教派皆多少有所不同。一般而言，天主教、
東正教及聖公會是每週皆舉行聖餐禮，而其他改革宗教派就不一定
了。不過無論舊教或新教，都依循著四個主要程序❼：

1. 主禮人拿餅與酒。
2. 祝謝餅酒（大部分教派此時會宣讀「設立聖餐文」❽）。
3. 擘餅。
4. 主禮人先領餅酒，然後再分發給其他教友及會眾。基本上，
   天主教「領聖體」的程序是由神父祝聖餅酒後，信徒排隊一
   個個向前，主祭神父將蘸了酒的餅放置於信徒口中並祝福之
   ❾；聖公會的方式則是眾人分傳各一小塊餅，然而酒則置一
   大銀杯中，由信眾輪流分飲；至於一般改革宗則是將餅（或
   麵包）分爲許多小份，酒注於許多小杯中由眾人分取。

## 三、不同的觀點與爭議

　　關於「聖餐」，基督教諸宗派中對於其實質性有三種最主要的
爭辯，那就是舊教的「實體說」、信義宗的「同質說」與加爾文派

的「象徵說」三種，以下分別述之。

　　天主教、東正教接受「實體說」（transubstantiation），認為透過了神父的「祝聖」儀式，餅變成了耶穌的身體，而酒則變成耶穌基督的血，基督是真實且「實體」地臨在於餅與酒之中。換句話說，領聖餐的人以他的口吃喝耶穌的血與身體，因此領受者的確吃到了「屬靈」的食物，聖餐中的耶穌就如同「祭物」一般，為人贖罪。這在天主教於16世紀「天特會議」（The Council of Trent）的宣告中有很清楚的說明。在信義宗的「奧斯堡信條」（augsburg confession）與「路德小問答」（smaller catechhism）之中，強調在聖餐禮儀中，當牧師祝聖了餅與酒之後，其內的本質變為耶穌的血肉，但外在形式仍為餅與酒──此即「道成肉身」之教義。耶穌真正臨在於其中，領受者必須以信心接受之，否則領聖餐對他不具任何意義。

　　相對於「實體說」與「同質說」，加爾文教派所屬的改革宗教會強調「屬靈臨在說」。根據「韋斯敏斯德信條」（westminster confession）與「第二瑞士信條」（second helvetic confession）所記載，祝聖後的餅與酒與祝聖的儀式都只是一種「記號」，代表此時此刻耶穌「屬靈地」臨在於聖餐與信徒當中，信徒憑著信心，得到的也是「屬靈」的滋潤。不過，改革宗教會一般仍然同意「屬靈的臨在」，而「浸信會」與「門諾會」卻更極端認為根本沒有所謂的「臨在」，無論實際上或屬靈上都沒有，聖餐禮只是一種「紀念儀式」，為了提醒信徒：因著基督的死，贖罪和救恩的恩典才能臨到❿。

## 第四節　基督宗教的崇拜／禮拜

### 一、「崇拜」的定義

　　「崇拜」的英文worship一字是來自古撒克遜語「配得」（worthship）的縮寫，這個字是由值得（worth）及表身分或狀態的名詞語根（ship）兩個字結合而成。對某人的崇拜，就是對他所具有品德、價值（worth）或德性（worthiness）給予應有的頌揚。《聖經‧啓示錄》說：「我們的主、我們的神，你是配得榮耀尊貴權柄的。」（啓四：11）在中文方面，「崇」乃高也，承認並拜那一位更高的存在者；「拜」是指「拜拜、拜服、拜禱」。崇拜就是人對至高者的拜禱。

　　在希伯來舊約聖經中，最常以shāchāh來表示「敬拜」之意。此字原有「低頭、俯伏、屈身」等意義❶；而新約希臘文中有3個字表示敬拜，分別是：

　　1. latreuō：意指「服侍」（太四：10；來九：9、14）。

　　2. proskuneō：指的是面對面親嘴，是一種愛的交流，包括對神明（約四：21～24）以及對人（太十八：26）。

　　3. leitourgos：意即「祭司的事奉」，此字亦爲英文「禮拜儀式」（liturgy）的字源。整理上述的意義，我們可以發現基督教所謂「敬拜」便是要求信徒以最虔敬最謙卑之心來敬拜神，藉著某些特定的動作與程序來「回應」神的愛，也在此「神聖的地方與時間」與神相遇，從而領受從神來的恩典與力量。崇拜不只是表達了基督徒對造物主之敬拜、渴慕，也看出人

被揀選為上帝的子民，世界必須藉著崇拜來侍奉祂，成為祂的見證者，因此崇拜本身就是一種服侍。就我個人的認知而言，崇拜是人對於所啓示所信仰的上帝的一種回應和與神建立好關係極重要的媒介。由聖經而言，團體崇拜之重要性，並非個人崇拜所能取代，這是基督信仰之特色。

## 二、聖經中的崇拜

### （一）舊約中的崇拜

施達雄在其《朝見上帝——崇拜的再思》中的〈「崇拜」的聖經意義〉❶一文中提到，人類未犯罪之前只要遵守上帝的命令——不吃善惡樹上的果子，就能與上帝保持行為上的往來；直到犯罪後，人們才藉著獻祭以及崇拜生活，盼望透過祭壇能上帝恢復關係。所以在舊約，以色列人的崇拜是相當注重規矩的，我們在聖經中會看到一些記載。以色列人以「齋戒、禁忌」為法則，而採取「潔淨禮、獻祭、割禮、祈禱」的形式，他們的地點從曠野時期的「會幕」進步到「聖殿」，他們遵守「安息日」與三大節日——逾越節、五旬節與住棚節，當然有「祭司」作為禮儀的施行者，在崇拜的過程中，當然也會用到「祭壇」、「約櫃」、「燭台」、「香爐」……等器具。

在舊約的崇拜中，有一些特色：

1.嚴密的儀式。
2.獻祭必須用血。
3.重視祭司的職分。
4.重視崇拜的地點——強調上帝真實的臨在。
5.重視崇拜節期。

在舊約時代，以色列人的崇拜禮儀與他們的歷史經驗常是結合在一起的，例如，逾越節、住棚節……等等。藉著每次的慶典追憶往事，堅固信仰，並期待被拯救的日子來臨。我們必須瞭解：「崇拜」對以色列人而言，是「紀念上帝拯救」之行為，而且這種「紀念」甚至運用到了其日常生活之中——因此倫理生活與愛心的表現也是崇拜的一部分。上帝要求人嚴格遵守誡命律例，因此十誡中的第一條就要求人：除了上帝以外不可有別的神（出二十：2）。先知使以色列子民想起這些事，是給予禮儀真正的意義，表明所有的獻祭崇拜都由內心對上帝真正的感謝的表露，同時將這些繼續施行於生活之中。

## （二）新約中的崇拜

新約之後，基督教的崇拜在程度上從舊約的崇拜取得靈感——「獻祭」與「逾越節」概念影響「聖餐」，而教會開始的「讀經」與「唱詩」亦源自猶太教。不過，因為西元70年耶路撒冷聖殿的被毀，基督徒也不以聖殿為上帝唯一居所。耶穌被釘十字架，成為一個最完美的祭典，他們因此不必守舊禮儀——例如，割禮——而直接以「互助」的、「愛」的行為作為崇拜的核心基礎；不過早期教會仍然發展其最重要的禮拜形式，人為了能領受基督的生命，必須接受浸禮和領聖餐，開始在7日的第1日聚會。基本上，新約以會堂為主，看重讀經、禱告和講道。

根據施達雄牧師的整理，新約的崇拜，一般而言有如下特色❶❸：

1. 不注重外表形式而注重內心（約四：24）。
2. 無固定形式。
3. 信徒有祭司的職分——不注重崇拜領袖。
4. 信徒參與事奉——在禱告、領人歸主、信息中重新得力。

### 三、今日基督新教的崇拜

　　基本上，今日基督宗教的主要崇拜都是在星期天（基督徒相信那是耶穌復活之日）在特定的「地區教堂」（local church）舉行，不過由於各宗派的信仰理念不同，對於形式的堅持也有不同的標準，大概可分為三種：

　　1.重形式：固定形式及範本，不能擅改。例如，天主教、聖公會、信義宗。
　　2.不重形式：無固定秩序，常因聖靈感動而改變程序，例如，貴格會。
　　3.自由派：依當地文化背景及實際需要設計，例如，長老會、浸信會、與大多數的改革宗教會。

　　雖然如此，一般基督教會的公眾崇拜還是可分為「靜心等候」、「聖經的誦讀與詮釋」與「信仰的回應」三大部分，而在崇拜中必定有「禱告」、「詩歌讚美」、「讀經見證」、「捐輸服事」等因子。

### 四、崇拜的功能與價值

　　崇拜是基督教教會最重要且永不可缺的一種活動。基督徒堅信真正的崇拜會供給他們生活、見證、服務之動機與能力。因此，對基督徒而言，崇拜的意義如下：

　　1.是教會的基本工作。
　　2.使信徒添加研究聖經、傳福音的熱誠，幫助認識上帝及自己，而能夠更追求聖潔，並使靈命成熟。

3.獲得除了家族之外的重要認同處所，並可以在較無壓力的情況之下，拓展自己與親人的人際網絡。

　　由於以上各點，基督徒迫切需要真正作為信仰的表達工具。無論是基督教那個教派，無不教育其信徒需有正確的崇拜生活，才有豐富的信仰生活。崇拜從亞當心靈直接崇拜，演化到舊約祭壇崇拜，又回到以心靈崇拜的新約，崇拜的目的是使信徒們藉著有形的方式達到神人相遇的境界。

表5-1　基督教聖禮典的程序——長老教會

一、洗禮

（一）成人的洗禮

1.宣布：洗禮的源由→聖經（馬太二十八：19～20、行傳二：38～39）。

2.呼召：牧師籲受洗者眞心悔改受洗。

3.會眾起立念「使徒信經」，唸完會眾一起坐下。

4.誓約：（牧師問，受洗者答，三問三答）。

5.洗禮：會眾起立，受洗者跪在台前，由牧師行滴禮並宣布。

6.宣告：牧師舉手宣告接納受洗者入會。

7.祈禱：求上帝賜福受洗者。

8.握手禮：牧師、長老向受洗者握手。

（二）小兒的受洗（由小孩的父母親抱來）

1.宣布：小兒洗禮的源由→聖經（馬可十：13～16）。

2.呼召：牧師向小孩的父母親呼籲眞心告白。

3.誓約：（牧師問，小孩的父母親答，二問二答）。

4.洗禮：會眾起立，牧師以水滴在小孩的頭並宣布。

5.宣告：牧師舉手宣告接納此小孩成爲小兒會員。

6.祈禱：求上帝賜福受洗者。

7.握手禮：牧師、長老向小孩的父母親握手。

（三）堅信禮：（已受過小兒洗禮，長大後欲正式成爲基督徒者）

1.宣布：洗禮的源由→聖經。

2.呼召：牧師向受堅信禮者呼籲眞心告白。

3.誓約：（牧師問，受堅信禮者答，二問二答）。

（續）表5-1　基督教聖禮典的程序──長老教會

4.宣告：牧師舉手宣告接納受堅信禮者成為成人會員。

5.祈禱：求上帝賜福受洗者。

6.握手禮：牧師、長老向受堅信禮者握手。

二、聖餐（只有接受過成人洗禮與堅信禮者可食用）

1.宣布：以〈新約‧哥林多前書〉十一章23～26說明聖餐設立之源由。

2.取餅並作聖化之祈禱：牧師禱告求聖靈臨在此餅酒之中。

3.剝餅：牧師邊剝餅邊口述當時耶穌最後晚餐時說的話。

4.分餅給眾人：由長老分與眾人（受洗之成人會員）。

5.食餅：待大家都拿到才由牧師宣布一起食用。

6.取杯：牧師口述當時耶穌最後晚餐時說的話。

7.分杯給眾人：由長老分與眾人（受洗之成人會員）。

8.飲杯：待大家都拿到才由牧師宣布一起飲用。

9.宣布並作感恩之祈禱。

10.祝禱。

資料來源：台灣基督長老教會編著，《教會禮拜與典禮─附信仰告白》。

# 參考書目

郭立特著，陳錫輝譯（1967年1月），《基督教的崇拜》。香港：道聲。

D. M. Baillie著，謝秉德譯（1986），《聖禮的神學》。台北：道聲。

施達雄著（1980），《朝見上帝——崇拜的再思》。台北：中國主日學協會。

黃伯和、陳南州合著（1995年9月），《基督教要理問答》。台南：人光。

華倫‧魏斯比著，徐羅美玲譯（1996），《真實的敬拜：敬拜神與靈命成長》。台北：橄欖基金會。

台灣基督長老教會編著（1989），《教會禮拜與典禮—附信仰告白》。台南：公報社。

# 註釋

❶請參閱天主教主教團禮儀委員會編譯之聖事禮典。

❷見黃伯和、陳南州合著（1995年9月），《基督教要理問答》。台南：人光，頁116～117。

❸聖公會的《神學信條》第25條（論聖禮）中有提到「五個通常所謂聖禮」，但是同時又說明堅振、授職與傅油「不得算爲福音的聖禮，因爲它們沒有上帝所設立的有形表象或禮儀。」詳見T. S. Garrett著，陳錫輝譯（1967），《基督教的崇拜》。香港：道聲，頁34。

❹詳見施達雄著（1980年），《朝見上帝──崇拜的再思》。台北：中國主日學協會，頁220～222。

❺詳見同註❸，頁34～38。

❻詳見同註❷，頁122。

❼詳見同註❸，頁53。

❽設立聖餐文在《聖經》〈哥林多前書〉十一章23～31節；〈馬太福音〉二十六章26～30節；〈馬可福音〉十四章22～25節；〈路加福音〉二十二章14～20節。

❾天主教在「聖體（餐）禮」後，由神父將酒飲盡，而保留至少一塊祝聖的餅，放在一有蓋的聖杯中，存放在聖龕裡，以備讓因病無法前來領聖體者或臨終之信徒食用。故在聖龕前，常有信徒修士或修女祈禱。

❿在「士利慎信條」（Schleithem Confession）與「鐸錐和特信條」（Dordrecht Confession）之中，我們可以看到這樣的記載。詳見H. Wayne House著，華神出版社譯（1999），《基督教神學與教義圖表》。台北：華神，頁124～125。

⓫此字最早出現在舊約〈創世記〉十八章2節，記載著亞伯拉罕向三位訪客下拜，他發現其中之一乃是天上的耶和華。

⓬詳見同註❹，頁27～36。

⓭詳見同註❹，頁36～40。

# 第六章　宗教對話

　　在談到「宗教對話」前，我們必須先瞭解為什麼要有宗教對話；其次再談何為宗教對話；接著，宗教對話的歷史發展與過程也是本章所關心的；最後，宗教對話確實的執行層面與困難在哪裡?都將成為本文所探討的部分。

　　就如同大家所知道的，每個不同的宗教各自所形成的時空背景、文化因素都不盡相同。也因如此，各宗教在歷史中所發展出的傳統也就大相逕庭。在宗教傳統彼此差異極大的情況下，各宗教中所強調的「真理」觀亦各不相同。但是，即使不同宗教間所堅持的「真理」不同，難道宗教與宗教間就無法溝通嗎？換句話說，所謂的「真理」難道是一道阻礙宗教間對談的高牆，而非宗教間現存某一程度的共識嗎❶？我們必須瞭解一個事實：所有的「宗教」都只是一個體系，都是人所建立的，就算在如何標榜自己的「宗教真理」，畢竟在「體系」層面是不完全的。每個宗教都在現世之中尋求更圓滿的可能。因此，透過真正的宗教對話，才能使自己認同的宗教體系在此世中幫助更多人；也因著透過宗教對話，使得各地人們的文化心靈確實被接觸；甚至透過宗教對話，使得人類的精神生活空間無限延伸。如此看來，因為唯有透過宗教間彼此的交談，才能相互地瞭解，進而也瞭解到人民真實的文化心靈。這也是宗教存在的終極意義。

# 第一節　宗教對話的意義與其基礎

　　在開始談宗教間的對話之前我們要先從人與人之間的對話關係談起。假設兩個互不相識的人，其關係的建立必須先從對話開始，經過彼此都能接受且感興趣的交談才能轉變成為好友，而瞭解彼此的長處進行技術交流，一有機會就可能成為工作上的夥伴，在工作上經歷了生死與共的的難關，成為死黨，有一天雙方的兒女都長大了，到了適婚年齡很可能親上加親，彼此間多了一層親家關係。關係演進圖見圖6-1：

陌生人 ⟶ 好朋友 ⟶ 夥伴 ⟶ 死黨 ⟶ 親家

**圖6-1　人與人之間對話關係演進**

　　在這樣的過程中是經過不斷的溝通與對話。而宗教對話亦是建立在宗教與宗教間良好的關係上。

　　基本上，「對話」便是一種「溝通」。溝通便是為了相互瞭解與達成共識。宗教對話的意義便是在於瞭解不同宗教或教派之間的異同點，在真誠、無私且真實的態度下尋求彼此的理解與合作。而要達成如此的溝通，就有賴於一個「理想的溝通情境」之建立。在這個要求下，哈伯瑪斯（Jurgen Habermas）的「溝通理論」是相當適合使用的，尤其是他強調「共識的真理觀」、「互為主體性」（intersubjective），以及「理性討論」（reasonal discourse）。進行一個真正的理性討論必須在「理想的言辭情境」下進行，即所有的行動者都有相等的機會來選擇及運用語言，且有相等的機會來擔任對話角色，而且純為追求真理為動機。如此的言辭情境下所反覆論證出的共識才是真正的共識，而真理就是這種共識的獲得。而這種

「理想的言辭情境」事實上蘊涵著一種理想的社會生活形式，它必須落實於理想的社會形式——就是「自主」與「負責」——中，否則不能體現。

由此，我們再回頭來看看宗教對話的基礎，可以作如此的假定：在複雜多元的社會生活之中，各宗教之間無時不在接觸，也無時不在進行對話。也許檯面上的對話看來並不熱絡，但是在許多社會行動與議題上，宗教之間仍然不斷在追求共識。其實宗教對話的真正基礎便在於「我承認這個宗教在這個社會上是有價值的」，因此「它的話與作為也是有價值的」。宗教之間彼此以可理解的議題與語言，說出自己的實情與對於對方的真正看法，同時「願意」相信對方的誠意來共同對某一議題來取得「共識」，這樣子的宗教對話才可能有效地產生。

## 第二節　宗教對話的歷史推演與因素

政治大學宗教研究所所長蔡彥仁認為，宗教對話的起始是由基督宗教所發展出來的，其推演過程可分成基督教的內部與外部的因素❷：

### 一、內部因素：可分為三個層面

#### （一）第二次世界大戰及60年代之大反叛

第二次世界大戰之後西方社會盛行大反叛，故於基督教內部傳統的教義詮釋也受到對傳統反動的潮流影響而產生轉變。從絕對的真理到多元主義，其中撼動了保守基督徒的信仰，形成基督教內部結構的鬆動。

## （二）西方社會世俗化的結果

西方社會受到科技文明急劇變遷的影響，而對基督教內部產生懷疑。人們從中古世紀宗教涵蓋一切生活的方式（包括日常生活、人生大事），轉移到使用科學主義、理性主義解決人所面臨的各種問題，而不再對超現實及精神層面的種種感興趣，宗教價值因此被忽略，對傳統信仰的權威逐漸消逝；相對地，對其他宗教的認識與肯定相對提高，這背後正存在著這種對基督宗教的反動。

## （三）猶太人遭大屠殺

德國納粹屠殺猶太人的事件，是基督教自我反省的另一因素。基督宗教由猶太教延伸而成。基督徒認定耶穌是被猶太人陷構而死的，又因宗教傳揚因素，反猶太人的心態被植入非猶太人的基督徒心中。此外，西元前586年猶太人第一次被驅趕，國破家亡，每到一處便激起種族對立，在歷史上排斥猶太人的事件不勝枚舉。而這種反猶太人的情結醞釀到第二次世界大戰時才由德國納粹黨的極端分子爆發大屠殺。事後雖有人指責是因為歐洲這些以基督教為主的國家沒有出來強烈制止，才使大屠殺產生，但在西方基督教社會進步的口號下，竟容許如此違反人性的恐怖大屠殺產生，是否基督教神學本身出現差錯？人們因而對傳統基督教教導的神學教義與倫理信條，產生質疑，這亦間接促使基督教將眼光向外看，願意瞭解其他宗教以及對話。

## 二、外部因素：也分為三個層面

## （一）世界性危機產生

因科技的進步，世界急速縮小，我們生活在一個地球村之中，

而我們所面對的社會已經由封閉轉變爲多元複雜且互相流通的世界。任何宗教在追求自己信仰時，不得不面對與自己信仰完全不同的人，所以如何與其他宗教進行瞭解與溝通，是當務之急。而透過宗教的角度來思索並解決人類共同面對的問題，也是一個實際的挑戰。

## （二）第二次梵蒂岡大公會議與普世教協

第二次世界大戰後，基督教內部保守封閉與開放對話者開始互相對立。直到1920年至1965年間的「第二次梵蒂岡大公會議」後保守勢力有了戲劇性的轉變。因內部鬆動與外部的挑戰使得基督教界不得不重新釐清自己的信仰定位。以往總是視自己爲最高級、唯一得救的宗教，這樣的觀念逐漸被打破而打開心門。學習傾聽其他宗教信仰者的信仰經歷，參考別人信仰的內涵。在基督教界爲了達成大家的共識的前提之下，組成了「普世教協」組織，天主教與基督教普世教協成了基督宗教中兩個最大的團體。

## （三）以對話代替對抗

在現實世界中，衝突最激烈的地方，有很高比例都是因爲宗教因素造成，而這些衝突源於彼此不瞭解對方（例如，巴基斯坦回教徒和印度教徒、斯里蘭卡的佛教徒與印度教徒、北愛爾蘭新教徒與天主教徒、中南美洲天主教與世俗政權）。宗教對話就是在這種現實考慮之下，提出「以對話代替對抗」的理論，從瞭解對方開始，彼此尊重，唯有對話才能眞正化解彼此間的歧見。

# 第三節　「宗教對話」實踐的可能性與其基本假設

「宗教對話」有可能實踐嗎？還是終究只限於形式上而已？會

不會因為各宗教之本質不同與各持己見而無法進行真正的「對話」？就基督宗教的角度，我想可以從「理論面」與「實際面」來作一些基本假設與澄清。

就「理論面」層次而言，我們又可分為「上而下」與「下而上」兩個進路。所謂「上而下」的進路便是指「天啟」而言，基督宗教一直強調所有的人都是由上帝所創造，當然包括了衍生出來的文化、社會等等體系。若這個論調能被接受的話，那麼我們也就必須接受下列的說法：任何的宗教體系之中，也同樣在程度上涵有上帝的真理在裡面。換句話說，就算是佛教、道教、伊斯蘭教、神道教，或任何叫得出與叫不出名字的宗教，其中必然多少蘊涵有上帝的啟示在其中。有了這個基礎，那麼宗教對談中最為棘手的「真理觀」便也有了基礎。當然，還是會有人認為某些「類似宗教」是「上帝暫時允許」的邪教，當然，只要是違反人類真正生存發展本性的「非宗教」，便不在對話之列了。

而「下而上」的進路，就是指人的「理性認知」。今天人在宗教中所追尋的必定是他心目中最完美的神聖對象。如果宗教人早已設定一個不可改變的完美標準，那當然任何追尋都不可能有交集；但是如果他是以真正真誠無私，而且不設成見的心，以理性來追尋，那麼他將發現他所追尋到的完美，在某些宗教的神上面似乎也可發現得到；他所嚮往的生活，似乎在其他某些宗教中也可發現。因此，只要人類願意誠實地面對自己的發現，那麼便可就不同宗教中共同的「善」來加以對話。當然，我們首先必須肯定人類之間具有「對談能力」以及「包容心」的特性，如此一來宗教間的對話才有可能實現。

其次，就「實際面」層次來看，在一個多元的宗教社會中，宗教對話必須持續不斷的進行著。因為在這樣的社會中必然充斥著各種不同的宗教和不同的真理，如果各宗教皆「以己為是，以他為非」，必定產生許多糾紛，但是如果各宗教皆能相互對話，也許會

發現在眞理或救贖上可以是唯一，而自身宗教在社會結構上只是其中之一的認知，那「合作」、「和睦相處」便可以成立，這也才是進行宗教對話的重要起點。

在正視實際社會的「宗教多元」現象，並且能夠尊重此一事實之後，宗教人之間（尤其是不同宗教之領袖）才能開始針對實際世界（社會）上的某些議題進行對話及溝通。無論溝通是主動的（前瞻到社會之趨勢及需要）或是被動的（因某些社會問題的刺激），都會在程度上感受到來自各教義本身而協調出一個共識（因爲在合作或實踐層面上不能背離任何一方的基本教義）。

在理想的對話形態中，歐約翰（Dr. Johannes Aagacard）曾提出宗教健全對話的10種健康態度❸。對話前所需具備健康的態度也將成爲宗教團體在對話前所需學習的第1個課題。

# 第四節　宗教對話的層次與其困難

## 一、宗教對話的層次

我們假設宗教對話是可能的，同時也假定對話的雙方都具備有誠意與尊重作爲最基本的態度。那麼，我們又將以何種話題爲我們的對話主軸呢？怎樣的話題是作爲對話的兩方最容易有共識的呢？按照最近對台灣社會的觀察，其中有兩方的話題最易爲社會上諸宗教所接受：一、針對實際社會（世界）問題或災難而進行的對話；二、深切體認到自己體系及社會實踐上的不足，並眞正欣賞其他宗教，願意彼此啓發、學習而進行之對話，以下分別述之：

## （一）針對實際社會（世界）問題或災難而進行的對話

　　針對目前社會上所發生的種種災難及衍生出的相關問題，宗教團體對此進行溝通並尋求解決之共識的同時，有時會形成某種「合作機構」或舉辦某種「跨宗教性活動」。最明顯的例子便是在1999年921大地震之後，台灣社會的系統宗教不只一次地開會協調，尋求在救災以及復原上合作的可能。此外，在深切體認到社會道德漸漸淪喪，社會公義不彰的同時，基督教界、佛教界也不只一次地邀請不同的宗教學者就「心靈救贖」等議題進行研討會。所以針對於社會實際問題或災難的解決而進行的對話，也是現在宗教團體在對話上最常見的一種，但也由於彼此所堅持的意識形態極深，所以很容易便淪為「道德面」與「技術面」的意見交換。

## （二）深切體認到自己體系及社會實踐上的不足，並真正欣賞其他宗教，願意彼此啓發、學習而進行之對話

　　為了想要讓自身以及現存所有的宗教更好，更能適合各群體的需要，甚至懷抱著一個更完備更人性化的宗教理想，故願意無私的分享及謙虛地吸收同時開放地改革。這種宗教對談還是存在的。但是在台灣的宗教環境中較不易產生，多半是在國際型的宗教對談場合，例如，「普世教協」。當然在台灣，基督教與天主教的對話一直以來有在進行——不論是天主教「輔大神學院」與長老會「台灣神學院」間的交流，亦或是在學術會議上以「宗教交談」試圖追求合一都多有所見。而對談的議題甚至已深入到「禮儀」❹、「制度」與教義（例如，「因信稱義」與「自由」❺）上。時至今日，有許多的宗教會議已經開始朝往這個目標來前進，所謂的「合一」運動，也逐漸成為趨勢。但是，因為牽涉到所謂的「基本教義」的詮釋與實踐，故在衡量各宗教團體實質利益的前提之下，尚有許多困難極待克服。

## 二、宗教對話的困難

就算有了開始的話題，就算一開始大家都有心坐下來對談，但是畢竟這在台灣仍不是普遍的情形。我們必須承認「宗教對談」是有其困難。有什麼困難呢？茲列舉下列三點主要的癥結點❻：

### （一）相對主義的影響

這是一般宗教的通病，太過於強調本身宗教的獨特性而主張各宗教間救贖與真理之不可取代。事實上，許多對談基本上都只是「教義宣揚」的各說各話而已，對談者基本動機便不在於「平等溝通」，所以往往都是失敗收場。若雙方多少有誠意的話，好一點的結果多半只限於「技術性之合作」，或「道德勸說的聯合聲明」而已。

### （二）混合主義的扭曲

與上一種情況相反的，便是在對談中抓不到自己宗教的底線，完全抹煞宗教之獨特性，任何教義及傳教方式都可以混合為一，則此會扭曲各宗教之特性及內容，並且該宗教宣教行為的合法性亦會受質疑。當然，看來也許好像有成果，但是實際上已經不是宗教對談，而是宗教融合了。

### （三）死忠心態的作祟

在台灣，漢民族性格中有一項「一貫和合」（亦即統一其他事物於自己之下）的毛病，如同我之前所說，對談的動機是要說服別人接受自己的教義，故真正要開放心態是很不簡單的；除此之外，且漢民族講求「忠心」視為立身行事之美德，所以「忠」於自己原來的宗教是必然的，尤其對話者往往是宗教的領導階級，不像一般

信徒可以「改宗」，只要基本立場一有改變就是叛教。上述兩項合起來更成爲宗教對話的困難。

## 第五節　宗教對話的理想形式之建議

最後，我們便要談到宗教對話在現實生活中有哪些理想方式可以成爲我們的目標。我在此試著舉出四個具體建議來作爲努力方向。

### 一、宗教教育的交流

在各宗教學院中開設其他宗教課程，並延請該宗教專業人士任教，同時老師互換，務使學生得到正確而另項的訊息；例如，可以延請佛教的法師至基督教神學院講授有關「佛學概論」的相關課程，而佛學院也可以開設基督宗教相關課程，請基督宗教的牧師或神父學者授課。至於在大學宗教系應開闢一個「公共領域」，鼓勵不同宗教學生參與。讓它可以提供一個可以自由聚會及自由發表意見的地方，甚至可以成爲各種宗教間「對話」的處所❼。

### 二、宗教機構的設立

針對某社會運動或社會需求共同設立一個跨教派而本身獨立的社會機構（基金會或工作室等），以落實在工作實踐上的對話。事實上，現在許多宗教領導人都體認到「教義使人分裂，行動使人團結」的事實，雖然我們的用意不只在於「技術性的合作」，但不可否認的，社會實踐所導致的合作與對話是現階段最有成效的。我認爲，若能夠鼓勵跨宗教社會機構的成立，至少在實踐層面可以作爲

「相互尊重」、「互爲主體」訓練的開始。

### 三、社會活動的共同舉辦

有了共同的機構，便可以共同舉辦社會活動。以往在台灣，同一宗教中跨教派的活動倒是多有舉辦，但是眞正跨宗教的社會活動就比較少見了。就算不講團結，就只講集中社會資源對於某些特定社會行動與對象的重視，就可以發揮相當大的影響力。若藉著共同參與社會活動而致使彼此更加瞭解，進而共同建造一個更爲公義和諧的社會，豈不更佳？

### 四、定期的超教派以致於跨宗教的之宗教會議

當然，宗教對談之最後目的並不是要搞一個新宗教（當然不排除此可能），而是藉由對話而獲致自我成長，並共同建立理想的社會。因此，從具有規模與歷史的系統宗教開始，若能定期舉辦超教派，以致於跨宗教的會議，彼此分享自己宗教的現狀與困難，並針對其他宗教的問題提出建議，一方面可以達到反省之效，一方面亦可理解宗教在這個國家之中的角色定位與責任。在此，我強調要「自發」地進行，因爲如此才能有效避免政治力的干預，在程度上保持其純淨；同時以大宗教爲開端，慢慢接納新興宗教或弱小宗教的加入，將可對於社會力的整合有更正面的意義。

## 結論

今日在台灣社會，宗教看似自由且開放，但是實際上是彼此傾軋且排他的。事實上，不同的宗教有其不同的領域與貢獻，這便是

宗教間對話的起點。宗教對話是現今所需努力推行的工作。在多元化的社會裡，若每一個宗教人都能清楚的認識自己與其他宗教的差異，並尊重在社會上每一宗教的貢獻與價值，建立和諧的關係，那麼作者相信，社會中將會有更多尊重，甚至在彼此眞誠合作之下，能夠節省資源成本，結合各種力量，以達成增進社會的和平與公義。

# 參考書目

蔡維民著（2001年4月13日），〈宣教主義下的宗教對話──從台灣
　　改革宗教會的角度反省並建議〉。發表於南華大學「宗教與現代
　　化」學術研討會。

莊嘉慶著（1997），《宗教交談的基礎》。台北：雅歌。

蔡彥仁撰，<宗教地球村的夢想>，收錄於《與宗教對話──宗教
　　研究方法（下）》。香光莊嚴季刊第，48期。

歐約翰博士（Dr. Johannes Aagacard）著，余繼斌譯（1996年8
　　月），《對話的開始》。新竹：中華信義神學院。

黃伯和著（1980），《宗教與自決》。台北：稻鄉。

# 註釋

❶莊嘉慶認為所謂的民間宗教確實反應出各地不同的民間文化，若宗教對話僅止於世界性宗教間的交談，而漠視民間宗教的存在，就「無法確實真正全面性的接觸到各地人民的文化心靈與交談經驗。」。詳閱其所著（1997），《宗教交談的基礎》。台北：雅歌。

❷請參閱〈宗教地球村的夢想〉一文，載自《與宗教對話——宗教研究方法（下）》。蔡彥仁主講，香光莊嚴季刊，第48期，頁29～33。

❸Dr. Johannes Aagacard曾經提出理想的對話原則分別為：一、要把你的牌全攤開來；二、不要矮化醜化對方；三、直言無隱；四、尊重不等於認同；五、敬重對方的靈師；六、尊重產生尊重；七、絕不濫用容忍；八、悵目必須公開；九、自我畫像應該實際；十、雙方溝通的需要。詳見Dr. Johannes Aagacard著，余繼斌譯（1996），〈宗教地球村的夢想〉，載自《對話的開始》。中華信義神學院，頁39～42。

❹舉例來說，台灣宗教學會在2000年3月11日舉辦的「基督宗教研究學術研討會」中，在其中第二場次「基督宗教本地化的歷史與研究」的討論中，就針對新舊教的「禮儀」認同問題展開了相當熱烈的討論。而同年3月初台灣神學院與輔大神學院的聯誼活動中，也針對「禮儀」的問題有激烈而深入的討論。

❺同上在「基督宗教研究學術研討會」第三場次「基督教與天主教的宗教交談」中，基督教的林鴻信教授便提出了「自由」概念作為新舊教深化對談的重點；而天主教的房志榮神父也在其論文中提出了教廷也以「教制的改革」做為與改革宗教會對談的一個重點。詳見《會議論文集》。基督宗教研究學術研討會。

❻黃伯和牧師對於「相對主義」與「混和主義」也有相關論述，可見其所著（1980），《宗教與自決》。台北：稻鄉，頁193～197。

❼在此我採用哈柏瑪斯「公共領域」（public sphere）的概念。他在〈公共領域：一個百科全書的條目〉，（1964）中提到：「所謂『公共領域』，首先我們指的是一種社會生活的層面，在這個層面中，某些類似公共意見（或輿論）的東西可以形成。……當公民都能（在）一種不受限制的境況——也就是說，他們具有聚會及結社的自由及表達並發表自己意見的自由——來面對關係著總體利益的事務時，他們都能像一個『公共的個體』（a public body）一般地生活在其中。……而所謂『公共意見』，指的是批評和控制的任務，藉著這些任務，作為一個公共個體的公民，他們都能以一種

不具形式的實踐，去面對統治階級。」這段話作者是由M.Pusey著，廖仁義譯，《哈伯瑪斯》。摘錄下來。見該書頁114～115。

# 第七章　基督教的倫理概說

　　基督教倫理之目的，就是在說明作爲一個基督徒（或至少是認同基督信仰的人），如何藉著此信仰來建立對人、對事、對物的適當關係；使自己可以適當而且合宜地存在於這個社會上。我們知道基督教的本質中包括了「信、望、愛」三個字❶，而最後的「愛」正是信心與盼望兩者結合之後所產生自然外顯的表現。換句話說，當一個人自稱是基督徒時，你可以從他外顯的表現來檢視及體認其行動和行爲是否出自於「愛」的起點。一直以來，多數基督教倫理學者對於基督教倫理的核心的認知便是「愛」──「基督教是愛的宗教」；「神是愛」；「愛能修補一切的過失」……。然而，光有愛似乎並不足夠，因爲愛的認知是相當主觀的，我們不可能說：「因爲我愛你，所以我做什麼都對的。」這種心態不僅不合理，甚至也可能導致許多可怕或恐怖的行爲產生，所以仍然需要有其具體的規範來約束。當然，基督教是一個「啓示」宗教，而作爲基督教的倫理，究其來源當然也必須根植於啓示中。亦即，基督教倫理之基礎是在《聖經》之中。

　　在基督教的《聖經》中，無論在舊約或是新約中都有其具體的倫理原則。華德‧凱瑟（Walter C Kaiser, Jr.）在其《舊約倫理學探討》一書中，就說到當我們應用聖經來建立倫理規範時，應該從以下五項立足點來出發：

　　1.運用聖經作爲形象之根源。

　　2.運用聖經作爲神旨意的見證。

　　3.運用聖經作爲倫理問題的一般方針。

4.運用聖經作為道德身分的塑造者。

5.運用聖經的廣度多樣化。按照他的說法，聖經對於倫理實踐是具有「原則」與「方針」的意義❷。

下面就讓我們來探討聖經舊約、新約所揭示的倫理原則及特色：

## 第一節　舊約倫理原則

舊約的倫理原則是在以色列族的生存背景下所產生，不只是理論或抽象的概念，而是有實際行動與歷史證明的。在舊約中以以色列民族為主體，其特殊的歷史背景，對於我們認知其倫理有極大的幫助。因為他們的宗教、道德、禮儀及律例是「合一」的，以色列人甚至認為他們的倫理就是宗教，其生活的所有規範「妥拉」（torah）皆出於耶和華的聖諭，主張兩者必須互相配合。也就是說舊約倫理所要求的核心，即是「人的行為必須與神的旨意相符合」。他們認知，也如此堅信：他們的神耶和華與他們的契約並不只是寫在紙上或印在書中，而是在歷史上處處證明了祂自己是以色列的神，以色列民則確實是祂的子民（申四：32～34；39～40）。

既然「人的行為必須合於神的旨意」，那麼很明顯地，舊約中的倫理其實就是「啟示性的倫理」❸。啟示性的倫理與一般性倫理最大的不同，是前者來自於「神律」，是神命令人應當如此行；而後者往往是某一個國家社會或民族的風俗習慣或約定俗成，其根源是「人性」或「良心律」。若仔細研讀「摩西五經」❹與「申命記史典」❺中所記載的律法，可以發現舊約倫理講求現實而不空談理論，提出以具體結果判斷是非對錯；同時，舊約倫理著重「神－人」與「人－人」之間必須存在著「誠實」的的關係，像是聖經中就有記載大衛臨終前就囑咐所羅門要做一個「誠實的人」（王上二：4）。

舊約倫理強調對於道德的內心反應，會影響到人類的外在行為。因此舊約的經文相當注重個人的態度及心思意念，尤其注意一個行為的本身，所以可以說舊約是內在化的。同時，藉由對現實行為的探討，也將盼望（良善的報償）指向未來；比較起來，雖然不像新約信息呈現的那樣清晰，但是其「盼望之道德」仍然是存在，且在預言基督的應驗及完成。總括而言，在舊約倫理有以下四大特色：

## 一、舊約倫理具有「約」的概念

「約」的概念便隱含有「回饋」的概念，此一概念象微著「角色遵守」的意義，也就是指上帝和以色列人之間的契約，雙方皆必須有所付出——雖然事實上「神的契約」是上帝一方主動建立，是神單方面的恩賜及揀選。上帝揀選了以色列人民，使猶太人深信自己是上帝的選民，在許多事實中上帝使他們更深刻感受他們是蒙主揀選的。然而，他們所享的權利愈多、賜福愈深，相對的所要付出與承受的義務及責任也較多。以色列人民的生存建立在這個「約」的延續之下，也因此人必須有回饋與順服的責任義務，因為遵守這個契約，則有國家興盛與繁榮的實質回饋，反之則無，所以人必須注重「回饋」的概念。

也因為「回饋」，所以對於「現世報酬」概念並不排斥（伯十四：7～12；詩六：5；賽三十八：18）；也因此我們若稍微用點心，可以發現舊約關於「商業道德」頗為注重（利十九：35～36；申二十五：13～16；摩八：4～6），箴言的作者便說：「公道的天平和秤，都屬耶和華，囊中一切法碼，都為祂所定。」（箴十六：11）這當然與前所言「誠實」的要求有關。

## 二、舊約倫理具有完整性與普及性

　　舊約倫理所規範的範圍包括了以色列人的生活全部，包括了宗教、倫理、生活、禮儀等，具有相當程度的完整性。舊約倫理所規範的對象是世界上的每一個人，更包括了每一個人的每一個行為及動作，可以說是「無所不包、無所不在」，也因此具有相當地普及性。舊約倫理所涵蓋的倫理標準，並非對以色列人民設下特別不同的真理標準，而是對世界各國都同樣適用的；也在聖經文中的多處地方一再證明舊約倫理的普及性，是對所有世界上的人都可以適用與遵守的。所以舊約倫理的完整性乃普及性可以說是相輔相成的，因為有其範疇之完整無缺，才有其適用對象如此地普及且全面。

## 三、舊約倫理注重「人倫」及「孤寡」

　　舊約倫理注重「人倫」的態度及精神，在人對父母「孝順」這方面尤其重視。在《聖經・出埃及記》二十章12節中更明白指出：「當孝敬父母，使你在神所賜的地上得以長久。」猶太法律中亦是特別重孝順的重要，甚至規定打父母的人要被治予死刑來處置（出廿一：15），可見其對人倫要求標準之高。此外，也重視傳宗接代的觀念，甚至准許弟可娶嫂為兄留後（申廿五：5～10）。舊約倫理認為應以公義和慈愛對待所有的人，尤其是特別立法保障孤兒、寡婦以及窮人的權利，而不對任何人另眼相看或是輕視、輕忽。在《聖經・申命記》十章18節即提到：「他為孤兒寡婦伸冤，又憐愛寄居的，賜給他衣食。」尤其對於孤寡弱勢團體的重視在「先知書」中更是處處可見（賽一：12～17；五八：6～12；耶七8～10；摩五：21～24）。

## 四、舊約倫理重視人的相對責任

舊約倫理對於人「相對責任」的要求亦是有很高的標準，它認為一個人不但要對他自己所做的事負所有的責任，更要對於自己未予以預防與杜絕的過失，承擔起相對的責任。例如，在猶太律法中即明文規定家畜致人於死（例如，牛角觸人），若是該畜生有前科而因主人未防範以致第二次再傷人者，要負絕對的責任（出廿一：28～32）；另一個例子，在《聖經‧申命記》二十二章8節中提到：「你若建造房屋，要在房屋上四周圍安裝欄杆，免得有人從房屋上掉下來，流血的罪就歸於你家。」比較一下今日我們法津中的規定，似乎正因為缺少了類似這些對於人在相對責任上的規定，造成了現代人對自己所做的事負責任的觀念十分的欠缺。如果能在法律及宣導教育方面更加補強，將使舊約倫理的精神與我們這個社會更加的接近！

# 第二節　新約倫理原則

在新約倫理中，有關於基督教倫理的主要來源有二部分，就是聖經中的「四福音書」與「保羅書信」。四福音書中所敘述的是耶穌倫理，亦即「上帝國倫理」，總括來說可歸類為原則性的倫理；至於保羅書信中所敘述的當然就是所謂保羅倫理，也就是「信心倫理」，多為實際性的倫理，強調從心而出的倫理實踐。

其實兩者的差別在於其對象與目的的不同。耶穌在巴勒斯坦傳福音，其信息重點之一便是重新彈性化詮釋猶太人一直遵循的「律法」——他們的道德規條，所以強調「律法的精神與原則」重於實際行為的規範，事實上，耶穌之所以為猶太教當局所嫌惡的理由之

一便是祂對「摩西律法」適用性的詮釋與猶太教相左。至於保羅，因爲其設立早期基督教會乃是跨越了小亞細亞、希臘與羅馬，而其書信便是爲了解決各地教會之中對於當地道德文化與基督信仰相衝突的個別事件，因此，其倫理教訓一方面要顧慮實際情境，又不能違反基督信仰，因此發展出了「信心原則」。

耶穌在新約中以祂自己親身的教訓來傳達倫理的觀念及重要，這也是新約倫理與一般哲學式的倫理最大的不同之處；保羅的倫理則是依據他悔改的經驗來建立，仍能看出其倫理思想的中心就是耶穌，但是已加入了不少希臘哲學的倫理思想（例如，斯多亞學派的倫理觀）❻。從新約倫理中可看出耶穌的道德觀不是像一些宗教抱持希求回報的心態，祂把許多行爲上的法律轉化爲倫理的準則，就是愛神和愛人，也就是不但要順服神的旨意，並要將這種順服轉換成對人的全然憐憫。因此大部分的基督徒都同意所謂「耶穌倫理」就是一種「愛」的倫理原則。

## 一、耶穌倫理

在今日多人提到了基督教倫理及其具體實踐時，指的大多數爲保羅書信中的內容，而只把耶穌當作一個「典範」來討論。事實上，在四福音書中對於倫理誡律，耶穌也有不少的說明：例如，馬太福音第五章的「登山寶訓」（太五：1～12）、新的誡命等。其中登山寶訓可以說是耶穌倫理的主要內容，亦是新約倫理的綱要，更重要的一點是耶穌提出「上帝國」的倫理。

在舊約的「錫安神學」中，以色列人堅信上帝將回到耶路撒冷的人民重建爲猶太國，他們藉由彌賽亞的盼望帶來一個實質的國度，可以說是一個政治性的上帝國。到了新約，耶穌的教導中透露上帝國已在地上，祂說：「凡是遵行上帝旨意的人便是在建造上帝國。」由此可知，遵行上帝旨意就是其倫理的實質，是一個倫理性

的上帝國。

耶穌在地上並未建構實質的倫理系統，但是仍給後人一些「具體原則」，也就是一個愛的倫理。一、就是要「愛神」：必須盡心、盡全意、盡全力，以全人格的關注和奉獻來愛神；二、就是要「愛人」如同愛自己：愛是一種時時刻刻眷顧關懷的態度，學習並效法耶穌，唯有如此能將這種愛從親情之愛化身為一種完整無私的愛。想要別人如何待自己，先要如此待人，不只是「己所不欲勿施於人」，耶穌強調一個人對他人的態度要使別人受益，這也顯示出耶穌倫理的積極性。此外，內心動機的倫理才是一切倫理的頂點，像是當你喜歡一個女子，可以正大光明觀看，但是若是心中存有邪惡，則是犯罪。

不過我們絕不能忘了，所謂「上帝國倫理」除了指向現世的倫理要求之外，它也意識到未來。耶穌一再要求我們「愛仇敵」，將善意施予所有的人甚至世界，便是因為祂看到了人的限制所看不到的「整體」，祂懂得欣賞現在的不美麗。因此唯有讓自己的格局向「永恆」開放的人才能真正懂得「愛的倫理」。


## 二、保羅倫理

在保羅的倫理，最重要的便是處理各教會中的實際道德問題。因為初期，基督徒幾乎全部都是「由其他宗教改宗過來的人」，故不同宗教之間對於「實際行為」的容忍程度是保羅所須馬上處理的事。當我們要瞭解其倫理的時候，一定要明白他的社會背景及人生體驗，因為保羅的倫理思想是以他的悔改為基礎的。根據新約聖經〈使徒行傳〉的記載，他自從在大馬路上遇到耶穌的顯現之後，便改變了他的一切，所以他的倫理教訓中主張「新造的人」與「心智更新」的觀念。他以基督徒與耶穌密切的關係來說明基督徒應有的倫理生活是「以基督的心為心」（腓二：5）。

在保羅書信中有許多實例或說是實際的倫理教訓，卻也因此反而更難加以整理，我們努力將其說法整理成下列原則：

1. 信心原則：道德行為必須奠基在純正的信仰和信心之上。也就是說，如果一件事做起來「心中不平安」，代表信心不足，就不要作。在〈哥林多前書〉十章25～27節中記載著基督徒是否該吃獻祭過的肉，按照保羅的意思，只要因「榮耀上帝」而行，內心有信心便沒有什麼不可做的。我個人稱之為「信心原則」。

2. 不擴散原則：雖然憑著信心凡事都可以做，但另一重要關卡就是「會不會使人跌倒」，若會使人跌倒便不要去做。在同樣〈哥林多前書〉中八章6～13節以及第十章的記載，都強調不要讓自己「信心的自由」成了「軟弱人的絆腳石」。換句話說，信心原則不能隨意擴散，必須顧慮他人。我個人稱之為「不擴散原則」。

3. 普遍良心律：對於基督徒，有屬於基督徒的信仰律則可遵守，但是對於非基督徒而言，保羅便相當注重「良心」。例如，〈羅馬書〉二章14～15節所記載：「沒有律法的外邦人，若順著本性行律法上的事，他們雖然沒有律法，自己就是自己的律法；這是顯出律法的功用刻在他們心裡，……」我們可以相信在此他是受到了希臘「斯多亞」學派「普遍道德律」與「新柏拉圖」學派（neo-platoism）「共同本質」的影響，因為相信所有受造者皆來自上帝，因此在「良心」層次上可以相通。雖然如此，保羅仍然強調「效法基督」是更為重要的（羅十五：1～3；林前十一：1）。

4. 社會責任：保羅認為基督徒對社會不公義有責任，因為基督也是社會的一分子，如果對罪惡漠不關心便是認同罪惡，便是犯罪，基督徒應該婉言將步入歧途者帶回正路（加六：

5）。其次，他也認爲基督徒對政治以及社會福利有責任，因為基督同時也應做個社會人的良好公民，應該主動關心社會中任何有實際需要的人，包括「信心軟弱者」（羅十五：1～2）、「異鄉旅客」（羅十二：13）。

5.勇於表達信仰的特殊性：保羅要所有的基督徒必須表現自己是基督徒的身分，勇於指摘不義並承認信仰，去除舊的生活，而改善一個新的道德標準。就算是被排斥也不後悔。在保羅書信之中，充滿了要基督徒不可像「世俗」一樣的言詞（西二：20；三：7～10；弗四：17～24），甚至要求基督徒與那些故意犯罪者「隔離」（林後六：14～16；帖後三：6、14；提多三：10～11）。保羅常常稱呼其受信者爲「聖徒」，「聖徒」的希臘文hagios的意義便是「分別出來的人」——敢在其世界生活中表現出「特殊不妥協」行爲的人。

6.效法基督：保羅以基督爲最高的倫理標準，不僅主張當以基督的心爲心，更勉勵所有基督徒說：「所以你們當效法上帝，好像慈愛的兒女一樣。」（弗五：1）因爲保羅認爲基督就是基督教倫理的最高境界，若能以效法基督爲自己的責任，便可說是瞭解基督教倫理。因此，他可說將耶穌的倫理原則具體化，提供了許多基督徒不少明確的倫理準則。最近在基督教界，無論是外國或台灣，都流行四個英文字「W. W. J. D.」（What will Jesus do?）便是重新掀起「效法基督」的風潮。

## 第三節　一個簡單的整理

自舊約到新約的耶穌和保羅，我們可以大略瀏覽基督教倫理的原則，就是一種「群體倫理」，因爲在人與人相處時的人際關係中才能實踐耶穌基督的教訓。以下我們再將這些原則加以整理：一、

基督教倫理強調「效法」和「合乎旨意」，也就是啓示性倫理，這是基督教倫理的最終標準，無論舊約或是新約，基督徒倫理一再強調學習上帝、耶穌基督，唯有合乎神旨意的才能進神的國。賈斯勒（Norman L. Geisler）在其經典性的著作《基督教倫理學》中，特別強調這一點，認爲基督教倫理的「規範性」與「絕對性」都是來自於它 ❼；二、基督教倫理強調「愛」，也就是不斷地提升愛的層次，超越慾望、忠貞和親情，到達神聖之愛與完整無缺的愛和奉獻——意即「神聖之愛」（agape）的境界。所有的行爲都需要不斷地提升其層次，所有行爲都以「愛」爲出發點；三、基督教倫理強調「社會實際責任」。基督教倫理從舊約到新約都是「社群的倫理」，要求人要負起社會的責任，要求基督徒走入「社會」，關心社會的每個人、每件事，是一種行動的倫理；四、基督教倫理中隱含了一種「超越善惡」的「非倫理」。也就是一種情境的倫理，主張內心回歸於神，則隨心所欲皆無不中道。基督教倫理學不在建立一套複雜的倫理系統，而是求藉著每個基督徒在這信仰的深度而自然在外在行動呈現了「愛的行動」。因此在一切善惡倫理道德標準之後，更隱含了一個「非倫理」的層面，亦即「境遇倫理學」 ❽，在任何時間空間都能適用的倫理。對極多數人有益處，且出於愛的事。但這些畢竟仍是理想，現階段不公義的社會及教會仍然需要法律及誡條來約束。

## 結論——人文道德的反省

我相信沒有人會反對「基督教倫理是『上帝國』的倫理」這種說法；但是我同樣相信，當我說「基督教倫理是必須用在世界的倫理」時，應該也能受到認同。基督教倫理決不是要基督徒完全否定現世生活（現世生活不等於世俗慾望）而以一個虛無縹緲的事物作爲目標；

當然也不是要基督徒設立兩種不同的道德標準——世界中一套，教會中又一套。事實上，基督徒一向爲了其道德問題而苦悶：「到底我該以何爲生活的核心？基督教道德？抑或實際的社會需求？」

直到現在，沒有人能眞正周全地回答這個問題。不過，我有一個基本想法：道德是「自由」與「律法」的緊張狀態下所產生的平衡事物。就基督教倫理而言，道德是「救贖」與「罪惡」的中間地帶，因爲尚未得到超越的救贖，所以必須藉由道德的規範使自己免於墮落；一旦獲得了救贖的恩典，則其在世行爲就不再以一般道德爲標準了。若這個基本想法可以成立的話，或許可以作爲「基督教人文道德」的一個思考點：在這個世界人類眞正需要的是一個「向上的」、「能合乎人類本性的」力量，而這是倫理道德的「唯一絕對性」。就基督教而言，這股力量來自上帝，卻在創世之初便被賦予人類了。任何道德勸說、倫理事例，都在於協助這股力量的覺醒。這股力量越強，則人越自由，越能超越社會上「約定俗成」——我們必須承認，就算基督教倫理在實踐上仍然有相當部分是約定俗成的——的倫理而悠遊。因此，道德——尤其是以宗教爲基礎的道德——的目的是讓人能超越道德而自由。

如果基督教的道德令人覺得不自由，那麼有可能是因爲自己對於道德的詮釋出了問題，也有可能是教導者根本不知道基督教道德的基本精神。總之，就人文的觀點而言，基督教倫理必須是導向自由——而且是眞正令人感到自由的一股力量。

# 參考書目

Norman L. Geisler著，李永明譯（1997），《基督教倫理學》。香港：天道。

William Barclay著，梁敏夫譯（1977年9月），《自由社會的倫理》。香港：基文。

夔德義著（1990年9月），《基督教倫理學之基礎》。台南：人光。

羅秉祥著（1992），《黑白分明——基督教倫理學縱橫談》。香港：宣道。

華德‧凱瑟著，譚建明譯（1990），《舊約倫理學探討》。台北：中華福音神學院。

# 註釋

❶ 詳見第一章「基督教的起源、本質與特色」中的圖1-1與解說。

❷ 原來華德‧凱瑟是舉出了6點，其中將「運用聖經作爲許多根源中的一個」給省略。基本上，華德‧凱瑟比較贊成聖經倫理是存在著「原則性格」，亦即是屬於原則性指導的立場。關於其所臚列之立足點，可見其所著，譚建明譯（1990），《舊約倫理學探討》。台北：中華福音神學院，頁60～67。

❸ 詳見巴克萊（William Barclay）著，梁敏夫譯（1977年9月），《自由社會的倫理》。香港：基文，頁2。

❹「摩西五經」是《聖經》的最前面5本書，也被稱爲「律法書」。相傳是在西元前8世紀左右以色列王國時代由國家祭司蒐集散落12支派的資料編纂而成。包括〈創世記〉、〈出埃及記〉、〈利未記〉、〈民數記〉、〈申命記〉。其中〈出埃及記〉與〈申命記〉有較多的道德規範。

❺「申命記史典」包括了〈約書亞記〉、〈士師記〉、〈撒母耳記（上）（下）〉、〈列王記（上）（下）〉、〈歷代志（上）（下）〉等等，又稱爲「歷史書」。主要是在以色列王國滅亡之後，以色列的教師與祭司爲了說明國家遭逢如此厄運是因人民在信仰及道德上背離耶和華，並重新鼓勵人民的信心而編纂。一直到以斯拉時代才算編纂完成。

❻ 路加在〈使徒行傳〉十七章16～18節提到，保羅在雅典邂逅了伊比鳩魯與斯多亞的哲學家並與之辯論。而斯多亞學派的「普遍道德律」觀念甚至可以在保羅書信中找到。例如，〈歌林多前書〉十一章14節便提到：所有人都有基本道德責任與觀念。相關記載可見第二章「希臘哲學與文化影響下的基督教思想」中有關希臘倫理學與基督教思想部分。

❼ 賈斯勒提到基督教倫理觀時，指出基督教倫理是：一、以神的旨意爲本：二、是絕對的；三、以神啓示爲基礎；四、具規範性；五、以法規爲中心。其中作爲最基本的前提便是以神的旨意爲善的標準。詳見賈斯勒著，李永明譯（1997），《基督教倫理學》。香港：天道，頁8～12。

❽「境遇倫理學」（situation ethics）是美國的弗雷澤（Joseph Fletcher）於1966年所出版同名書籍中所提倡。其基本理論是：沒有一件事是普世公認對或錯的，或是本質上是善或惡的，我們之所以能夠分辨善惡對錯，必須視當時的情況而定。弗雷澤的說法造成當時的一陣風潮，影響基督教倫理頗深。欲瞭解其理論，可見其所著*Situation Ethics: The New Morality*, Philadelphia: The Westminster Press.

# 第二部　基督教教義反省

□「創造」與「存在」──基督教「創造論」初探

□「歷史」與「上帝國」──基督教「終末論」初探

□基督教「拯救」概念初探──反省教義史上的「拯救
　論」

□理想的教會──從Letty M. Russell的觀點來反省基督教
　教會觀

□「十誡」的倫理意義──Claus Westermans觀點之理解
　與反省

# 第八章　「創造」與「存在」
## ——基督教「創造論」初探❶

　　假如有人請一個基督徒介紹他的信仰的時候，他所會述說的第
一件事可能就是「創造的教理」，這是基督徒信仰的起點。在《聖
經・舊約》的第一句話，便是「起初上帝創造天地」（創一：1）。
基督徒最重要的「使徒信經❷」（信仰告白）也說：「我信上帝，
全能的父，創造天地主宰。……」而若再繼續深入探索，上帝除了
他那「創造者」的身分之外，可以發現又加上了「救贖者」的身分
❸；到了新約也有相同的主題——上帝透過他的「道」創造世界，
也透過他的「道」拯救世界❹。由此可知，「創造的教理」在基督
信仰是很重要的，甚至可謂是其他信仰的基礎。此教理肯定了上帝
在整個存在領域中的地位、能力與屬性——他是萬有的創造者，他
也是一位愛的審判者——為了救贖而審判，是永恆生命的應許者；
也讓人類瞭解自己的有限及「歷史」的生命——人類是上帝「墮落
的兒子」，有自由但依賴上帝。人類常常感到恐懼，因為死亡終結
的力量似乎甚大；但若人類能信仰創造救贖的超絕力量，便能克服
恐懼焦慮。所以我們可以說：「創造的觀念與神學是用以回答人類
有限性的問題，也就是回答我們暫時的依賴的問題，它是拯救的背
景。」

# 第一節　創造論所面臨的問題

## 一、科學的反對

　　自從哥白尼開始，聖經中的創造故事便與科學證據處於相當緊張而對立的狀態。經過啓蒙時代、進化論提出、考古學之發現，當科學越發達，對「創造」的質疑也越深。若按聖經字面去瞭解，上帝是在約4000BC年左右，有一連串突然的行動創造了這個世界，而且是以米所波大米平原之某一地爲中心所造，所以我們認識的這個世界並非經過漫長的過程而形成。例如，有關生命進化的假說，科學觀點（帶著實證證據）指向一個不可否認的事實——我們現今的世界是在不斷進展的過程中而達成的。由此爲例，創造的教義常帶有許多難題，它所提供的資料常與現今的科學證據相左——地球形成的時間、太陽系與星雲之認知、生命的起源……似乎都反駁了原始的聖經資料。所以許多基督徒知識分子甚至認爲創造故事不過是早期的一些神話觀念，對現代人沒什麼意義。

## 二、哲學的反對

　　就算對聖經之記載有所質疑，但在19世紀之前，大部分的基督徒仍然相信創造是一個「位格神」實質的工作。但到了19世紀，啓蒙運動之後，一些重推理的哲學家認爲創造論不過是一個原始神話。他們認爲這神話之內容其實是以一種圖畫式的語言表達世界的起源，把創造的力量以擬人化的用語加以述說。而這些敘述純粹是象徵，必須重新詮釋，用比較成熟的，非人格的哲學用語來述說上

帝、世界與人的關係。因此,哲學家傾向將創造論中所有擬人化詞語除去,上帝是一個「非人格」的存有原則,祂與宇宙的整個發展系統是同一的。

## 三、宗教自由神學家的質疑

不僅從科學與哲學有反對創造論的聲音,相關的質疑也來自宗教層面。19世紀末至20世紀初這個年代,有些自由神學宗教家❺反對科學與哲學(尤其形上學)對宗教的侵擾,倡導「倫理性」的基督信仰。但他們接受「科學哲學」對「實體」(reality)的看法,認為實體是一創造性的過程。世界產生的動力與價值是來自於它本身一直向前推動的過程之中,而非來自於世界之外。所以他們反對上帝「從無到有」(ex nihilo)的創造,因為若是這樣,那麼上帝就變成外在於世界,與世界脫離了。他們把上帝看成內在的「創造靈」,祂把史前的混亂世界逐漸變成有秩序的世界。因此,所有的創造必須重新放在人類的自然與歷史過程當中被理解與經驗,因此,不能把創造當作是一個突然的、超自然的事件或行動,上帝不是與世界分離,反而祂是世界的內在法則,自然與超自然不是兩種實體,而是一個實體的兩面——自然表達過程中之法則,而超自然是自然過程中所朝向的目標。在現今,上帝仍持續不斷地在創造,因為祂的目的是永恆的,故過程也是永恆的。歷史與文化也是創造的成果。

這是相當重要的一個看法。創造不是古代的一個偶發的、單一的事件,是至今仍然在我們的自然、歷史與文化中繼續不斷的過程。這是神學界的一大貢獻。自然主義強調了創造的上帝之內在性,可以有效結合科學的說法;但太過強調上帝的內在性,甚至只把祂當作內在法則,也將同時陷入「萬有神在論」之危險。

## 四、道德的質疑

來自道德的最大問題便是「邪惡」與「罪」的起源。因為我們很難述說一個充滿罪惡的世界是上帝創造的。休姆（David Hume）提出很有名的論證❻：「上帝要阻止邪惡卻無能為力，那麼祂是無能；或者祂能而不願意，那祂便是心懷邪惡；若祂能且願意，而事實上我們的確處於罪惡世界中，那祂就不愛人類了。」對許多人來說，要承認上帝是愛，就必須排除上帝的全能，因為一個稱為愛的上帝怎能創造一個充滿疾病、死亡、罪惡的世界，又稱它為「美善」呢？我們可以這麼說：就算將創造論中的難題一一解決除去，但是「上帝與邪惡」的難題（不僅是道德上的，也是本體上的）將一直控訴著創造論。

因此，在今日有些思想家便試圖將基督教的上帝觀由傳統外在的（超越、永恆、全能、全善）改為內在的、有限的靈。這樣的話，祂只需協助世界越過困難，而無需為罪惡負責任。我們不可否認這種說法對某些難題有助益；但若是這樣的話，上帝便不再是我們良心與道德的最終根源，甚至不再是存在力量的來源，而這些事物——良心、道德與存在力量——的存在是真實的，我們因此必須預設除上帝之外，更有一終極的根源。這樣一來，基督教絕大部分的教義就必須解體了。

根據上述之分析，我們可以把科學、哲學對「創造」觀念之質疑或反對綜合如下：

1. 創造的觀念只是原始科學的例子，它企圖滿足古代人要知道他們所居住的世界之形成源由與過程的好奇心。正如其他民族神話的地位一般，它一點也不是好的科學，我們必須排斥之並以與科學有關起源的假說來取代。

2. 創造的觀念只是原始哲學的例子，是古代人以一種幼稚的圖畫式擬人化語言來表達萬物背後的終極實體。所以這個創造觀念是一個過時的觀念，必須加以摒棄或重新詮釋。

　　當然，對於以上的詰難和指控我們必須想法子來解決，並在建構自己認知系統時避免這些問題。不過在論述自己看法之前，我想先介紹當代兩位重要的神學家對創造論的觀點。

# 第二節　一般神學思想家對「創造」的看法

## 一、卡爾·巴特對「創造」的看法

　　卡爾·巴特（Karl Barth，以下簡稱巴特）是西方在20世紀最重要的系統神學家之一。他強調「啟示」與「聖經」的絕對權威，不妥協地反對天主教的「大公主義」（Catholicism）與東正教的「現代主義」（Modernism），都成為他的重要特色。在他的《教義學綱要》中，他提到有關「創造」的知識，就是「關於上帝的知識，且因而在最深及最終極的意義中是一種信仰的知識。」❼不過對於這種知識，巴特還是歸諸於「奧秘」，得用「啟示」才能真正瞭解它。

　　對於科學與創造之間的關係，巴特認為科學只能說明這個世界延續的狀態與進展，卻不能說明這個世界絕對的開始，他說：「自然科學如何能發現由開始至現在還繼續發展的是同一的世界呢？」❽除此之外，巴特反對將「創造」視為一個神話，他認為神話是以已經存在的事情或必將存在的事情作為觀察的素材，然後加以想像與陳述。有誰能看到世界由無到有的過程，而後加以陳述呢？所以

他認為創世根本無法與神話相關聯，我們最多只能說有些神話的成分可在創世記的記載中看到而已。

巴特提到一個相當有趣的觀念，就是上帝的創造工作，其實就是反映了上帝與「子」之間內在的神聖關係。因此，耶穌的臨到世間是上帝最大的啓示與奧秘，藉由認識耶穌的「道」，人類才可以真正認識何謂「創造」。也藉由此點，巴特強調這個世界的實有。上帝藉著「子」而成爲一個被造者，存在於這個有限的時空當中，只要承認耶穌的臨在是眞實的，那麼便代表這個世界是眞實的。這同時代表上帝不嫌惡這個世界的存在，祂有祂自己的實體、性質、和自由，所以祂才親自「道成肉身」進入這個時空中；也同時這個世界有它自己的實體、性質和自由，所以它與上帝本身是截然不同的。甚至不能說是由上帝所「生」，只能說是由上帝所「造」，而與上帝並存。巴特的創造論有一個一再提出的問題，那便是：上帝既然不缺乏任何東西，那何必再創造一些祂不需要的東西與祂並存呢？對此，巴特並未多加著墨，他只強調那是出於上帝的善意，是出於上帝的恩典 ❾，同時爲了展現祂的光榮——所有的受造物都是上帝的光榮舞台。

由於巴特極爲重視《聖經》，認爲它是除了耶穌之外最大的啓示，它和耶穌都被稱爲「上帝的道」——就是上帝的話。對所有受造物而言，上帝的「話」是他們存在的力量。上帝的話同時也就是上帝的恩典——上帝以「語言」來創造、管理與支持這個世界。憑著祂在以色列歷史中說過的話、憑著祂在耶穌基督中說過的話、在建立基督教會而至今天所曾說過的話，以及因著祂對無窮盡的未來所說的話——這些都記載在《聖經》上，所有被造物是昔在、今在，以及永在的。換句話說，上帝創造的語言是創造的原動力，同時是支持萬物繼續存在最重要（可謂唯一）的基礎。

對於「惡」與「罪」，他基本上追隨以往神學家的腳步。他認爲所有與惡有關的事物——死亡、罪惡、魔鬼及地獄——都不是上

帝所創造的。在此他提出了一個相當有趣的觀點：所謂「罪惡」
（或邪惡）是上帝於創造工作中所排除出來的東西，上帝曾對他們
說「不」。亦即，假使說「惡」是一個「某種東西」，那麼，它之產
生，是因爲上帝那神聖的「不」所產生的東西的權力；若說「惡」
是一實體，那它也是一個被排除被摒棄了的實體。

## 二、保羅・田立克對「創造」的看法

　　和巴特不同，保羅・田立克（Paul Tillich，以下簡稱田立克）
不走聖經至上主義，他反而交織了哲學與神學，結合福音眞理與人
類處境而發展出極爲有名的「交互關聯」（correlation）的方法。其
基本命題便是：基督信仰所傳達的「福音」必須對於人在試著尋求
生命意義，解決存在困境時所發出的問題能給予答案。田立克不認
爲聖經本身是最後準則，因爲這種想法會限制神學發展，使聖經的
信息對後世失去意義。他認爲基督徒必須藉著繼續不斷地重新適應
新的歷史情狀，來領悟上帝在基督理的眞理。他因此從人的實際存
在狀況下手，以接近「存在主義」的態度與關懷來揭發人類靈性的
不安及其意義，並引導人回歸上帝。

　　在其《系統神學（卷一）》的最後，提出了對創造的上帝的看
法。一開始，田立克便強調：「神性生命是『創造底』。……創造
不是發生於上帝，因爲創造與他的生命是一致的。……上帝創造了
世界，祂現時創造著，而祂將創造性地完成其旨意。……」❿換句
話說，上帝的本質便是創造。因此，不僅世界的保存，連世界的攝
理預定也是創造的一部分。在創造的特性中，田立克強調世界是上
帝「從無創造」（creatio ex nihilo）的，在此我暫不解釋其意，因爲
隨後將加以說明；在此所要強調的是，田立克認爲「從無創造」指
出了兩項基本眞理：一、「實存的悲劇性格未根植於存有之創造的
根基」──存在物不是本質上便是趨向敗壞的；二、「被造性裡有

非存有的要素，這事給予對死之自然的必然性的洞察」——存在物之所以死亡是因爲存在物不等於存有本身⓫。

　　田立克的創造論中最困難也最受爭議的一點是：人離開上帝（墮落）是人類自我發展其自由的必然起點，上帝的創造是因著人與上帝的分離才得以滿全。亦即，在田立克的想法中，創造論與墮落論在「受造的自由」概念下相合。從這個背景下，田立克強調人有「創造」性——更好說是「改造」性，亦即使「不存有者存有」的能力。上帝使人有改造自己與世界的能力，但這得先讓人與上帝相分離才能完成。由這個想法，田立克也解釋了「創造的時間」概念。因爲按照以往對創造的認識，時間是與世界同受造，創造之前沒有時間。上帝本質是創造，故上帝的本質中便含有時間性，但因爲人自上帝中分離，故人所擁有的時間也是自上帝神性時間的變形。

　　除了「原初的創造」與「維持的創造」之外，田立克還提出了一個「指領的創造」——亦即指上帝的預定與攝理⓬——這直接關聯到上帝創造的目的。加爾文神學認爲「上帝的榮耀」是創造的目的；路德神學則說上帝的創造是爲了與「受造物有愛的交往」。田立克倒是沒有明確說出上帝創造的目的，但他強調上帝的預定是透過「人的自由、所有被造物的自發性與結構性地完全性而創造」⓭，而且「上帝自身參與於被造地實存的否定性中」，亦即上帝在被造物的否定處工作——人的背逆仍有上帝的旨意在其中。

　　在提到上帝的「全能」時，田立克展現了存在主義追求「超越焦慮」之熱情。他認爲對全能上帝的信仰，乃是超越有限焦慮的勇氣之基礎。當人眞切宣講「全能的上帝」時，他將體驗到克服了非存有之脅迫，「有限性」與「焦懼」雖並未消失，但是都已涵攝於無限性與勇氣之中。

　　最後，也是很有趣地，田立克提到了上帝的「父」與「主」的稱呼及其意義。他認爲稱上帝爲「主」時，所強調的是上帝的威嚴

與公義；而稱上帝為「父」時，是針對上帝的慈悲憐憫而言。一般人非常強調上帝的「父神」性格，卻忽略了上帝是公義的。田立克認為必須確信上帝必須是公義且會對罪愆施以譴懲，人才能相信「赦罪」的可能。上帝的「主」性格代表人與上帝的分離；上帝的「父」性格代表上帝與人的合一。而此兩者任何一個都不能算是人的終極關懷。唯有正視這兩個象徵，並且理解這些象徵所受到的超越性實有之決定，以及這些象徵所指向的對象的人們之現實情狀，才能有效且真實地詮釋象徵中之真正意義。

## 第三節　創造概念的釐清與重要基本認知態度

　　介紹了Karl Barth和 Paul Tillich兩位神學家對於「創造」的相關看法之後，我試圖解決本章第一節有關對創造的詰難與質疑。在此，我首先要澄清：「創造」的首要觀念是什麼？我們必須先要區分人們所詢問之問題的「意義」與「意向」。因為一般人常常對此兩者不加以區分而導致混淆答案所欲處理的要點。「創造」所欲詢問的首要概念是「起源」的問題。科學所欲探討的起源層次乃是說明時空之內有限事物間之關係，科學假定了時空之內事物或現象之變化早已進行著了，它就這些既成的事物變化過程與關係進行探究，但它不能對時空之外的根本起源進行質問。神學談起源與科學談起源在層次與意向上是不同的，兩者應不致有衝突。而哲學對起源的探討較接近神學。哲學對「起源」的問題是：我們存在的這個世界背後，是否還有更為基本的事物存在，而萬物皆出於那個事物？是否有一基本的永恆本質或原則作為萬有實體的根基？這在思想史上有各種不同的說法，早期希臘哲學家認為是地、水、火、風、以太，甚至數字❹等等；柏拉圖認為是「理性」或「觀念」（ideal）；印度教認為是超越的、無可名狀的「梵天」❺；現代自

然主義者則認爲是自然。無論如何，哲學是探索所有有限事物賴以存在的基本結構和本質，探索有限物的整個根基。這又與科學對起源的認知旨趣意向不同。

那麼，就宗教與神學層面所討論的「起源」又是什麼呢？不可否認的，神學層面的論述是比較人格化的。它是人們對於其所居住的世界之好奇心而產生的，而人們在發問這個問題時，所想要知道的，不只是客觀地詢問世界形成的過程及相互關係，更重要的是要詢問人類作爲一個存在之終極、安全、意義與命運的問題。宗教上肯定造物主創造了這個世界，而它所眞正關心的是我們此時此地生命奧妙之答案。

爲了與科學與哲學有所區別，我們分成以下三點就宗教與神學對「創造論」的基本旨趣與認知態度加以說明：

## 一、「起源」與「終極」的合一

我們對於創造的理解不能是直線式的單向度理解，而應是以循環式加以理解。若創造是一個過程，則過程最重要的兩端——「起源」與「終極」——應該是合一的。這有兩種層面的意義：一、任何事物的起始是不完美的，而終極是完美的。當起源與終極合一時，代表「有限而不完美」歸向「無限而完美」的必然方向，受造物之內在終究是要求與上帝合一的；二、當「起源」與「終極」合一時，代表整個創造的過程是一直存續而不間斷的，創造是永恆的行動。而這個永恆不間斷的行動有其內在目的，便是與終極存有合一。就實際過程而言，創造是在我們的歷史中呈現，因此上帝的確內在於我們的歷史文化；而就其永恆的存續性而言，創造的工作又超越了我們有限的時空，上帝是具備超越性的。有了這個最基本的認識，我們才有可能對「創造論」有一個較客觀的視域。

## 二、以「存在之參與者」角度看創造

「創造論」的真正本意不在客觀地描述世界及生命的起源問題，而是要解答我們對自身存有的疑問，說明我們生命意義、追求生命力量之源的問題，所以我們不能以客觀的態度去理解，而應以「存在」的角度去理解—— 甚至不應該說是「理解」，更好是說是「體驗」—— 以「存在的參與者」來「體驗」這個問題。人類什麼時候才會真心詢問創造的問題？其實就是當他們感到孤獨、無奈、無意義、空虛、荒謬的時候，人無法控制我們周遭的一切，甚至無法控制自己的時候，便會尋求一個可依賴的力量。當人類真切地詢問創造意義時，整個創造的過程就會重新在他的個體存在中具現一次，所以我們應以「體驗」的方式來認知創造的教義，讓整個創造的過程在身上重現。

## 三、「創造論」永遠是一種「信仰告白」

所謂的信仰告白（confession）便是藉這特定的語言、記號或儀式來宣告自己的信仰認同對象。Bultman說過：「創造的教理並不是一個宇宙開闢說，而是一個信仰告白，是告白以上帝為主的信仰。……舊約創造的教理表達了人類現狀的一個意義—— 人被上帝不可思議的力量捉住。創造故事的目的，乃是要說明上帝時時在行動。」❶創造論作為一個信仰告白，是因為原初整個創造過程在今天無法找出見證者。在記載或重述創造過程時，猶太教徒與基督教徒所要表明的，是上帝為統治者，祂的統治使人的有限生命產生超越的意義，故人不能隨意浪費摧殘自我與他人（物）的生命。創造論是以神話形式呈現，其觀念在回答宗教上的問題，故我們不能以科學或哲學的方式處理之。

# 第四節　創造論的重點（以創世記Ch1～Ch3為例）

我們既然知道創造的教理基本上是關心上帝與世界之間的基本關係，那麼我們就必須探究到底這個教理對上帝與世界的關係作了什麼樣的說明呢？它到底有哪些重點呢？當然，基督教視《聖經》為唯一經典，那麼我們對於創造的理解亦需以《聖經》為依據。在聖經中清楚記載有關創造教義的是舊約的〈創世記〉第一章到第三章，以下從此範圍中提出一些創造的重點。

## 一、上帝是萬有的根源—上帝由「從無創造」

作者在前面已提到田立克認為創造是「從無創造」。事實上，只要是正統教義，幾乎都強調上帝的創造是自「從無創造」（creatio ex nihilo即creation out of nothing）。在《聖經》之中並沒有這句話，但是幾乎所有的神學家都承認且強調上帝的創造是「從無創造」 **⑰**。這乃是表達上帝從無當中將有限的世界帶入存在，並且是透過祂的意志與目的而完成並繼續的行動。

任何一個神學教義都具有雙重性格——肯定與否定。亦即一方面要否定某些不正確的思想；一方面則積極地指出其強調的要點。「從無創造」主要是反對希臘式的「二元論」。因為「二元論」的論調說明上帝只是利用已有的物質原則加上新的形式完成創造，這種說法使得上帝成為有限（至少無法統御物質），也使上帝無法超越邪惡（二元論的物質等於邪惡）。這種說法在早期基督教信仰會遇了希臘思想時，造成相當大的迴響。當然這與基本基督教的上帝信仰是不合的，因二元論把上帝的全能統治者性格改變成既存事物的組織者，當然造成問題。因此，「從無創造」（creatio ex nihilo）的

觀念便是要反駁二元論中三個重要觀點：物質先於存在、有限的上帝與邪惡的必須性。

所以早期基督教教父們在詮釋創造論時，強調上帝是由「從無創造」。一方面肯定上帝是所有存在的獨一來源，沒有任何東西在祂之前供祂借用，祂是萬有的根源，不是一個組織的原則。也因為祂先於萬物並創造萬物，所以祂便具有統轄並指導萬物的能力；另一方面則要說明：沒有任何一樣東西其本質是邪惡的——因萬有皆出於神，神之本質是善——都可以被上帝所改造。因此，「邪惡」是偶有的，可以被上帝改造的。我們現存的世界是有惡的存在，但不是本來就如此的，現實的惡況有改造的可能。也因此，人的「復活」才變成可能，基督教的「希望神學」才得以成立。

## 二、萬物是美好而真實的

作者在前面提過，任何一個神學教義都具有肯定與否定的雙重性格。上述「從無創造」主要是反對希臘式的「二元論」，但二元論不是唯一牴觸基督教信仰的觀點，另一個有力的觀點是「泛神論」。泛神論者主張創造由上帝而來，被造物是神聖者的外顯。神性內在於世界之中，世界即是神的展現，是神的屬性，萬物連人都是神的展現之一。這暗示了這個世界只是一個形象而已，並非真實實體；而同時也暗示人的深處是神聖的，因為人等於是神的展現。泛神論將世界與上帝視為同一，結果卻變成否定這個世界的實體與價值。基督教的創造神學駁斥這種說法，聖經說萬物各從其類（創一：22、24），強調每個存在物皆與上帝不同，是獨立的、真實的存在，能在有限事物中行動，因此各有其價值。基督徒何以得知創造物與上帝有別呢？從兩個經驗：一、對「罪」的經驗：罪是背叛上帝的行動，它提醒基督徒，人與上帝有別；二、人對「救贖」的經驗：救贖是基督徒不斷體會自己被「重新創造」的歷程，這代表

人與「創造者」有別。因此，個體的具體存在是眞實的、有其價值的，雖然被造物有其暫時性，但是每一個被造物都有實現其潛能性格的可能性，因爲人具有智慧、自由與愛的情感，這些正面的價值等於是對有限性的肯定。因此在創世記中又說：「上帝看它們爲美好。」這也駁斥了希臘式的二元論中物質等於邪惡的說法。由完美所創造必在程度上分享了上帝理念之完美。所以受造物之本質是有限但美好。

不僅一般事物是眞實且美好，人更是如此。創造的高峰就在於人的受造。人具有上帝的形象（imago dei），即具有理性、靈魂、心靈能力、靈性的連結。故人被稱爲上帝之子，因人在某種程度裡肖似上帝。因此人被派作上帝的管家，可善用大自然的各種恩賜。因此產生兩種意義：一、人是仲介者，他一方面與上帝合作，要完成上帝在此世界救贖與再創造的工作，另一方面又與受造物合作，實現各受造物的存在目的。在此一層次上，人類的確較爲優越；二、但人仍是屬於受造的層級，因此他沒有資格任意戕害受造物，甚至沒有資格爲它們定存在的次序，人能作的是找出萬有存在的秩序，然後將自己適當地安排進去。

## 三、上帝是在「自由」與「目的」中創造

從上述觀點，我們可以發現當創造的教義在反對二元論時，他同時肯定了泛神論的「起源」觀點（從一個上帝創造），肯定上帝是萬有的來源與唯一根基；而當創造論反對泛神論時，它無疑又強調創造者與被造物者不同。所以創造的教理便是：一個絕對者以及一個伴隨依靠著祂但眞實的有限物。如此，我們要詢問：兩者的關係如何？基督徒對創造過程想法如何？當基督徒說上帝創造這個世界時，他們是什麼意思？

首先，我們得記得一個原則，所有有關於上帝以及有關祂與世

界的語言都是類比的語言——以人類熟悉的經驗述說世界的形成——例如，諾斯底派的「女人生產說」、柏拉圖主義的「工匠說」與新柏拉圖主義的「流出說」。不過今日大部分的基督教思想家已經不再如此描述世界的生成，他們甚至放棄去探討世界「如何」被創造——那超乎人類的理解，並且對基督教信仰沒有什麼幫助❶。並且，在前面曾經說過，那是屬於自然科學的旨趣與探討。

更甚者，當我們汲汲於探索「如何」的答案時，將排除「自由」與「目的」的因素。因為此兩者完全不能以科學解說表示清楚。例如，人類的行動往往發生自目的與意義，此事無法以非人格的結構去加以分析的，而必須從其「自由」與「目的」的角度去瞭解。所以，就如之前強調的：「創造論」的真正本意不在客觀地描述世界及生命的起源問題，而是要解答我們對自身存有的疑難，說明我們生命意義、追求生命力量之源的問題。當人類真切地詢問創造意義時，整個創造的過程就會重新在他的個體存在中具現一次，所以我們應以「體驗」的方式來認知創造的教義，讓整個創造的過程在身上重現。

就算是以「體驗」的方式來認知創造過程，上帝的創造仍有其過程。但是，藉由體驗這個過程，基督徒所能知道的——或說他所體驗到的，不是上帝「如何」創造，而是上帝「為何」創造。原因很簡單：「創造」是終極而持續的事件，我們不可能將此一終極事件拉到經驗層次而又不曲解它。我們要真正瞭解一個人的作為，便要瞭解他的目的；要瞭解他的意向與目的，最好的方法便是他親自告訴我們。我們永遠不能只從外表行動正確地揣測到其真正的目的與意志。當我們體會到上帝「為何」創造的時候，其實便是體會到了上帝此時此刻對我們的「啟示」，也同時等於體會到了上帝的「目的」與「自由」（目的關聯著自由，因為有自由才能設定自我的目的）。上帝藉著「創造」在人身上的再現，讓人能體會到創造的意義；藉由意義的體會，人可以追溯出上帝的意向與目的。基督徒

的確認為「創造」是有目的的，在適當的時候，人藉由「啟示」可以得知上帝的目的——同時知道自己的存在目的與定位，上帝藉著啟示人類而不斷實現祂的創造歷程。因此，就某一意義來說，「啟示」也是創造的一部分。換句話說，對「創造論」具有堅強信仰的人，對於自身存在的意義與價值會比否定創造論的人清楚一些。因此，我們可以說上帝是在「自由」與「目的」中創造。

## 四、創造、啟示與救贖

在前一點，曾稍加提到了「創造」與「啟示」的關係。接下來再說明「創造」、「啟示」與「救贖」三者的關係。

Dupre在其《人的宗教向度》中曾提到：「啟示根本不包含一般所謂的資訊。……啟示的真理——任何積極啟示的首要宣稱——是對人在宇宙中的地位作新的『解釋』之真理。」[19]希臘文的「啟示」是apoklypto，意即「揭露隱藏的事物，使人得以看見並認識其真相實情」。基督教的信仰是建立在「啟示」上，意即建立在上帝對人作自我揭露，並使人有能力逐漸認識祂自身的過程上。當然，這也預設了人類本質中便有某種程度的「認識超越者」的能力。如果我們對以上有關「啟示」的說法沒有問題的話，那麼我們便可以將「啟示」與「創造」兩者合併來理解。

在上一段文字中曾提及：理解上帝的創造，便是理解上帝創造的用意以及目的；而要真正明瞭上帝創造的目的，最主要的方法——就某一意義而言，是唯一的方法——便是由祂自己將其心意告訴人類。其法也許是藉由我們所知的「說—聽」的形式，也許是以某種行動——我相信所謂的「啟示」應該是一個「行動」，而不只是一種「語言」——來自我揭露。因此，上帝的「創造」對於人而言便是一種「啟示」。人是以體驗來領會創造，而「體驗」即上帝主動地臨在，亦即上帝的自我揭露，亦即「啟示」。

和人比較起來，上帝擁有絕對的主動權。這是作爲超越者與有限者相對比時必然產生的特質。當無助或生存產生困頓時，人類可以就其需要與困難向上帝尋求啓示，也可以運用各種以往先知、聖人或宗教領袖所教導的方式來尋求「神喻」。但是，主動權畢竟掌握在上帝手中。所以，當人被「啓示」──上帝向人揭露其自身──時，代表在整個上帝的計畫中，這個人便是此時此刻此地此處境下被告知上帝的心意。也因此，當此人明白上帝心意之後，將可明白自己在整體創造計畫中之定位、身分與責任。就宗教的層面而言，神的啓示會對被起使者造成實踐上或道德上的強制性──當然，對一個宗教信徒而言，被啓示是一種無上的恩寵，他會「自動」地去符合「神的旨意」。而在此有限的世界中，「創造」是指「所有行動與事件之總和」❷，所以任何人的行動都可視爲上帝創造的一個環節。因此，我們可以如此相信：上帝在任何時間中有「自由」（因有主動）且有「目的」（因有計畫）的啓示，都是爲繼續完成祂永遠的創造。因此，就內容而言，「啓示」是爲創造──上帝將自己心意啓示予人，人得以同工完成創造；而就目的而言，「啓示」也是爲創造──上帝「此時此地」之啓示，便是要人在適當的時候連結上帝創造的環節。

　　除此之外，「創造」與「啓示」還有一個有趣且重要的關係。就一般的認知：上帝在世界的一般性行動──包括歷史文化的進程，以及行在其他人身上的一般性事蹟──通常被稱爲「普遍啓示」。除非該事蹟十分地不尋常，甚至到「違反常理」，可以稱之爲「奇蹟」時，才有可能是唯一「特殊啓示」❷。然而，就一個人接受屬於個人的「啓示」，亦即他確實體驗到了上帝創造的過程行在他身、心、靈時，對他個人而言，那卻是一個完完全全的特殊啓示。而正如同之前所提到，人眞正要探求創造意義時，即是因爲其存在上產生了問題。而當他得到了啓示，即代表他重新體驗了創造的過程，他因而可以重新把握自我的存在，重新尋求其意義與定

位。我們可以說，他「重新被創造」。

這就是「救贖」！所謂「救贖」按希臘文原意是「買回」、「以代價贖回」的意思。在宗教上便是指藉著儀式符號使自己回歸於神，並因而感受到完全的平安與喜悅。按照Dupre的說法，他認為「救贖」必然含有兩種特質：「對經驗世界無法心滿意足，以及對終極解脫抱著無限希望」❷❷。而就「歷史性啓示」的層面來看，他也認為「救贖」相符於「啓示」❷❸。我們可以比較上帝對人的創造與上帝對人的救贖，可以發現其中實在有許多相同點：一、它們對人所產生的功能相同：同樣解決人的存在問題，並使人有「重新活著」的感受；二、它們同樣是永不終結的過程：救贖不停止是因為人永遠無法成為神，只要有分別便必然有救贖，而創造不停止是因為上帝的本質便是創造──無論對人還是其他受造物。

## 五、創造與邪惡

一直以來，「邪惡」的問題一直是基督教神學無法完全解決的難題。就如同作者在前面提到的：就算將創造論中的難題解決除去，但是「上帝與邪惡」的難題（不僅是道德上的，也是本體上的）將一直控訴著創造論。二元論者認為邪惡是人類本質的另一面（一面是善），無法去除，除非完全捨棄肉體；泛神論則認為邪惡是因有限者未與無限之唯一神性相合，如果能相合，去除有限性，則邪惡自然去除。

基督教則認為罪惡是從人的「自由」產生，是一種「墮落」。這代表邪惡是在「原初創造」之後，人濫用自由意志而形成。我們可以用「亞當與夏娃」的故事來說明創造結構與邪惡的關係。在此故事中，邪惡是在創造之後才發生的，而非與創造同時發生；是邪惡入侵好的創造，而非創造之必須局面，邪惡是受造物在偶然情況下誤用「自由」的結果，而非罪惡一開始便存在於人的本質之中。

「墮落」是一個歷史事件，它不是與受造物的起源同時產生，它的產生源地是「自由」，而非「人的本質」。就基督教信仰認為，唯有上帝能完全控制自由（連天使也無法完全善用），當人所有的意志皆歸向上帝時，可以由祂那裡得到使用自由的智慧；但是一旦人自由地轉離上帝時，便同時切斷了與上帝的連線，失去使用自由的智慧，因此便趨向邪惡。但是就因為邪惡非本質性地存在，因而邪惡是偶有的，非必然存在的，是可以改變的；也因此罪惡的後果——死，不是人類終極結局，人類才有一個新創造的可能性。所以，基督教對邪惡的觀點是帶有對歷史與人生充滿盼望的觀點。

對於罪惡的根本起源及性質，基督教思想家最後仍歸之於奧秘。人的理性只能帶領人到經驗的邊緣，卻不能超越此界線。存在主義所強調人的種種負面感受（例如，無力、無奈、焦慮、荒謬等等），其實便是自我罪惡的控訴，因為罪咎感，人們強烈感受到了死亡與終結的恐懼，而那便是人類有罪的證明。最好的方法，仍是以回憶自我的罪惡體驗，便更能明瞭那就是扭曲自我和諧的創造本體的東西了。

## 結論

對於非基督徒而言，不相信「創造論」是理所當然的——粗糙而又不合科學；然而對基督徒而言，相信「創造論」也是理所當然的——是建立自我信仰的重要基石。以往對於「創造論」的爭論多集中在「客觀層面」——亦即從創造的過程及創造的「歷史性格」作討論，因此幾乎所有人對於詮釋創造觀念之內在區力皆以「解構神話」為目標；但是今日我們不妨從「存在層面」來體驗創造——體驗創造的目的及被創造的人的「主體真實性」來另類地理解創造。

我仍然強調，人類講述世界及人類的起源與創造，主要不是由理性想知道目前存在的來源，而是出自於對現有存在的關懷，並藉以穩定與保證這個存在。我們從兩個層面來敘述這個目的：一、藉由創造意義的追尋，使人得以在其生命中重新感受到上帝的創造過程已重現在自己身上，自己真是一個「新造的人」；二、藉由這種體驗，人得以抓住創造的真正意義，並得知自我處於存在界中的定位與責任。一方面維護其他存在，一方面協助它們完成其存在的價值與意義。

# 參考書目

Collin Brown著，賀陳日譯（1971年5月），《廿世紀的哲學與信仰》。台北：寰宇。

Paul Tillich原著，龔書森、尤隆文合譯（1993年8月），《系統神學（卷一）》。台南：人光。

Dupre著，傅佩榮譯（1986），《人的宗教向度》。台北：幼獅。

Karl Barth著，胡簪雲譯（1964），《教義學綱要》。香港：基文。

# 註釋

❶本文源發於《神學論集》，128期，頁207～225，經修改增補而收錄。

❷信經（creed）是宗教中陳述其根本信仰不可或缺的「宣告」。基本上，它只用於基督教。而使徒信經（Apostle Creed）是最古最短的基督教信經，天主教與基督新教都有使用。內容主要是上帝的「三位一體」與基督「神人二性」之歸納。雖然其中之句子可追溯到2世紀時，但它卻到4世紀才有雛形，16世紀才有今日形式。詳見趙中輝編，《神學名詞辭典》。條目0,114「使徒信經」與條目0,416「信經」。

❸第二以賽亞書中有關救贖的經節——賽四十：28～31；四十八：24～26，就肯定上帝不只是創造者同時也是救贖者。其他例如，詩篇：八十九：11～15；九十一：1～2；一四六：5～6、10等都有類似說法。

❹在《聖經‧約翰福音》中強調了「道」在上帝的創造工程與救贖工作上的地位，而起說明了「道」其實便是耶穌基督。這似乎代表早期基督教思想結合了柏拉圖的「工匠神」（demiourgos）概念與斯多亞所提出的「道」（logos）概念結合來說明獨一上帝如何有效地創造並眷顧這個個別性的世界。有關於聖經的記載，請參閱約翰福音第一章1～18節。

❺此派神學家經歷了「啟蒙運動」與實證主義非難的洗禮，懷疑神蹟與啟示性信仰的可靠性。同時摒棄科學與哲學，試圖建立「道德式」的基督教神學。重要代表人物有西理爵士（Sir John Seeley）、勒南（J. E. Renan）、李茲爾（Albrecht Ritschl）以及史懷哲（Albert Schweitzer）。諷刺的是，此派最重要的李茲爾（Albrecht Ritschl）一開始雖強調上帝是絕對超越的實有，但由於後來自由主義神學家對道德的強調，變成過分主張上帝的「臨在性」，反而在程度上否定了上帝的「超越性」。詳見Collin Brown著，賀陳日譯（1971年5月），《廿世紀的哲學與信仰》。台北：寰宇。

❻詳見休姆著，關琪桐譯（1981年4月），《人類理解研究》。台北：仰哲，頁96～99。

❼詳見Karl Barth著，胡簪雲譯（1964），《教義學綱要》。香港：基文，頁69。

❽同註❺，頁67。

❾對此，巴特有一段相當具有宗教虔誠意味的話。他說：「是因為純粹的父愛及憐憫，而並非因為我有任何的功能與價值，我只能為這一切來感謝讚美祂，服事祂及服從祂，這是確實的。」見同註❺，頁72。

❿詳見Paul Tillich原著，龔書森、尤隆文合譯（1993年8月），《系統神學

（卷一）》。台南：人光，頁342。

⓫詳見同註⓾，頁344。

⓬詳見同註⓾，頁359。

⓭詳見同註⓾，頁361～362。

⓮最早期的希臘思想家之思考模式中可以見到神話、科學及思辯結合的線索。例如，泰利斯（Thales）認為：「一切在於水，而世界則充滿了神。」其繼承者Anaximander與Anaximenes則分別認為以太與地、水、火、風四元素是世界構成之基礎，另外充滿宗教神秘意味的學派則是畢達哥拉斯（Pydagoras），它們認為「數」（尤其是「基數」monad）是構成世界本質及完美比例之源。相關思想可見Richard Tarnas著，王又如譯（1995），《西方心靈的激情》。台北：正中，頁22～29。

⓯印度教認為「梵」是「宇宙靈魂」，是唯一的真實，自我的靈魂皆來自於「梵」，而整個客觀的物質世界都只不過是一種幻覺。人只有遵守「達磨」（以法律形式所規定的種性制度），不斷忍受痛苦，才有可能轉生為較高的種性，甚至與「梵」合一。這在其經典《吠陀經》與《奧義書》中皆有記載。詳見田海華與陳麟書合著，《世界主要宗教》。頁132～133。

⓰見Bultman著，《原始基督教》。頁15～18。

⓱我們可舉出在不同時代的兩位神學家之看法。一是在第2世紀時的教父愛任紐（Irenaeus, 130～200）他說：「我必須首先述說最重要的，就是上帝為創造者，創造天帝和宇宙萬物。同時我也必須說明，沒有任何東西在祂之上，在祂之前。祂也不受任何東西所影響，而是由祂的自由意志創造了萬物，祂本身命令萬物存在。」另一位是16世紀的改教家加爾文（Jean Calvin, 1509～1564），他說：「正如我已說過，這個創造的教裡雖不是最主要的，但以祂（上帝——引者按）自然的順序，它（創造的教裡——引者按）是信仰的第一課。我們必須記得，我們張眼所見的萬物是上帝的工作，所以我們將曉得上帝以其道及靈的力量，從無創造了天和地。並由天地產生了萬物——有生命和無生命的。」不僅這兩位神學家，其他的神學家也有同樣的主張。有關愛任紐的引文，詳見*The Ante-nicene Fathers* Vol. I , The Rev. Alexander Roberts, republic by WM. B. EERDmans. company, pp. 568～578；加爾文的引文，詳見加爾文原著，徐慶譽譯（1962年10月），《基督教要義（上冊）》。香港：輔僑，頁16～29。

⓲其實我認為可以提出兩個原因說明「如何」的問題不再被神學所處理：一、我們不可能經驗絕對起源的事件，例如，康德所主張「在經驗範圍之外的過程，不是我們知識的可能對象」。如果我們嘗試去描寫創造如何產

生，那麼我們必然根植於一些不能理解或沒有證據的推理；二、是因為我們對最終極的起源問題不可能降低到一般性地經驗局面上而不被曲解。以世界過程的類比來理解「如何」創造，將會失去創造的真正意義。

❶詳見Dupre著，傅佩榮譯（1986），《人的宗教向度》。台北：幼獅，頁284。

❷在此，我相信上帝是在歷史中顯示其創造本質。艾良德（Eliade）也認為「每一宗教經驗都在一特殊歷史脈絡中得到表達與傳遞」。Dupre也説：「上帝若要透過歷史顯示自身，就需在人的行動中展現祂的臨在。」艾氏之説法詳見其所著（1961），《宗教的歷史》。頁6。Dupre説法則詳見《人的宗教向度》。頁293。

❸對於「啓示」的區分，謝勒（Max Scheler）將之分為自然與積極二種，詳見其所著（1960），《人的永恆性》。New York: Harper&Brothers，頁163；范德雷（Van der Leeuw）則指出尚有「神話啓示」與「歷史啓示」，詳見其所著（1963），《宗教的本質與表象》。New York: Harper&Row，頁573～575。

❹見同註 ⑯，頁17。

❺Dupre説：「上帝若經由歷史啓示，則祂亦需經由歷史拯救，縱使祂的啓示涉及對不信者的判斷與詛咒。」詳見《人的宗教向度》。頁292。

# 第九章 「歷史」與「上帝國」
## ──基督教「終末論」初探

　　從基督教的自然神學觀點來看，宇宙萬物在表達出上帝的旨意。「創造」的教義表達出世界之來源與根基來自上帝；「攝理與預定」的教義主張表達歷史的每一個時期是在上帝的引導之下。不僅如此，基督教信仰更看「創造」與「歷史」是朝向上帝終極目的的實現。藉著這個實現，它們（創造與歷史）獲得了最深刻的意義，這個最終極的目的就是所謂的「終末論」。終末論常被認為是基督教教義之中最具問題也最為推測性的部分，因為它處理著超乎人觀察與經驗的事情，就是「將來」的事情。這個「將來」不是「不久的將來」而是「最後的將來」──死亡之後與歷史的終極。到底我們對最後的將來和死後的將來知道多少？我們如何知道？這些問題都讓我們對「終末」抱持著懷疑與好奇態度。

　　本文主要採取Paul Tillich與Reinhold Niebuhr的觀點，並試圖結合兩者的思想重點，企圖為基督教的「終末論」描繪一個較為合理且完整的景幕❶。

## 第一節　「終末論」的重要性與認知態度

　　假如一個人相信上帝把隱密的事啟示給先知，而這些隱密的事被文字記載成為書──《聖經》，那麼聖經之中將充滿了神秘氣息與預言性格。然而在今天很少人會認為聖經是一本記載上帝對將來所說的一些隱密的事的書。事實上，我們可以發現聖經記載了一些2000年前的人之行為與信仰。而且，這些記載也不完全是絕對的，

裡面可能含有某些錯誤的部分——如果以「事實」層面來瞭解聖經內容的話——，同時這些2000年前世界的人，其歷史觀與世界觀與現代人的觀點必然有很大的不同，因此若把聖經看為是思考認識宇宙的將來之唯一資料根源，可能會產生一些問題。也因此，我們必須要瞭解：「終末論」並不是光從聖經中先知的預言所推論而得的。

「終末論」是任何要尋求瞭解做為歷史存在的「人」與「世界」意義不可或缺的一個認知。作為歷史性的存在，人與世界從過去經由現在移向將來。要對動態世界與人有一個適當有連貫的瞭解，就不可缺少某些未來觀。

假如要瞭解人與世界的關係，僅從過去與現在的觀點去看是不健全的觀點與態度。Gordon Kaufman就曾經指出，企圖把自我局限在過去和現在，就好像要根據一個「人的下半身標本」去瞭解整個人真實的統一性和結構，在這種情況下我們也許有足夠的資料去瞭解「下半身」到底是怎麼回事，但它絕對不足夠作為瞭解整個結構統一性之根據。除非藉著「形象」或「類比」的方式，讓我們有某些上半身的資料，否則就難以瞭解它的整個結構。類似於此，假如我們要瞭解一個活生生歷史過程的結構和統一性，就必須要有些將來的形象——就是對於一些尚未存在的生命的相互關係和關聯的形象——才能適當地瞭解。若我們對歷史過程的瞭解局限在現在，就只能夠看到整個過程的發展的中間階段而已。

我們對未來的觀點有可能是樂觀的，也有可能是悲觀的；但無論如何，對人與世界將如何發展與終局的觀點，總是要有某種「將來的形象」，這個形象影響我們對將來的每一個判斷。人是行動的存有，必須要在現在決定他在將來所要採取的行動。因此人不可避免要用某些形象來瞭解將來，才可做判斷。也因此，對於一個具有動態性格和歷史性格的「實在」展望，是不可以沒有終末論的。我們舉「痛苦」為例，現今在痛苦，如果我們當前面對的是沒有希望

的將來，那我們就會感覺生存沒有意義，就會悲觀；但若因為對將來有希望，我們就會以樂觀的態度來面對痛苦——這種行為乃是以終末觀來解釋現今的痛苦意義。問題是在於我們以什麼做為我們終末確信的根基，答案就是以過去作為根基。對於終末論的確信是根基於過去，有意義的過去之事件和經驗是人類預期的將來和瞭解整體的主要線索。

對基督徒來說，「耶穌基督」這個事件——耶穌的生、死、復活、救贖——就是終末展望的根基。「耶穌基督」這事件啟示了「終極實在」的性格，這終極實在就是愛和信實的上帝，祂是世界的創造者，是歷史目的設立者。基督教的終末論就是根基於這樣的啟示事件，要明白地述說歷史的目的是什麼，以及這些目的的實現。除非我們對將來的陳述具有某種程度的可能性，否則當我們述說上帝為愛的父，是毫無意義的；同時在神學對自我、對世界以及對終極實在的瞭解就成為可疑的。所以終末論不是一個可疑的、可以不要的推測性思考，而是述說基督教信仰的重要根基。

一般對「終末」的觀念認為，終末是指世界的「終結」——不是結束乃是開始；除此之外，終末不僅具有「終極」的意義也指涉「目標」（希臘文為 Ε σ χ δ τ δ，是last things之意，終末論即 eschatology）。Reinhold Niebuhr指出歷史的終末具有終極的與目標的意義❷。我們現在所探討的終末論也具有這兩重的意義，在英文字end也有完結與目標的意思。Niebuhr說，人生中的每一件事以及歷史都是朝向一個終極目的在前進。由於人是處於自由與有限之支配之下，所以終極就是現實生存的終點，也就是完結；但是由於人的理性的自由，終點又具有另一個意義，它是人生的目的與目標。以下我們就要從基督教的信仰來看歷史終極是什麼，是圓滿的實現？或是死滅呢？之前已經說過，基督教的終末觀是根基於「耶穌基督」的事件，以這事件來看歷史的終極。就我的理解，在新約裡對「終末」有幾種描寫：一、基督再臨；二、最後審判；三、復

活；四、上帝國❸。我們必須要把這些「終末」的描寫看爲是象徵，而不能就字義去加以理解。

## 第二節　「終末論」的重要概念

### 一、基督的再臨

　　基督徒的信仰主張，在終末時候耶穌基督必出現在袖的樂園裡審判活人與死人❹（啓示錄二十～二十一章），基督將公開顯明袖是救贖者與勝利者，那時上帝的眞理就完完全全啓示出來。這種想法最明顯便在《聖經‧帖撒羅尼迦書（前、後）》中，帖撒羅尼迦人改變信仰歸向上帝，並等待基督再臨（the parousia）（帖前一：10），而他們是如此期待基督再臨，以致荒廢工作，因而保羅規勸他們（帖前四：11～12）。不僅如此，在基督再臨時，原來逝世的人將要復活，同進上帝得榮耀中（帖前四：13～14）。當然，沒有人知道基督何時再臨（帖前五：2），只知道到了那日，惡人將受刑罰，義人將有安息與賞賜（帖後一：5～10）。由於〈帖撒羅尼迦書〉是新約第一份作品（約寫於西元51年左右），故以此經典爲代表。在新約諸經典中，還有許多充滿了「再臨」思想的❺。

　　基督再來的象徵表示了兩個眞理：一、歷史僅能在上帝的行動中結束，也只能在上帝的行動中完成；二、再臨提醒人類：歷史不能夠違反它本身的意義，因爲歷史的眞實意義只在「道成肉身」與「釘十字架」的耶穌基督，以及人類對袖救贖啓示之回應中被發現，那麼歷史的完成也必須在袖裡面才能被發現。「基督再臨」的教義說明了已經顯現於基督的，就是將來所要達成的。這個再臨的教義是對歷史一個肯定的展望。當我們環顧我們所經驗的歷史現實

狀況，充滿罪所產生的景致——爭戰、敵對、緊張、恐怖、暴亂……，但基督教信仰認為，這些情況並不是歷史的終極命運，因為基督的再臨所表明的是上帝對歷史與世界的主權。上帝愛的力量是勝過世界一切惡的破壞的力量，上帝的拯救目的將會達成（可十三：24～27；帖前四：16；五：9）。那個藉著歷史的耶穌而臨在於人中間的上帝，也將在歷史終極的時候臨在於人類當中。所以「基督再臨」的教義是說：在耶穌基督裡人類看見那位將在歷史終極時候統治所有歷史的上帝，並且祂將會把所有的歷史帶到高峰。當然，作為一個宗教的象徵，「基督的再臨」也是以「神話的語言」述說將來——歷史的終結——也是要以「基督的事件」所顯明的來瞭解❻。

## 二、最後審判

歷史的終極（上帝國的完全）與審判是不能分開的。Niebuhr便認為：基督再臨的象徵，在基督徒的思想中是由「最後的審判」（the ultimate judgment）和復活來作論證❼。在歷史的程序當中，人是處於罪的枷鎖當中。同時邪惡的王國使各種邪惡與歪曲，進入到個人當中、或共同體當中、或文化的意義當中。這些敵基督的力量在歷史終極終要被拋棄，歷史中所有的邪惡歪曲終必要被潔淨，只要面對全人類的救贖者與審判者而認清罪的深度以及救贖的偉大。就個體的歷史存有性格來說，人對於耶穌基督的決斷已成為他自己的審判❽。忘了是哪一位學者曾說過，審判乃是決定於歷史實存的形式，人在實存的決斷當中，決定了他的命運——此即審判的現在性。這種審判的現在性也清楚地表達在《約翰福音》的信息當中（約三：18；五：19～38；十四：21～24；十六：7～11）。

Paul Tillich也用存在主義的觀點說出審判的現在性。他說：無論在哪裡，每當光成為可見的，而被人接受或拒絕時候，審判就在

歷史當中進行著。所以在歷史中已經有審判在進行著，就整個歷史實存來說，最後的審判象徵了歷史意義的最後細查，也就是善與惡，光與暗之間的掙扎的最後解決。在最後的審判中，歷史的朦朧曖昧終將澄清，上帝的目的也將顯明，這是超越歷史審判的審判。最後的審判總括各種歷史審判的事件，是基督與邪惡之間的最終極的問題。

在此我認為有必要稍加說明Tillich的「審判」觀點。要真正理解其「審判」觀點必須依循著他對「歷史」之區分脈絡來理解。依據其《系統神學（卷三）》之內容，田立克將歷史區分為「世界的歷史」與「救恩的歷史」——或稱「教會的歷史」，他認為後者有審判、衡量與反射世界歷史的功能。然而，就實存的層面言，人類仍然能從經驗的角度來程度上認知到「救恩史」，因此人才有可能在歷史當中看到進行著的審判。除此之外，田立克是以「作為基督的耶穌」作為歷史的中心，當時候滿足，人肯接受耶穌的救恩，進入新存在中時，天國便在那相信的人身上實現。

## 三、復活

Reinhold Niebuhr說得好，他指出「復活」（resurrection）的指望是基督教歷史觀的精華所在，他意味著上帝的最後行動就是「再造」和「更新」。人的確無法像上帝一樣，但這並不意謂著人類生命將以悲劇來結束，人類生命無意義的悲劇將由上帝主動來成就意義❾。「復活」便是上帝的「再造行動」與「更新行動」的象徵。它說明著一個信念，既使這世界的形式可能過去，然而那進入實存之結構當中的永恆意義，以及上帝在物質的境遇當中所實現的價值不致被廢棄。這個表明人在歷史過程當中所需達成的各種成就、美德將為永恆所完成而非取消。因此，復活是上帝對罪和死亡終極勝利的一種象徵；復活也是對歷史實存的肯定，在終極人類所參與的

文化生命以及自然秩序不再朝向衰敗毀滅。整個歷史過程不是被取消，而是要被提升成為更圓滿。我們以保羅的話來說：生命圓滿的完成不只是脫下這個「舊我」，而更是穿上那個「新我」（弗四：22～24）。

　　Paul Tillich對復活的看法與Niebuhr有些不同。他認為復活便是從「非存有」變成「新存有」。所謂非存有是指人的存有性因著罪與焦慮，而與存有本身——上帝——相隔絕，而變成了「非存有」。所以當人能體會非存有的可怕時，他可以藉由接納基督——祂是帶來新存有的使者——而令自己重新與上帝和好，進而與上帝合一；而只有真正感受到與上帝合一的喜樂，人才能真正理解自己、接受自己。這就是從死亡之中創造了新生，就是復活。Tillich並不反對將來的形體復活之思想，但是他更有興趣的，是作為「舊存有」——或說「非存有」的人如何從罪惡死亡的陰影掙脫而成為一個「新造的人」。

　　我們瞭解了Niebuhr與Tillich是如何詮釋「復活」，似乎真的只是把「肉體復活」當作是「象徵」語言來處理。但是，正統基督教教義中還是強調肉體的確在終末是可以復活的。所以我們仍然必須解決這個難題：人將如何復活？在《聖經》中最重要的「復活」事件便是耶穌基督的復活。「基督徒在面對死亡與其過程中，其應對態度所呈現出來的力量，以及其宣言所引發的衝突，都是建基或消弭在耶穌基督復活的真實性上」❿。可以這麼說：耶穌基督若沒有復活，基督教將不會存在。據《聖經》記載，耶穌復活後，曾以數種不同的方式，在不同的場合出現顯聖。值得注意的是：祂的身體可以被觸摸知覺（路二十四：36～43）；且又可以超物理的方式出現或消失（路二十四：13～49）。這代表了復活後的軀體已有所轉換，是新的、圓滿的、永恆的身軀。保羅更以此預表了所有的人死之後也會復活（林前十五：12～22），並且列出復活的次序：基督→基督徒→其他人（林前十五：23～24）。因此，我們可以說：耶

穌的這個復活事件代表了耶穌基督以自己展現出「終末」的異象：在末日審判時，所有人將要復活，並獲得一個全新的身軀來接受審判及審判的後果（林前十五：24～26；42～54）。

## 四、上帝國

在《聖經》中，「上帝國」（the kingdom of god）是耶穌教訓的主題。祂與當時猶太當局衝突的原因之一便是：人如何能成為「上帝國」的子民。這牽涉到了權威認同基礎的問題——以律法為權威或以耶穌自己為權威，可見上帝國主題在耶穌宣揚的福音內容中之重要性。耶穌說：「時候到了，上帝的國近了。你們當悔改，信福音。」（馬可一：15）在這裡的「上帝國近了」指的應該是上帝已開始將世人墮落的邪惡開始加以糾正，完成祂創造的本意[11]。而上帝創造的本意，按Niebuhr與Tillich對歷史的認知而言，便是歷史的終局。

讓我們結合「基督的再臨」的觀念來看歷史的終局，到底歷史朝什麼方向走？因基督的再臨既然是用以說明歷史的完成，所以我們可以說歷史是朝向上帝國實現的目標走。因基督的再臨表明上帝的得勝與凱旋。整個歷史是在上帝的支配之下，在耶穌的傳道工作中，祂的死與復活當中，可以說上帝的統治成為一個具體的歷史存在。不過，那不是祂統治的完成，祂在人類歷史中的統治尚未完全實現——確立而尚未實現，祂只是如同一粒種子，一粒小小的芥菜子已經被播種。耶穌基督的事件是說明上帝國之建立的開始，而歷史的終極情況，就是基督將一切執政的、掌權的、有能力的毀滅了，而把他們的國交給上帝（林前十五：24）。

我們也可以結合「審判的現在性」的觀念來看上帝國。耶穌說：「上帝國在你們當中。」（路十七：21）這代表了上帝的國度已經接近人類到足以引起一種不可避免的危機：當下該是人去接近

上帝國的時候了，人們對於上帝國挑戰的回應，就表現在他們對待耶穌的態度上；或者我們如此說：人類對於上帝國的接受或拒絕，已在祂們對於耶穌的決斷上清楚地表明了。拒絕耶穌亦即拒絕上帝國，亦即拒絕了上帝的權力與慈愛。它的決定當下便為祂進行了審判。

除了提到「上帝國」的歷史性格之外，我們也不能忘掉它的「超越」性格——亦即「天國」的意涵。學者中有過許多辯論——到底耶穌以為上帝國是現在的抑或將來的呢？就新約的用法，除福音書之外，其他經卷普遍採取後者的意義。作者倒是認為我們必須把焦點放在「上帝的統治」上。耶穌的臨到基本上便代表了上帝的主權——在耶穌的人生中具體地顯現出上帝國的實現，所以整個歷史的目標——上帝完全統治之確立——在耶穌的臨到上達到完全。因此，當耶穌降臨到世上時，也代表上帝國實際臨在了。換句話說，歷史上耶穌的存在是上帝國的起頭——而非實現；而另一方面，「基督的再臨」是歷史終局的事件，它通常伴隨著「新天新地」（彼後三：13；啟二十一：1，5）與「新耶路撒冷」（啟三：12；二十一：2）而出現。意即，「上帝國」在此指的便是「新天新地」與「新耶路撒冷」——「天國」了。

「上帝國」——「天國」有什麼特色呢？最重要的特色便是人將與上帝同居住。這表明了人與上帝之間的鴻溝將徹底地被打破，神人之間將永恆地契合，眼淚、傷心、哭泣、痛苦都將會過去。這也是舊約時代先知的夢想（賽二十五：8；三五：10；六十五：19；耶三一：33）。大能者上帝親自同在、親自安慰。其次便是全新而榮耀之境界（啟二十一：1～5）。舊約與新約都有對「新天新地」的物質性描述，當然，我們必須將其視為象徵，但是其中有一點是可信的，這些華麗的異象所要表達的是新天新地的完美與榮耀。我們有理由相信作者應有受到希臘哲學的影響——天上的耶路撒冷是完美的，而地上的那個便不怎麼樣了（加四：26）。

除此之外，在猶太－基督宗教神學、虔敬的文學，以及藝術當中，天堂或樂園之意象具體地表現了兩個基本的主題：天堂乃作爲與上帝親密結合與直觀上帝的所在（「以神學爲中心」的觀點），以及天堂作爲與配偶、孩子、親戚，與朋友重聚之所在（「以人爲中心」的觀點）。天主教常用一個名詞「榮福直觀」（beatific vision）——天上義人的靈魂以直覺的視見，甚至面對面、不藉任何受造物以物體的視見作媒介，看見神聖的本質——來形容天堂的快樂；換句話說，在天堂中最大的福分便是藉由「直覺」，「直接地、清晰地、毫無保留地」看見「上帝神聖的本質」。同時，因著「榮福直觀」而分享到三位一體上帝的生命，進而與其他「諸聖」相通共融，並同宇宙和諧共存。

　　Tillich在《系統神學（卷三）》中對「天國」的特性有如下的描述[12]：

1.天國具有政治性：上帝是最高的統治者。
2.天國具有社會性：神的天國是一個充滿和平與公義的社會，當一個社會能具現出這樣的特質時，它便有天國在其中。
3.天國具有人性：在天國中的人都能親身經歷永恆的觀念與滿足。
4.天國具有普世性：天國的福分是屬於全人類的。

　　Tillich認爲在無數的歷史事件中，唯有天國的降臨才能真正地、完全地滿足人類歷史的深遠意義。也許他所謂的「天國」指的並不完全是歷史終局的那個天國；但是，他對天國的描述卻給予我們更多建構上帝國的線索。

　　以上我們將聖經裡面四個最主要的象徵來解說「終末」的意義。從上述的表達我們可以知道：基督教的終末觀是以一些將來的形象解釋歷史的意義與目標，其中心內容說明了上帝才是歷史與未來的主宰，而基督的再臨、死人的復活、最後的審判以及上帝國的

臨在構成了「終末觀」的完整景幕。

## 第三節　一些爭議概念的討論：「煉獄」與「千禧年」

　　有關於基督教的「終末論」中，有一些相當具有爭議性的難題，是至今尚未有一個圓滿答案的。當然，這牽涉到了正典的認定與詮釋。我們可以看看這些較為爭議的相關概念，有哪些不同的說法——例如，天主教、耶和華見證人會等，藉以理解各教派之間對終末論的差異。以下作者介紹兩個最被討論的重要概念：「煉獄」與「千禧年」。

### 一、煉獄

　　《天主教教理》當中有言：「那些死在天主的恩寵和友誼中的，但尚未完全淨化的人，雖然他們的永遠得救已確定，可是在死後仍須經過煉淨，為得到必須的聖德，進入天堂的福樂中。教會稱被選者最後的煉淨為『煉獄』（purgatory），那絕不可與被判入地獄者的處罰相比。」（第1030～31號）一般而言，煉獄向來被刻劃成某個介於天堂和地獄之間的「地方」，同時，待在煉獄的時間亦為關心之焦點所在。當代天主教神學大部分將之視為一個「過程」而非是一個地方。的確，那就是早期教會與東方教會通常使用的語言。直到20世紀的晚期，煉獄才被當成是個地方〔傑克·勒高福（Jacques Le Goff），《煉獄的誕生》〕。再者，此一煉淨的過程較不被看做是為罪的補贖或懲罰，而是成熟與靈性成長的過程——其發生在死亡瞬間，而個人乃在此刻以最為深刻且決定性的方式與上帝會遇。天主教稱此一會遇即是所謂的「煉淨之火」——一個引致不同程度痛苦之自我淨化與自我整合的瞬間〔包羅斯（Ladislaus

Boros），《死亡的奧秘》。頁135〕。

　　天主教常援引兩段經文用來作爲「煉獄」的聖經基礎證據：亦即「次經」《馬加比下》十二章38～46節，以及《哥林多前書》三章11～15節。在《馬加比下》當中，相關的段落是：猶大替一些爲求保護而佩帶了法律所禁止佩帶之符籙的陣亡士兵，募集款項，然後送到耶路撒冷作贖罪祭的獻儀。故有人主張「他爲亡者獻贖罪祭，是爲叫他們獲得罪赦」一說，似乎指出了對煉獄的信仰；而《哥林多前書》三章11～15節則肯定個人的工程將來總必顯露出來，並且「要在火中出現，這火要試驗個人的工程怎樣。誰在那根基上所建築的工程，若存得住，他必要獲得賞報；但誰的工程若被焚毀了，他就要受到損失，他自己固然可得救，可是仍像從火中經過的一樣。」這火被認爲是煉獄之火。

　　除了「煉獄」之外，傳統天主教還提出有所謂「列祖獄」和「嬰兒獄」兩個概念。以往這兩個地方通稱爲「古聖所」（limbo），「列祖獄」指的是像陰府這樣的所在，而爲那些在基督以前死亡的人之去處，基督則在死亡以後下降該處拯救他們。「嬰兒獄」指的則是死於原罪但未犯任何個人之罪的嬰兒死後的去處。由於這些嬰兒自身並未犯罪，故不會下地獄（雖然奧古斯丁相信他們是會下地獄的）。另一方面，由於原罪，他們並不能直登天堂。所以，古聖所就是爲其設計之所在，在那兒，他們享有「自然狀態下」的快樂，但卻被剝奪了享見上帝之榮福直觀。

　　新教一般而言並不同意所謂「煉獄」的說法，除了它曾成爲「贖罪卷」的合理誘因這樣的歷史情結之外，最重要的是它並不具堅實的聖經根據。雖然天主教曾舉新約《哥林多前書》三章11～15節做爲佐證，但筆者認爲那是「詮釋」的問題。經文中之「火」被視爲是「煉獄之火」，但是希臘原文聖經中所用之「火」（πυρ），有時是指「毀滅之火」，有時是「試煉之火」。例如，〈羅馬書〉中也曾提到「將炭火（ανθρακας πυρο）堆在他

頭上」，中，用的也是 $\pi \nu \rho$ 這個字，指的卻非眞正的火炭。因此，《哥林多前書》三章11～15節亦可以如此詮釋：「當試煉如火一般到來時，持守信仰者必得賞賜。人雖爲主受苦受逼迫，但自己卻會得救。」而且就整段經文意義來看，是保羅勉勵哥林多信徒以基督的話與對基督的信心來建立信仰，這和「煉獄」無直接關係。至於「古聖所」——「列祖獄」和「嬰兒獄」兩個概念，更缺乏聖經根據。甚至連最近，包括天主教教理在內的官方性文件，都未曾提及了。

## 二、有關「千禧年」的爭議

「千禧年」的概念，乃來自於基督將統治1000年的說法，其聖經根據乃來自於〈啓示錄〉二十章1～10節的記載❸。因此「基督及其跟隨者將會統治一千年的信仰」，便稱爲千禧年主義（millennialism或millenarianism，源自拉丁文mille，意同「一千」；或chiliasm，源於希臘文chilioi，意同「一千」）。一般而言，對此有三種詮釋。前兩者分別是「後千禧年主義」（post-millennialism）與「前千禧年主義」（pre-millennialism），是按字面意義去理解〈啓示錄〉意義；第三種則是將〈啓示錄〉的記載作爲象徵來理解，吾人稱之爲「無千禧年主義」（a-millennialism），以下分別述之。

### （一）「後千禧年主義」（post-millennialism）

對某些基督徒來說，「千禧年」即按字面意義代表1000年的和平，一旦大多數的人們接受耶穌基督爲他們的救主，這個時期就會來臨。當教會向普世宣講福音，人們都皈依基督信仰，撒旦就被「束縛」，而牠的力量也就逐漸式微了。在這個地上的上帝國屆滿1000年時，撒旦將會發動叛亂以毀滅教會的成果。此一叛亂即所謂的大災難。它將以基督二次來臨作終，屆時，基督要復活死者，審

判世界，並引進新天新地。在此說法中，基督的二次來臨是在千禧年之後發生，故稱爲「後」千禧年主義。這個說法在美國從18世紀中期至19世紀初期，獲得了廣大的迴響。信服後千禧年主義的基督徒，感到被召喚去積極地工作，藉著傳教事業的展開與社會改革，促使千禧年來臨。在20世紀初期隨著華特・饒申布士（Walter Rauschenbusch, 1861～1918）的提倡而繁盛之「社會福音」❹，部分即拜後千禧年說之賜。

## （二）「前千禧年主義」（pre-millennialism）

有別於「後千禧年主義」，「前千禧年主義」主張基督的二次來臨會發生在千禧年「之前」（此即何以其名爲「前」千禧年說）。的確，基督再度來臨的目的即在於將千禧年建立爲眞實的地上王國。在前千禧年說的詮釋中，末日的景象有如下重點：一、基督將會在光榮中降來；二、祂會接走基督徒（極至喜樂及第一次復活）（啓二十：6）；三、祂將會打敗假基督及其同黨，捆縛撒旦，並建立持續1000年之久的地上王國；四、在千禧年結束時，撒旦被許可發起最後一次叛變，然後就被丟入火潭中；五、基督將復活其他的死者施行審判，緊接著就是新天新地的形成。一般而言，前千禧年說在保守的福音派與基本教義派信徒中廣爲流傳。

## （三）無千禧年主義（a-millennialism）

「無千禧年主義」並不把〈啓示錄〉看作是對末日事件的歷史性描述，而以象徵的方式，將之詮釋爲上帝的兒女及黑暗勢力之間靈性戰役的描述。奧古斯丁（AD354～430）主張「無千禧年主義」。根據他的看法，「第一次復活」指的是領洗時從死於罪惡生活於信仰其間的轉化。撒旦被「捆綁」則指當全人類爲基督所救贖時撒旦的失敗。基督的王國就是在世上的教會。在某種意義下，基督徒已經分享了基督光榮的統治，因爲藉著戰勝罪惡與死亡的聖

洗，其已表現在基督徒身上。1000年被視爲是圓滿的象徵性時期。在末日，基督將會再度降臨來，且有死者的復活（「第二次復活」）、審判，以及永恆的生命。

## 結論——歷史的方向

歷史的終局，是上帝國之完全確立，上帝的完全主權。地上一切執政的、掌權的、有能力的都在上帝的統治之下。從這觀點來瞭解歷史本身，我們便可理解所謂歷史，不外就是成爲上帝國過程而被造的實存。而我們可以在從這一過程中的實存於歷史的耶穌生平上，發現了新的出發點以及歷史的最後景象——所以基督教的歷史觀也是根基於基督論的。做爲一個人，耶穌就像其他所有人，有祂的自由抉擇。在祂生命之最後幾個小時，祂完全降服於上帝。祂說：「父啊！求你將這杯撤去，但不是從我的意思而從你的意思。」（路二十二：42），在祂的人生中，我們看出上帝的目的與旨意在祂（耶穌）的抉擇和行動當中實現。耶穌不僅可被描寫爲神人，或者一個位格具有神性與人性；我們更可以這麼說：在祂裡面，上帝的統治成爲眞實的。透過這事件，一個自由的、愛的、順服的團體被建立。當然基督教的信仰並不能完全瞭解歷史之終極實現，但基督徒之信仰期待，現今在基督裡所知的片面實存將會實現和完成。例如，約翰說：「親愛的弟兄啊，我們現在是上帝的兒女，將來會變成怎樣還不明顯。但我們知道，主若顯現，我們必會像祂，因爲我們必得見祂的眞相。」（約壹三：2）

我們的歷史觀根基於耶穌的事件的一個特色，就是從目的與行動的觀點來瞭解宇宙和歷史。上帝創造世界是有祂的目的，而祂也在期盼中引導歷史，所以歷史的終極目標是要實現祂的目的。人類存在中的破壞力量就是罪、恨、不公義，當這破壞力量被克服，上

帝國就會實現。通過這終末的情況，聖經作者不僅關心人的生命之實存，更關心整個創造物與宇宙達到上帝國之實現的境界。自然也是在歷史中，應被帶回上帝國實現的境界，所以上帝在歷史中從事更新變化的工作，不只是對人，也包括自然環境的秩序（賽四十三：19～23），上帝更新變化的工作更包括非人格的宇宙（賽六十五：17），在聖經〈啓示錄〉二十一章1～5節更清晰地說出歷史的終局——歷史的目標就是上帝國的實現。上帝與人同居就述說人與上帝之間的隔離被克服，這種新天新地的歷史觀是根基於相信上帝是創造者的信仰之上，祂是萬物的創造主，萬物要被更新變化，歷史要朝向完成實現，一個和睦團體的上帝國之境界將必呈現。

在此覺得有必要再加以澄清的一個問題是：到底終末是已經實現或還是在將來？一般觀念包括這兩個層面，即「中間時期」（already……not yet），是現在與將來。若以目的論的觀點來看歷史，歷史的目標在某一意義上是在歷史的開端已經開始實現在歷史之中——雖然它還沒有完全實現而需等到它的完成。我們就以一個學生來說明，他立志要做一個老師，做教授是他的目標。這目標在他決定、立志時就已經開始顯現在他的人生當中，直到他進入大學，他還抱持這意向，從中準備，從進入大學再進入研究所，直到他博士畢業並開始教書，那他成為老師的工作就完全實現了。歷史的終局或終末的完全實現是一個過程的、動態的、不斷前進的歷史觀。所以基督教以「基督的事件」與「基督的再臨」解釋歷史，因為基督教的歷史觀是「中間時期」的歷史觀，在現今同時也在將來。歷史的目的是上帝國，這上帝國在現今的「終末教義」歷史中，而等待將來之完全實現。上帝在祂的目的中創造，所以此刻祂的目的就已經呈現了，在歷史過程當中，祂的目的隱含地呈現於其中；但是，當我們環顧四周時，我們會發現祂的目的並沒有完全實現，因為我們還是經驗惡、隔離、爭戰等，但我們不能否認在這混亂中上帝在祂的目的實現活動著。我們的歷史就是上帝國已經來臨，但還未實

現的時期，就是所謂中間時期（already……not yet）的終末觀。什麼時候會到呢？沒有人知道，但也因此基督徒必須儆醒等候，要負起協助實現上帝國的責任。

# 參考書目

Paul Tillich著，盧恩盛譯（1988），《系統神學（卷三）》。台南：東南亞。

王崇堯著（1993年5月），《雷茵霍·尼布爾》。台北：永望。

Kenneth Kramer著，方蕙玲譯（1997），《宗教的死亡藝術》。台北：東大。

司徒焯正著（1983年1月），《近代神學七大路線》。香港：證道。

D. D. Williams著，梁敏夫譯（1990），《近代神學思潮》。香港：基文。

# 註釋

❶其實，我選擇Paul Tillich與Reinhold Niebuhr這兩位神學家並非偶然。雖然Niebuhr對於Tillich的存在神學多有批判，但是兩者在談到「歷史」時，觀點卻變得相近。而且我認為Tillich對「天國」的描述《系統神學（卷三）》頗能呼應Niebuhr的政治神學，甚至可以彌補其終末論的不足。

❷詳見Reinhold Niebuhr, *Revelation and the Meaning of History*, pp. 31～39。

❸Reinhold Niebuhr只提出基督再臨、末日審判與肉體復活三部分，我個人則認為若再加上「上帝國」主題，那麼整個「終末論」將比較完整。而我的立論是站在〈啟示錄〉二十一章「新天新地」的概念，以及Paul Tillich在《系統神學（卷三）》中對「天國」的描述上。關於Niebuhr的分法，詳見王崇堯著（1993年5月），《雷茵霍‧尼布爾》。台北：永望，頁94～96。

❹基督教的《使徒信經》（*Apostle Creed*）中有提到：「他將再來審判活人與死人。」換句話說，基督的再臨是基督徒根本信仰中不可或缺的一部分。

❺例如，〈林前〉一：7；七：29；〈林後〉二：14；十六：22；〈羅〉二：16；十三：11～12，32；〈腓〉一：6，10；三：20；四：5；〈西〉三：4；〈提前〉六：14；〈提後〉一：12，18；四：1，8；〈提多〉二：12～13……等等。另外，〈希伯來書〉、〈彼得前書〉都有相當多經節談論基督的再臨。

❻Niebuhr在其*The Nature and Destiny of Man*中提到，神話是象徵最合宜的媒介（medium），因為它可以讓人藉以瞭解他與無限者的關係，而且又不會破壞永恆與時間之辯證。請參閱*The Nature and Destiny of Man* Vol.II, pp. 287～292。

❼詳見王崇堯著（1993年5月），《雷茵霍‧尼布爾》。台北：永望，頁95。

❽Niebuhr認為：基督是歷史的最後判斷者。因此我們可以知道，人類自我命運的終局便決定於他對於基督所採取的態度。Niebuhr的看法詳見同註❼，p. 290。

❾Niebuhr在其*Beyond Tragedy: Essays on the Christian Interpretation of History*一書中提到，基督徒信仰提供一種盼望，亦即人類存在的矛盾性終將由上帝自己來承擔。而此盼望便是以「復活」來作為象徵：受苦的僕人將以復活來展現最後的勝利。詳見*Beyond Tragedy*, p. 19。

❿詳見Kenneth Kramer著，方蕙玲譯（1997），《宗教的死亡藝術》。台北：東大，頁253。

⓫詳見A. Richardson編著，湯張瓊英、朱信譯，《聖經神學辭彙》。頁258。

⓬詳見司徒焯正（1983年1月），《近代神學七大路線》。香港：證道，頁83。

⓭〈啓示錄〉二十章1～10節：「以後，我看見一位天使從天降下，手持深淵的鑰匙和一條大鎖鏈。他捉住了那龍，那古蛇，就是魔鬼——撒旦，把牠綑起來，共1000年之久；將牠拋到深淵裡，關起來，加上封條，免得牠再迷惑萬民，直到滿了1000年，此後應該釋放牠一個短時辰。我有看見一些寶座，有些人在上面坐著，賜給了他們審判的權柄，他們就是那些爲給耶穌作證，並爲了上帝的話被殺之人的靈魂；還有那些沒有朝拜那獸，也沒有朝拜獸像，並在自己的額上或手上也沒有接受牠印號的人，都活了過來，同基督一起爲王1000年。及至1000年滿了，撒旦就要從監牢裡被釋放出來。牠一出來便去迷惑地上四極的萬民……迷惑他們的魔鬼，也被投入那烈火與硫磺的坑中，就是那獸和那假先知所在的地方；他們必要日夜受苦，至於無窮世。」

⓮「社會福音」運動可追溯到19世紀末自由派神學重視道德問題而引起有關社會倫理的議論。然而真正創立社會福音神學的人，首推美國的饒申布士（Walter Rauschenbusch）。他認爲基督教真正的上帝國便是一種全新的、崇高的社會秩序，而這個社會理想便是基督教會最爲首要的工作。

# 第十章　基督教「拯救」概念初探
## ——反省教義史上的「拯救論」

在傳統教義學的探討之中，大部分都把拯救論放在「基督論」裡面。在基督論裡面區分為對「基督位格」（the person of christ）之研究及「基督工作」（the work of christ）——這便是指拯救——的研究。有關耶穌基督之位格是屬於「本體論」（ontology）的討論範疇，有關耶穌基督的工作則是屬於「功能論」（function）的討論範疇。事實上做這樣的區分只是為了研究之方便，其實兩者是不可區分的。

但是因為有了這樣的區分，所以在基督論之探討上，有些學者便主張只能從工作上著手，來認識基督對我們的意義，因此他們主張功能的基督論而反對本體的基督論，主張功能的基督論的代表性學者即庫爾曼（Oscar Cullmann）❶。但是另外一個神學家費勒（Fuller）對此區分便不太贊成，他認為要對基督的位格與工作作區分就好像一定要問出「先有雞蛋還是先有雞」一樣荒謬❷。因一個人之工作、行動是必然關聯到他的存有，我們的確是從一個人之行動、工作認識到這個人，但是他的行動是發自於他的存有，行動並不單獨存在，所以存有（being）和行動是有「逆理」的關係。我們以耶穌基督的拯救為例：是因為祂是上帝的兒子所以能夠拯救我們，或是因為祂拯救我們所以是上帝的兒子？如果從認識論的角度來說，是因為祂救我們，所以我們認識祂是上帝的兒子；但是從存有的秩序來說，因為祂是上帝的兒子，所以才能救我們，兩者無法隔開。這個逆理的關係，當代學者莫特曼（J. Moltmann）便稱之為「知識秩序」和「存有秩序」的倒轉。

因此，基督論與救贖論不是兩個獨立的教理，而是對同一個信

仰告白──耶穌基督是道成肉身的主──探討的兩種層面。基督論是在述說耶穌基督之角色與本質；救贖論是在述說耶穌基督之工作的意義，兩者是同一個教理的一體兩面。

## 第一節　「拯救」的意義

　　拯救有許多意涵，我們可以從得救的情形或事實──也就是說人要從什麼事情或情況當中得救──來看出其中不同的意義。田立克（Paul Tillich）指出拯救在神學史演進上有幾個不同的涵義。他指出：在早期希臘教父作品中，強調要從死和錯誤中得救，所以拯救對早期希臘教會來說，是要脫離死和錯誤；羅馬天主教則強調要脫離犯罪──今生或來生的犯罪；在古典傳統的新教思想中，拯救是要脫離律法與定罪的力量；而在另外一個敬虔主義的教派，拯救是要克服不敬虔；在新教自由主義（19、20世紀）之中，拯救是要克服特殊性和罪，要逐漸朝向道德完整❸。然後，他又以存在主義神學的立場解釋「拯救」是什麼：「拯救」是「醫治」（healing）──就「拯救」之原始意義以及人類的實存情況，拯救就是醫治的意思❹。高登考夫曼（Golden Kaufmann）雖不是存在主義的學者，但他也同意「拯救」具有「醫治」的意涵。他認為「拯救」乃是指將原來不完整的變成為完整或好轉、使分裂破碎的得到復合，也就是那曾被歪曲或不完全的，現在得到醫治，並且達到適當的實現。在意義上，醫治是將割離的再結合，將分裂的給予一個新的中心，克服神－人之間的分裂，克服人與世界和人與人本身的分裂。

　　有兩個神學字彙對我們瞭解「拯救」很有幫助：一、「贖罪」（atonement）：來自希伯來文kaphar（希臘文為hilaskesthai）。它有兩層意思：「向上帝和好的行為」──挽回，以及「解除罪的行為」──贖罪。前者認為「贖罪」的方法是指向上帝，使上帝的憤怒轉

離（利十六：10；十七：11；撒上二六：19；王下三：16）；而後者則主張「贖罪」的行為是直接對於最本身發生影響（賽六：7；二二：14；二七：9；詩三二：1；六五：3；伯三一：33；箴十七：9）❺。有趣的是，若我們將字拆開成三部分at one ment，可以看出其字意上的意思，即是將分開兩邊或三個以上的聚在一起成為一個；二、「復合」（reconciliation）：是將已疏離的再連合，將已分立的再聚集，把緊張和歪曲的關係帶到和諧的關係，使成為愛和友誼的關係。這包括人與人關係的復合（撒上二九：4；太五：24；林前七：11），以及人與神關係的復合（羅五：1～11；林後五：18以下；西一：20）❻。綜整上述意義，我們可以知道：上帝對人的拯救就是上帝和人的和解，使人與上帝有和諧的關係，取代我們的分裂、背叛、不順從、錯誤、不誠實之實存現象。我們與上帝合宜地聯合在一起，不是說兩者成為一個，兩個還是兩個，只不過兩部分成為和諧的關係，並非兩個成為一個。「拯救」的核心起源問題就是罪，就是人離棄上帝轉向自己。

人不追求上帝的旨意，而尋求自己的利益，其結果就是人把可能過著合上帝旨意的愛的團契的生活，轉變成為相互敵對的生活——這個相互敵對的情況表現在我們生活的各個局面：政治——政治上不公義、不平等、欺壓等，經濟、社會、家庭個人本身、個人之間都有相互敵對的情況產生。問題是：我們要如何把自我中心的情況修正，把相互敵對的情況轉變成為和諧之上帝國，而有正當的關係？

為了改善這樣的狀況，我們可能必須做到兩點：一、必須要上帝的主權要完全確立；二、真實的愛以及自我給予❼必須是成為人與人之間的實際對待內容。達到這兩點才能達到上帝國。傳統的「拯救論」也曾說這兩點，但有時會偏重這一點而忽略那一點。而因著這兩點著重程度的不同，過去那些拯救的理論可能統歸到兩種層面——「客觀的」與「主觀的」。而兩者的區分就在於「拯救」

所發生的改變是在「人之外」或「人之內」上。正統主義者主張拯救之可能是來自於客觀的的改變——即改變來自於人之外，是上帝的恩典才使得拯救得以完成；現代自由神學比較強調主觀的改變——即改變來自於人之內，所謂道德影響說便是屬於主觀的。不過，除了「客觀的拯救論」與「主觀的拯救論」之外，還存在著第三種所謂「古典的拯救論」，以下分別介紹之。

## 第二節　教義史上探討「拯救」的三種類型

　　著名的瑞典信義宗神學家奧廉（Aule'n, 1879～1879）在他的著作《勝利的基督》裡，將傳統的拯救論加以簡要述說。他介紹了中世紀很有名之兩個主教——安瑟倫（Anselm, 1033～1109）與亞伯拉德（Abelard, 1079～1142）來代表客觀與主觀之拯救論，並對他們的思想加以解說，奧廉認為此二人可作為客觀拯救論與主觀之拯救論的代表。我們除了跟隨奧廉的腳步理解這兩位主教的拯救論之外，還要再分別舉兩位當代神學家作為比較，同時加上奧廉本身所強調的「古典論」一起探討。

### 一、客觀的拯救論

　　安瑟倫之拯救論主要記載在他的一本小的著作《為什麼上帝成為人》（*Cus Deus Homos*）中。藉由奧廉的介紹，我們知道安瑟倫這位主教想要用人類理性的基礎來證明道成肉身和贖罪的必要性。他說，人只有透過罪的赦免才能夠獲得拯救，而罪就是人虧欠上帝的榮耀，就是沒有把上帝應該有的尊榮歸給上帝❽。因為人違背了他做為人應該負的義務，所以人犯了罪。為了要維持上帝國的秩序就必須對此做適當的處理，而處理的方法有兩個，就是：一、上帝

的尊榮必須要給予補償；二、對罪要加以處罰。這兩個方法無論用
那個方法都可以維持上帝做為人類之主的榮耀。然而上帝沒有使用
處罰的方法，因為假如上帝使用處罰的方法將會使人類毀滅；人類
滅亡的話，則上帝創造的目的不能實現。所以上帝就採用第一個方
法——「補償」或稱「滿足」的方法。然而所謂的「補償」的方法
是必須要滿足上帝榮耀，這是超乎人類的能力的，因為人所作一切
的好是人應該作的，不能做為補償，只有上帝能夠作。但是，干犯
上帝尊榮的既是人類，作補償的也必須是人類。弔詭的是，「應當」
作補償的是人，能作完全補償的卻只有上帝自己，因此必須有一個
既可代表人類，卻又有無限聖潔的「神人」來解決「贖價」的困
難。耶穌基督就是神人，只有這個神人的「道成肉身」才能補償上
帝的尊榮。什麼是「道成肉身」？就是上帝藉著耶穌成為人，以便
做拯救的工作。這是安瑟倫「補償說」的主要意義，他就是代表客
觀的拯救論。

　　如前面作者曾經說過，這種拯救論之所以被稱為「客觀的」，
主要是強調拯救的可能性是來自於「上帝的恩典」，若此，有一個
神學家便不能不提，那就是卡爾巴特（Karl Barth）。巴特被稱為
「新正統派」，其神學起點便是神與人之間絕對的間隔，而其架構則
完全以基督為中心——其任何教義的開始、核心與結束都是指向耶
穌基督。根據他的看法，上帝進入人類歷史的至大事件，便是耶穌
基督的「十字架」。在此事件中，神之子耶穌進入「異鄉」（far
country），親自承擔了上帝的憤怒與拒絕——這原是有罪的人類應
得的報應。所有的人都包括在耶穌之中，祂同時是被揀選也被棄絕
的人：「所有人自找的被棄絕、所有人當受的神的憤怒、所有人應
當經過的死亡，神對祂對人的愛中，將這一切在永恆裡都轉移到祂
身上，在祂裡面神愛他們，揀選他們，又以祂為他們的元首代替他
們。」❾對巴特而言，「拯救」意指「上帝從永恆之中決定自己付
出重價來赦免人」。

如果我們熟悉「新正統神學」的背景，便可以窺知此派神學家所重視的便是恢復宗教改革時期神學「唯上帝恩典」的重點；也因此可推知路德與加爾文都算是程度上的「客觀拯救論」者。他們共同的觀點是：人的「稱義」起源完全是來自於恩典，因著恩典，人才懂得去「信」耶穌的道成肉身，也才能藉著這個「信」與基督相聯合，並在生活及靈性上逐漸「成聖」。

## 二、主觀的拯救論

亞伯拉德被奧廉歸爲是「主觀拯救論」者，他是主張「道德影響說」的。他的重點是：透過律法的功效，人是不能成爲義的——受保羅觀點之影響；但是在基督裡，上帝顯示祂完全的愛，祂在基督裡取人的性質（格），做人之教師與榜樣，而且忠實直到死。這樣的愛激起我們以愛來回應，此乃道德影響說。藉著我們以愛來回應在基督裡所顯現出的上帝的愛，我們得以與基督聯合、也與鄰人聯合、在一個不可分離的愛中聯合。因此在我們心中所產生的愛成爲贖罪的根基。我們的罪被贖，是由於基督在我心中的愛的工作，所以「拯救」就是上帝差遣祂的兒子到世人中間做爲祂愛的啓示，做爲教師，做爲榜樣。透過這媒介，罪人產生了信心和愛，這愛就是贖罪的根基。這是亞伯拉德的道德影響說，因爲他主張罪人本身的改變，故屬於主觀的拯救論。

亞伯拉德所論及的，是人在道德方面對上帝的回應，19世紀的自由神學很受他的影響，士萊馬赫（Friedrich Schleiermacher, 1768～1834）便是代表。我們要瞭解士萊馬赫的拯救觀之前，得先瞭解其「罪」觀。他認爲罪的意識是「當我們對上帝的意識（知覺），使我們的自我意識成爲痛苦」時便存在了，故罪指的是因「肉體」勝過「精神」而對上帝意識的一種阻止。他反對「亞當原罪」的說法，認爲人性在亞當犯罪之前或之後都沒有改變，人從創世起本來

便有罪惡的傾向，這與人類潛在的對上帝的意識（上帝形象）是並存的——甚至罪惡也是神命定的，以便使救贖成爲必要。而唯有靠著對耶穌的眞正理解與「示範」，人可以從祂那裡得到上帝所傳達的救贖力量。士萊馬赫認爲耶穌是眞正的一個人，如同你我一般。耶穌之超卓不是其「神性」，而是因祂具有對上帝絕對完全倚靠的情感與意識，亦即「對上帝完全的知覺」。因此，耶穌因著其「對上帝完全的知覺」——或稱爲「理想性」（urbildlichkeit）——而成爲「拯救者」，而其拯救工作便是能將此一性質複製到其他人身上——或稱爲「示範性」（vorbildlichkeit）。耶穌的救贖等於藉著典範式的導引，讓信徒對上帝的知覺也得以重新恢復❿。嚴格來說，這並不是一個贖罪理論，而應該算是一種基督徒所經歷的信仰經驗的解說而已。

## 三、古典的拯救論

除了主觀和客觀的拯救向度以外，還有一個向度是超乎主觀與客觀的分類，值得我們加以細心的探討，藉以瞭解拯救在我們現今的意義那就是奧廉極力所強調的「古典拯救論」。在傳統教義神學中，一般把耶穌的工作解釋爲三重職務——先知、祭司、君王的職務。「先知」之職務是屬於主觀的救贖工作——要求人的悔改，以愛回應自己，就是強調祂的道德影響；而「祭司」之職務是屬於客觀的救贖工作——補償人的罪，以自己爲祭物；而從「君王」的職務中我們將可發現，它可以克服先知與祭司之職務之不足。因此以「君王」的向度來理解耶穌的工作，應該可以避免陷於過去客觀、主觀的拯救觀的缺失。而所謂「古典的拯救觀」，就是以耶穌基督的「君王」的職務來說明救贖的意義。這個古典的（classic）對耶穌基督的工作的解釋已經有一千多年了，在20世紀這古典的拯救論曾經再受到神學界的重視。簡單地說，此觀點便是將耶穌基督的工

作看做是在十字架上的勝利，是勝過奴隸人的權勢而把人從奴隸中拯救出來的勝利，是上帝的勝利。

奧廉在另一本書《基督教會的信仰》（*The Faith of the Christian Church*）中有一句話：「我們必須指出十字架在基督徒信仰中占有中心地位，同時也必須強調十字架與基督的整個生平是相關聯的，十字架乃基督之生平與工作之總結。」**⑪**我們認為十字架確實在拯救教理中占中心地位，十字架的意義乃因它是基督生平的最高峰和完成。古典的拯救論並不是教父所開創的理論，因為它已經表達在《新約》當中了。在《新約》裡我們看到耶穌的工作被描述為與困擾人類的邪惡者之戰爭（彼前一：18～19，希伯來二：14～15），戰爭雖是激烈的、代價是昂貴的，但是基督的死的悲劇終究是勝利，勝過奴役人的惡勢力，因為基督為人付出最高代價（腓二：8～11）。奧廉把這種拯救論稱為戲劇性的，在此戲劇中上帝藉著基督的死教世人與自己和好並且合一了（哥後五：19），因此基督的死看起來似乎是最大的悲劇但結果實際是勝利的。所以我們可以說，耶穌為人的錯誤行為而被釘死，但祂復活是為了教我們得以稱義（羅四：25）。人墮落為黑暗的力量所掌管，基督來到這個情況當中而與這個力量爭戰，以十字架的犧牲壓倒性的勝利，為人類帶來拯救與新的力量。換句話說，基督犧牲的勝利帶給我們兩個重要的結果，就是統治那掌管人的邪惡力量，因此人不再在自我和罪的桎梏當中。

## 第三節　對於上述三種拯救論的反省

然而，無論是客觀拯救論或主觀拯救論，都不能全面地說出「拯救」的意義。客觀的拯救論不能充分地強調「存在景況」的意義。麥奎利（John Macquarine）對客觀拯救論批評得很好，他以

一幢房子被燃燒爲例比喻客觀拯救論中人之被拯救，說明人不能由一個完全外在的力量來得到救贖❷。這樣會使得「拯救」這件事成爲「非人格」（non-personal）或「次人格」（sub-personal）的事件。另外，客觀的拯救論具有「向後回顧」的傾向，會不適當地強調一次即止的救贖。這種強調救贖的回顧傾向，將會忽略了拯救也有前瞻的性格——意即救贖是一個繼續不斷的工作。坎貝爾就極爲強調拯救的「未來的一面」，亦即拯救是一個仍在進行且走向完善的事件。❸

另一方面主觀的拯救論也有它嚴重的缺陷，它給人一種印象：救贖只不過是效法基督而已。基督給予我們一個最高的愛的榜樣，我們要跟隨這個榜樣。但是此觀點沒有注意到人類意志的無能和軟弱，這觀點也沒有充分認識到在人類社會中，罪的增加和上升的事實。因此，雖然主觀的拯救論正確地認識到救贖必須是從人格的意義去瞭解，同時是以影響人的生活方式來達到符合拯救，但它仍然是不完全的。無論是「上帝的完全統治」或是「人用眞誠的愛來相互對待」，都是不能分開的，兩者必須同時並重。主觀的拯救論最大的問題是它忽略了「恩典」的重要性，以及對於人性過於樂觀的看法。

Donald Baillie認爲「古典的拯救論」的確克服了主觀與客觀的缺陷，❹古典的拯救論也提供我們一線曙光去認識上帝透過基督之拯救事件的意義。然而古典拯救論的述說，對今天的人是難以理解的，因爲上面所舉的是富有宇宙戰爭的神話觀念的，麥奎利正確地指出奧廉在重建古典拯救觀時的缺陷，乃在於未能認識到「空中權勢力量」之神話背景❺，假如我們認識到聖經神話的世界觀，我們會發現聖經之信息是富有意義的（非神話化）以存在的解釋，是與我們相關的。也許作爲戰爭的第一步勝利，耶穌的「死而復活」已經達成了，但是2000年之後，這種勝利的結果仍十分明顯嗎？事實上，現實的世界似乎將使人感覺灰心；在古典拯救論中力圖調和

「犧牲代贖」與「典範榜樣」的意義，而且要將其與人類生活聯繫起來，但是這一切卻依舊含混不清。如果我們只是單純地理解世界是在惡者和各樣的權勢之掌管之下，又上帝必須在空中與他們交戰，如此可能失去聖經豐富的意義。我們要以非神話化的觀點來重新解釋聖經中基督與惡者爭戰的拯救觀，那就會富有意義，也與我們有關。我們要探取古典的拯救論，但是更要重新在存在的意義上加以解說。

## 第四節　古典拯救論的現代意義

　　我們必須要問：對於我們20世紀的人而言，拯救救贖的意義是什麼？要回答這個問題，必須包括兩個向度：上帝的主權以及人之間真實的愛，而這兩個向度都包括在「上帝國」的認知之中。一方面「上帝國」必須是上帝真正的國度，上帝真實完全地統治祂的世界；另一方面上帝的國度不應被限制是超自然的、超越的或象徵的或他世的，這個國度必須是經驗得到的、與我們歷史中的實際存在相關聯的、是一個真實的愛的存在，所以拯救的教理乃是解釋這在兩個向度之上帝國如何的形成。我們可以用非神話化的觀點來解釋古典的拯救論。首先我們要注意古典拯救論裡宇宙戰爭異象的意義，這必須要從人類實存情況來認真地瞭解，人類是在那被捆綁的實存——非只指政治局面，人類在上帝仇敵的手中。這觀點表明了人類歷史是在邪惡之力的控制下無法掙脫，人沒有能力有效與此情況搏鬥。要從這種枷鎖——包括受苦、繼續挫敗——中獲得拯救，只有以更加地受苦的代價來獲取。這裡所謂的「受苦」不是消極性的，而是與必須奮力與仇敵爭戰。宇宙的戰爭以及破壞的異象是表明人類情況的恐怖，人是在邪惡權勢的掌管下受苦，人必須在這種情況下爭戰來獲取自由。人的受苦將一直持續到最後的勝利和上帝

國來臨在，這之前上帝本身必須受苦。在我們這個世代中，在我們存在之每個局面，好像實際上是在撒旦權勢的掌管之下而傾向邪惡，這好像是無法逃脫的枷鎖。安瑟倫客觀、代贖之拯救觀好像與此無關；而亞伯拉德所謂改變人心之希望又似乎很渺茫。人必須經歷到某些事情，讓他可以相信有一個實際的歷史過程產生，而透過這實際的歷史過程，混亂可以被帶入秩序當中。他們必須能盼望上帝是在我們生活的歷史中，在我們存在中爭戰獲勝，才能展望確信拯救的盼望。所以，我們解釋「拯救」為：將人類不和諧的生命、不和諧的存在情況帶到和諧而進入上帝國；將分裂的、割離的存在轉變成為聯合的、統一的存在；回復與上帝應有的正常關係，回復與其他的人應有的正當關係。

「古典拯救論」中所要表達的中心意義是：上帝的勝利是確實的，祂確實勝過黑暗權勢——雖然還有許多不幸和邪惡依然存在人類實存中（羅八：18、21）。所以，我們現今歷史中所經驗的痛苦，並不是我們相信上帝將達到勝利的基礎，因為現今歷史的證據所給我們的是告訴我們所有一切都趨向錯誤，人的桎梏還沒有被解開。然而基督徒是在盼望中得知，上帝將完成祂的拯救工作來拯救我們。那麼，什麼是讓基督徒賴以相信上帝之統治主權與祂拯救的根基呢？就是上帝在基督裡的拯救行動。上帝在基督裡的全能行動是基督徒信仰的根基，以及祂將完成、實現、解救祂的受造物脫離桎梏。勝利還沒有完全實現，然而在將來將會實現，教會是存在於這個「由混亂變成上帝國」的過程中。而對這樣的確信，是來自於上帝給予祂本身以及祂在基督裡的赦免，是來自於上帝在基督裡的全能主動（羅八：32）。

## 第五節　從政治神學看「拯救」

當我們談到「上帝國」概念時，便免不了談到「政治神學」的觀點。作者在第九章曾提到田立克在《系統神學（卷三）》中對「天國」的特性有如下的描述❿：

1. 天國具有政治性：上帝是最高的統治者。
2. 天國具有社會性：天國是一個充滿和平與公義的社會，當一個社會能具現出這樣的特質時，它便有天國在其中。
3. 天國具有人性：在天國中的人都能親身經歷永恆的觀念與滿足。
4. 天國具有普世性：天國的福分是屬於全人類的。

我們若依循這種看法，雖然就一個宗教而言，基督教並沒有比其他宗教高超，基督徒也沒有比其他宗教的信徒更公義。但是，由於基督教所高舉的基督是「終極的」（ultimate），所以基督教可以為人類世界指出一個終極目標——上帝國。這國度之中有上帝看為標準的社會與政治的制度，同時當它（上帝國）降臨時將以此制度審判現今所有不公的政權和社會模式。

那麼，基督的工作在其中又占了什麼地位呢？我們可依「古典拯救論」來作為思維脈絡。上帝對這世界的旨意在基督身上具體化了：基督耶穌不論是在世上的傳道工作，抑或受苦而復活，都是以其「生與死」來對抗宇宙間一切的惡勢力，並應許新制度的來臨。這惡勢力尤其指世界的反動、不公、壓制、不平等、偏見、歧視等勢力。這樣的思維可以為我們指出一個重要的信仰盲點：一個人的經濟與政治立場往往無形之中規定了他接受福音的心態，以及他如何回應上帝的話——我們常常是以自己的政治與經濟意識型態來接

受基督並詮釋聖經。因此，必須拋除自己的利益與意識型態，像耶穌基督一樣，對於困苦受壓制者的呼聲作敏銳的回應。

不過，若就政治神學層面來看「拯救」的意義，也必須小心一些危險：一、我們不能簡單地將耶穌的救贖與社會制度的革新草率地等同起來，事實上，人類的實際需要遠遠大於社會的革新工程；二、也不能只強調關心窮人與弱勢者而忽略了上帝其實也會審判窮人與弱勢者，同理，上帝為窮人而死，也為欺壓者而死——我們不能輕率地將「拯救工作」作為「道德表現」的酬庸；三、我們也不可以忘記「拯救」與「重生」其實是一體的，其中最重要的，還是聖靈的工作——沒有聖靈在其中，我們只不過是將一個沒有制度的「罪惡社會」轉變成另一個較有制度的「罪惡社會」而已。

## 結論——一個整理

從上述的說明，我們可以將「拯救」與「終末」的關係加以整合陳述，到底在2000年前的基督事件的「終末」意義是什麼？我們若把2000年前發生的事件看為是在歷史中開啟的拯救過程，那麼我們可看出它的意義：將人的背叛與被奴役改變為順服創造主而成為自由的，透過這個過程上帝與祂的聖靈滲透在人類的歷史中改變了人的自由，將爭戰的存在改變成為愛的團契的存在。基督徒的盼望是盼望教會會真正成為這個愛的團契。這並不是由於其歷史生命所使然而是上帝拯救的旨意（恩典）。基督是歷史的中心，因為透過祂，上帝國在真實歷史之中才成為可能。然而這不是一件輕易的拯救，假如這世界要真正成為祂的國度的話，就包含著上帝的受苦與犧牲以及人的受苦與犧牲。但是我們沒有理由去設想到底我們本身，或者我們的子孫們會看到這個國度的完成。這種受苦與犧牲並不僅只是受苦與犧牲，它是具有新的意義的，也是上帝拯救世界的

象徵。這個盼望只是當人類歷史眞正的被改變爲上帝國時，這個盼望才是確實的。耶穌對上帝的順服可說是上帝主權在人類歷史中眞實的重新確立，這是上帝國在人類的實在中建立的開始，是整個人類更新變化的開始。從這歷史的轉捩點將達成上帝在歷史中的完全統治。以這種歷史之現實意義上而言，基督可說是第二亞當（林前十五：45～49；羅五：12～21）、是新人性（新人類），祂是新人類實際歷史的開端，是形成上帝國的團體的開端——正如亞當是舊人類（人性）之開始。在祂（基督）裡面人與上帝是和諧的。在耶穌的十字架事件之中，拯救已經開始了，藉著祂的死和復活，上帝的愛眞正進入人類歷史中，成爲歷史進程的新要素。沒有祂，人就不能與上帝和諧地在一起，不能和神復合。透過基督的拯救對我們今日終末的意義是什麼呢？答案便是上帝來到人類當中，透過基督與人復合，基督的死和復活保證上帝對我們的主權；同時，也給予我們盼望將完成勝利的一個根基，在基督裡人類實存所陷入的不和諧和混亂，將被回復帶入上帝國當中。

# 參考書目

奧廉著，湯清譯（1951），《勝利的基督》。香港：信義會書報部。

麥奎利著，何光滬譯（1998），《基督教神學原理》。香港：漢語基
　督教文化研究所。

D. M. Baillie著，周天和譯（1964），《神在基督裡》。香港：基
　文。

J. R. W. Stott著，劉良淑譯（1990），《當代基督十架》。台北：校
　園。

# 註釋

❶庫爾曼（Oscar Cullmann）是德國的新約學者。他在其所著（1957），《新約的基督論》（*Die Christologie des Neuen Testaments*）書中，從耶穌的角色與工作內容來探討基督的屬性，所以算是功能性基督論者。《新約的基督論》已於1959年被譯為英文。即*The Christology of the New Testament*, Trans. by Shirley C. Guthrie and Charles A. M. Hall, London: SCM Press LTD.

❷費勒（Reginald H. Fuller）（1965），《新約基督論的建立》（*The foundation of New Testament Cristology*）, New York: Charles Scribner's sons, pp. 182～202中便強調如此劃分的不適當性；另外在他的另一本書（1956），《耶穌的使命與成就》（*The Mission and Achievement of Jesus*）, Chicago: Alec R. Allenson, INC. 之「導言」,pp. 13～19中亦可見此想法。

❸詳見Paul Tillich原著，鄭華志譯，宋泉盛修訂（1988年10月），《系統神學（卷二）》。台南：東南亞神學院協會台灣分會，頁211～213。

❹Tillich以「新存有」的角度來提出「拯救」內在含有「醫治」的性格。他認為是對舊存有的矯正與對新存有的轉移。在這裡的「新存有」指的是因著耶穌降臨而為人類帶來的「新人格」——「存在與本質相合一的新人格」。詳見同註❸，頁212（拯救），與頁150～154（新存有）。

❺前者常與「赦免」、「饒恕」、「開恩可憐」通用；而後者有時也常譯為「遮蓋」、「除去」、「塗抹」等意。詳見A. Richardson編著，湯張瓊英、朱信譯，《聖經神學辭彙》。「贖罪」。頁36～37。

❻詳見趙中輝編，《神學名詞辭典》。條目1470「復合」，頁309。

❼自我給予—犧牲（只是限於犧牲而已），但不是完全給別人，活出自己的能力，不只是為自己，不是自私自利的發展。

❽詳見奧廉著，湯清譯（1951），《勝利的基督》。香港：信義會書報部，頁111～113。

❾Karl Barth（1975）. *Church Dogmatics II/2, The Doctrine of God, Part 2*, trans. G. W. Bromiley et al., Edinburgh: T.&T. Clark, p. 123.

❿Friedrich Schleiermache（1928）. *The Christian Faith*, 2nd ed., ed. H. R. Mackintosh and J. S. Stewart, Philadelphia: Fortress, p. 425.

⓫G. Aulen著，謝受靈、王敬軒等譯（1964年8月），《基督教會的信仰》（*The Faith of the Christian Church*）。香港：道聲，頁205。

⓬詳見麥奎利著，何光滬譯（1998），《基督教神學原理》。香港：漢語基督教文化研究所，頁414。

❸詳見同註❷，頁420。

❹詳見D. M. Baillie著，周天和譯（1964），《神在基督裡》。香港：基文，頁
200～201。

❺詳見同註❷，頁417。

❻詳見司徒焯正（1983年1月），《近代神學七大路線》。香港：證道，頁83。

# 第十一章　理想的教會——
## 從Letty M. Russell的觀點來反省基督教教會觀

　　今日台灣的教會面臨了一個危機，將自己之宗派，甚至自己之教會（local church）視爲一個整體。以此作爲和其他人區分之標準，「我的」教派，「我的」教會。從「我」也隱含有另一個概念——「非我的」、「其它的」。這樣的分別可能有兩種層面因素：一、傳統對於教會之定位先瞭解什麼是教會？有了定義才有功能。然而所謂「定義」（definition）事實上便框住了教會之實質內涵，教會不能做「定義以外」的事；二、台灣人本身就有極強烈的「地域性」性格，由於台灣是屬移民文化，較爲自私自利，地緣觀念重，故很團結於自己所認同的社群中。相對地，「排他性」較爲強烈，很難接受「非本社群」的人，或事物進入，更不必談將自己開放出來了。

　　這樣子的「限制性」不只存在於我們教派之間或教會之間，也存在於教會內部的組織，和教會各分子角色的定位上。這種「自我中心」的意識落實於教會內在結構中，就變成了「分黨派」、「階級分明」，以及「少數人把持教會權力」了。

　　羅素・雷特利（以下簡稱羅素）是很批判此種類型的教會的。她在著作《夥伴關係的前景》（*The Future of Partnership*）中提到了：「在我們與上帝和其他人同行的旅程中，我們發現的不是一個夥伴而是許多夥伴。沒有誰是孤立的……。」❶本書把基督徒的關係說成是耶穌基督爲了別人而解放人們的共同歷史中新關係的中心。

　　這種開放性的看法也正是她提出「開放的教會學」（open ecclesiology）的思想脈絡。以下就羅素之某些關鍵性看法來反省我們的教會觀，並提出自己某些見解。

## 第一節　羅素的開放教會學

羅素在其所著《女權主義者眼中之人類解放：一種神學》（*Human Liberation in a Feminist Perspective*）一書中有關「宗教對談」（Communion in Dialogue）之篇章中談到了「開放的教會學」（open ecclesiology——a part for the whole）。換句話說，除了重視自己教會教派發展之外，更應體認到我們原本自滿的「整體」（whole），事實上只是「為了整體而有的部分」（a part for the whole）。從此句話，我們可以很清楚看到「為了整體而有的部分」，此「部分」之意義是來自於「整體」，而其存在是因著「整體」而存在。教會所應注重視其使命（mission）而非定義。

羅素一再強調一句話：「沒有牆的教會」（the church has no walls）。這裡的牆指的是「封閉的圈圈」（close circle）。教會應有的「圈子」應該是一種「開放的圈圈」（opening circle），這個「開放的圈圈」應該開放到足以讓其他人參與基督救贖工作的核心。因此，開放的教會要有三個向度：一、向世界開放；二、向他人（教派、宗教）開放；三、向未來開放。

從此三向度來看，今日之教會必須有「入世之思想」，無論傳教方式或信息內容必須針對世界之現狀，以言行來作見證。而且我們的教會應更有包容性，不能有「只有我們才能得救」，「只有我們的宗派才是真主蒙召之宗派」的心態，因為使人得救的是耶穌基督，而非指教會這個組織。羅素並以〈創世記〉九章12～13挪亞之故事為例，以虹來象徵教會。我們應在基督耶穌的理由下，使整個人類和宗教合一。這樣的合一也應以上帝在歷史中不斷的救贖作展望。由於上帝的工作和應許是貫穿整個歷史的，祂也必在未來向我們召喚。也因此，教會必須具有「未來性」❷。莫特曼謂教會應是

「不斷解放的團體」（exodus community），必須從極權、因循之地走出來，向著祝福之地開展，也懷著希望向未來開展。

## 第二節　今日教會本質與結構之反省──What is today's church?

所謂本質（essence）指的便是組成事物的基本元素，並使此物和他物有別。依照我們的認識，教會應是「接受基督之呼召、願意透過愛與服務的生活來回應上帝的呼召，並聚集在神明下的人組成之共同體」❸。故其本質有如下特性：

1. 獨一性（unam ecclesiam）：指教會在「一主、一信、一洗」之下，本質上都屬於唯一的「上帝的教會」。
2. 聖潔性（sancta ecclesiam）：「聖潔」意即「分別」代表教會起源和目標和其他社團皆不同，應「不屬於此世界」（約十七：16〜18）。
3. 普世性（ecclesia catholica）：或謂「大公性」。指教會是一普世性團契，是不分時代地域，和「獨一性」有相同內涵。
4. 聖徒的團契（communio sanctorum）：此即等於教會之定義。

從以上之定義我們來反省今日台灣教會所通有之「教會論」。我們將就外在和內在兩方面來探討。

### 一、就外在言之──指的是教會之間，教派之間，宗教之間

就教會之間而言，在一般談論到教會時，我們常會講「我們教會」怎樣怎樣；「你們教會」怎樣怎樣；會比較教會之知名度、財產、信徒人數、牧師之程度、活動率多寡……，有很強之「競爭性

格」。教會的活動以「休閒活動」為主，而真正促進「信仰」生命的卻不多；當其他教會來自己教會募捐時，教會和信徒之態度常常不夠積極，這是教會常有的現象。就教派之間，我們和其他教派看信徒在聊天時，多會討論彼此之差異，或從教派之不同點談起，而不會談及相同的地方，這樣常會造成彼此之間的歧見，而把自己之教派規條信奉成「意識型態」（ideology）❹認為唯有自己之宗派所主張的才是對的，甚至和我們有相當差異的部分就被我們認為是「異端」（heresy）！宗教之間更為明顯，我們一直強調基督教是個「排他性」很強的宗教，因此會習慣把基督教絕對化。任何其他宗教的信徒不可能得救，也不願他們得救（除非他們悔改信主）。也根本不願與之對談，或承認他們之教義中含有可得救的部分，只是全盤否定。以上所言，我們可以很清楚，「獨一性」被解釋成「自我中心」；「聖潔性」成為「排他性」，是自我高舉耶穌之救恩似乎得透過宗派的主張才能實現。「聖徒的團契」被解釋成「唯有基督徒才能進來」的團體，教會的形象變成在青翠山上飄揚著鐘聲的美麗建築，召喚著人去做禮拜；教師、長執是穿著漂漂亮亮，站在教堂門口和人握手道平安的紳士，因為「教會是不屬於世界的」！換句話說，今日的「教會觀」把世界分為兩部分——「義人的世界」和「罪人的世界」。「義人的世界」即是教會，義人不能等同於罪人的世界，而要拉拔罪人成為義人。

## 二、就內在言之——就是教會之內部組織和制度

任何一個基督教宗派皆有組織，尤其是愈大愈「正統」愈老的教團，其組織尤為複雜健全。然而我們可以知道「組織」應同時來自「功能」和「定義」，亦即教會的組織必須根據教會的任務和教會的本質。然而今日教會之組織結構卻更多來自於「本質」。以「長老宗」為例：我們強調「萬民皆祭司」、「聖經乃唯一標準」、

「上帝之主權」、「榮耀只歸上帝」、「代議政治」為長老宗的重要特性，是故我們的組織多根據我們的特性來設置。在早先我們也的確曾以教會傳教之需要而成立若干組織，但一旦成立已久，就容易形式化。由此看來，「定義」等於限制，而從「定義」而來的組織系統容易「僵化」。雖然我們的組織亦有來自教會工作需要，然而日子一久，這種工作需要又成了一種「定義」。從另一個角度而言，今日教會之組織如同「金字塔」，在定義的系統下往上建造，或許針對社會需要，或許在於其他問題，但一旦建造之後，卻又成為基礎。如同金字塔一般，抽掉其中任一個石頭，整座塔便塌掉了，組織之改善只在比較上面之少數石頭，底層之基礎都不能動，而「定義」本身的問題影響了整個教團，卻永遠無法解決。

由以上探討得知，教會現在今日整個被狹義化了。今日的教會把「守成」和「指導」看得比「發展」及「學習」來得重要。教會增長的指標在於信徒人數的增加、教會數目的增多。當教會從事外在政治、社會的關懷和改革時，是否也應同時進行內在體制、組織的「活化」呢？

## 第三節　再反省與建言──What should today's church be?

我極願意再來探索羅素所說的「pars pro toto」的意義。我們都知道，也都同意教會是由主耶穌基督所設立，然而設立來做什麼呢？從「pars pro toto」我們可以獲得一些啟示。

「pars pro toto」即「a part for the whole」，我們就「the whole」、「a part」及「for」三字加以分析。

1.「the whole」指的是一個整體，有三個層次：一、世界（the whole）；二、人類（human being）；三、歷史（history）。

世界的層次又包含了文化（culture）和自然（nature）；人類的層次除了自我之外便是他人（other）；歷史層面便是過去（past）、現在（now）和未來（future）。而整體本身便含有「合一」、「目的」（goal）之意涵，換句話說，整個世界（文化或自然），整個人類，和整個歷史，都是我們應該積極參與的對象。

2.「a part」是整體的部分。這個字本身便又隱含了「依賴」（dependent）「在……之內」（inside）的意思。換句話說，教會必須體認到自己指示上帝所造這個世界的一部分，是存在於世界之中，是世界的一個元素。也因此，教會不應只是建在高高的山上，飄著和平嘹亮的鐘聲，而應在建立在貧民窟、妓女戶、監獄、原住民中，在爲公義遊行的人群中、在缺乏的人當中；我們的牧長不是只是西裝筆挺，只會握手道平安的紳士，而應是捲起袖子褲管，爲所有人類流汗流血的勇士。世界的分法不應是「罪人」和「義人」，而是「已接受救贖」和「尚未接受救贖的」。教會的結構應就我們的任務而時時調整具有前瞻性和生命性。就「a part」之角色而言，必須盡自己在「the whole」中之責任，同時吸取自己缺乏處。故教會本身就是世界的一部分而言，是應具有「動態性」和「進化」（evolution）的。

3.「for」這個字聯繫了教會和這個世界的關係，教會並不是高高在上，「教會不屬於這個世界」應瞭解爲「教會不應隨著世界的敗壞」，而不是「教會應從世界分別出來」。因爲教會既在世界之內，又依存於世界、自然以上帝的旨意來服務世界。

於是從「a part for the whole」來反省我們的教會觀，之前在前言中曾說過，相反於「開放性」的，今日教會是相當「自限」的，有相當濃厚「自我中心」的思想。於是，我們應教育信徒一個信

念：「我們應會傳揚基督，而非基督教。」和其他宗教和教派對談之時，應從彼此之共同點出發，尤其試著找出其他宗教中「上帝」的成分。又把「獨一的」教會認識成「合一的」教會。因為能「獨一」的只有耶穌基督，所有的教會都應在這個基礎下合一。當然，我們也必須先克服我們台灣人本身性格上的阻礙（如前言所說），以更謙虛的態度承認自己的教會教派只是整體社會中的一部分，必須付出，必須學習，而不是只想要指導。我們的工作必須向整個存在界，向整個歷史開放❺！

在我們內在的組織方面，必須致力我們結構的活性化。首先必須先重新詮釋已固定的階級性、長執必須流動，職位和全力需再定位。在教育信徒之際，傳道人也應有正確的神職概念。「福音2000年增長運動」的增長指標，應超越指示「信徒數」和「教會數」的看法。也唯有我們先從教會內部開放起，之後教會間、宗派間、宗教間才能真正體認出彼此之相關性和互動性。

最後，要再強調的是，所有的「開放」，都是基於耶穌基督的信仰。教會宗派和基督教，是救恩的一條途徑，而非「意識型態」，如此，教會才能真正成為「a part for the whole」！

# 參考書目

Letty M. Russell（1974）. *Human Liberation in a Feminist Perspective*
　　—— *A Theology*, Philadelphia: The Westminster Press.

Deanne William Ferm 著，趙月瑟譯（1990），《當代美洲神學》
　　（*Cotemporary American Theologies*）。四川：四川人民。

台灣基督長老教會總會教育委員會編（1986年7月），再版，《焚而
　　不毀》。台北：人光。

Sydney Cave著，趙扶雅譯（1958），再版，《基督教與現代問
　　題》。香港，文藝。

# 註釋

❶此書於1979年出版於費城的威斯敏斯特出版社，此段話記於書中頁15～
16，我由Deanne William Ferm著，趙月瑟譯（1990），《當代美洲神學》
（*Cotemporary American Theologies*）。頁121節錄出來。

❷羅素提出了一個詞「預知的教會主義」（anticipatory ecumenism）又說：
"As pars pro toto, the church lives on behalf of the future of humanity and thus
seeks to live as if that the future were already here." 詳見*Human Liberation in a
Feminist Perspective*, p. 163。

❸以下本質和特性皆摘錄自《焚而不毀——台灣基督長老教會信徒訓練手
冊》，頁4～5。

❹「意識型態」（ideology），按當代德國社會批判學派（或稱法蘭克福學派）
之瞭解，當我們提出一個理論，且謂其為普遍的，必然有效的，永遠不錯
的，並欲以此控制人或思想而實踐出來時，此便謂之意識型態。

❺羅素曾提到Kung寫過一段話，作者覺得最後代表此思想，茲節錄之：
"Every human being is under God's grace and can be saved……and we may
hope that everyone is. Every world religion is under God's grace and can be a
way of salvation……and we may hope that everyone is." 見同註❷，p. 162。

# 第十二章 「十誡」的倫理意義
## ——Claus Westermann觀點之理解與反省

Claus Westermann在其所著的《舊約神學要素》（*Elements of Old Testamenet Theology*）中曾提到：「舊約提到的有關上帝作爲的種種要素，只能在（人對上帝—引者按）回應中找到，故它（回應）是構成舊約神學不可或缺的要素。」❶的確，「回應」是開啓神人關係的鑰匙之一——無論是以語言文字（in words），還是以行動（in action）。

在以行動作爲對上帝作爲或指示之回應的這個範圍中，包含了兩層重要的內容：一、守誡命及律法（commandments and law）；二、崇拜（worship）。前者是聖經中上帝首先對人說的話（在創造故事中上帝也曾以命令的語氣說「要有光」，之後對亞當說話也是以吃果子的禁令開始），之後才是應許的話，兩者常連在一起。在舊約中，此兩者成爲上帝話語的大部分❷。

本章所要探討的主題便是誡命中有關「十誡」（decalogue）所奠定的倫理意義。基本上，還是以Claus Westermann的《舊約神學要素》爲主軸，旁及一些相關資料的補充。就內容而言，先討論舊約中誡命與律法的關係，藉以明白「十誡」的一些基本性質；再討論「十誡」的形成及其問題，以瞭解它和以色列人的關係。之後討論其倫理意義，此部分將就其宗教基礎、禁令形式進入其奠定的倫理意義，進而論及其中有關形象禁令之意義，結論提及它和新約之關係，盼能獲得一個新視野。

## 第一節　舊約中誡命與律法的關係

一般人常把誡命（commandments）和律法（law）混爲一談。但在Westermann的看法中，兩者卻是有區別的，在舊約中更是可以明白清楚地看出。Westermann指出這兩者之中有三種主要的區別❸：

### 一、在「形式」方面

誡命（或禁令）都只是上帝直接單一地對人民陳述：「你們不能……。」而律法卻具有「假設情況」和「相應結果」兩個陳述：「當任何人做了……，則就會……。」前者可視爲上帝直接命令之行動；後者卻和人類的風俗組織分不開，因它帶有類似民法（civil-legal）的罰責（punishment）。

### 二、在「傳達的方式」上

誡命之傳達主要（也只要）是在聚會或慶典中由祭司或中保者（如摩西）說出；而律法則是包含了非宗教性的範圍，結合了某些個別的法律團體或特定範圍的法規，在那些律法組織的脈絡中傳達出來。例如，以出埃及記二十章到二十三章的「西乃故事」（sinai narrative）中，十誡是上帝傳給以色列人的；而二十一至二十三章中的「約法」（covenant code）則是在土地獲得後由一些獨立的創作加起來。

## 三、第三個區別是和「形式」有關

　　誡命既是上帝直接立即的話，而且在崇拜中使用。而律法則和人的組織有關，而且具有兩部分的形式——「假設情況」和「相應結果」，故律法有可能會常有變更。因它依存的是人的團體形式；而誡命就不常有這樣的改變，例如，十誡也許有稍微的更迭，但絕不像我們在律法上所看到的那樣。

　　不過，上述的區別卻主要是在十誡和約法（主要在西乃的故事）可明顯見到，在整個舊約中卻不必然分別得如此清楚。在後來的時期，例如，在「申命記法典」，或祭司頒布的法律中，這些區分幾乎完全湮沒了，因為律法結合了祭司的法典（priestly code）後，這些律法也被視為上帝的話了。

　　另外還有一個重要的概念澄清，就是律法的概念在新、舊約的救贖工作中占了一個很重要的角色。在新約，尤其是約翰和保羅的書信中把律法和基督當作獲得救贖的兩種對比的過程。不過在舊約，律法也從未被認為是得到救贖的方法；在〈申命記〉中，固守誡命律法是得到上帝祝福（blessing）的條件，而非得到救贖（saving）的條件❹。也因此，在西乃山所頒布的誡律（decalogue and covenant code）放在於自埃及解放的敘述之後，代表了那是對上帝救贖行為的回應。

　　至此，我們便可稍微理解十誡作為誡命的一些基本形式。十誡是將上帝的命令作為一個誡命系列的定式，其內容是上帝直接傳達給人的，故其具有普遍性和永恆性。以色列族群之中，無論律法、宗教禮儀、社會組織，生活之任何合法的改變都不能超出這個誡命的範圍。以色列為了紀念上帝拯救的恩典，故執守這誡命來作為回應上帝的行動；同時他們也深信因著固守誡命，上帝才會不斷賜福給他們。

## 第二節　十誡之形成及其問題

　　基本上，我們必須緊扣著上一節提到的一個重要觀念：十誡不是以色列人宗教的產品，而是上帝的啓示，是上帝的命令，人遵守之來回應上帝的恩典。根據這樣的看法，我們才可以對於十誡的形成以及其考據上的問題有一個較爲肯定的瞭解。

　　一般歷史批判學者對於十誡形成的爭議，主要放在「宗教環境」和「社會道德」的性質。十誡裡面所表現出的性質似乎不太像摩西時代的宗教和道德水準，於是有些學者便主張十誡不是摩西時代的產品；或有些誡條不是來自摩西；甚至有些人認爲它是主前7世紀之後的產品，也許在瑪拿西時代寫成的❺。

　　我們應可同意現存在〈出埃及記〉二十一章1～17節及〈申命記〉五章6～21節中之十誡形式應該是一個長期演變的結果。的確，在曠野漂流時期，以色列人的宗教水準並不高，也許不能形成如此的十誡形式❻。事實上，在此時上帝的吩咐是藉由摩西等人傳達至以色列人，而且是在某種情況下頒布的。對以色列人而言，尚未形成穩固且永久有效的誡命。當定居迦南，有了穩固生活之後，行之久遠的誡命和律法就變成必需的了。尤其當王國分裂後，爲了節制王權，故藉由熟悉摩西律法的學者來整理當時的法律，把上帝的吩咐以十條誡命的方式呈現出來，作爲當時法律系統的綜合。上帝的命令不再受情境限制，在任何時刻皆可適用於任何人，這是「十誡」的原型。北王國被滅，「十誡」傳入南國，且爲申命記學者所吸收；至南國被滅時，一些祭司以歷史回溯的方式將之變成爲一「約法」形式，並與出埃及的事件結合，而成爲今日的十誡❼。

　　在上述的陳述中，我們約略可以整理出「十誡」的一個看法：它之成爲現今形式的十誡是漸進的，但它還是上帝所吩咐的，也許

在漂流曠野時期上帝命令是和以色列人當時情境有關。但是，我們應記得以色列人的歷史是上帝所蓄意創造的，他們遭遇的情境也都是上帝的旨意。也許摩西時代的以色列人並不那麼看重道德生活作為信仰核心（因前述有不少學者認為「十誡」中的道德水準不可能在當時被達成），但我們卻不能斷言上帝不會在早期就要求百姓去重視道德生活的重要性。作為誡命，「十誡」事實上是被以色列人認同為上帝直接傳達給他們的命令。也許原來的樣子只是簡單而濃縮的吩咐，也許原來只有一兩個（或三個）命令，後來才陸續增加至十個（甚至十二個）命令。在這個過程中，陸續增加是人的整理，但內容仍是上帝的啟示。

## 第三節　十誡所奠定的倫理意義

　　十誡既是被以色列人，甚至今日的基督徒視為道德倫理的基礎，以色列人藉著遵守十誡來與上帝建立一種本於道德基礎的「約法」關係，它必有其特殊的倫理範圍；而作為上帝拯救行為的誡命，它的倫理意義也必有其宗教意義。以下就幾點說明：一、宗教基礎；二、禁令形式的反省；三、倫理意義；四、有關於「形象的禁令」（the prohibition of image）等四部分來作討論。不過，基本上仍以Westermann的主張以及他對於十誡的分法──傳統的引言及首誡──為主。

### 一、十誡的宗教基礎

　　按照Westermann的看法，十誡之首誡一開始便提到了上帝如何愛以色列人，把他們從埃及為奴之家領出，拯救了祂的子民。故它不是純粹的道德規條，道德生活變成上帝的救贖行動的產品，在它

背後有上帝恩典作爲源頭。我們從「十誡」本身也可隱約看到這樣的情形:十誡的前四誡是有關宗教方面的誡命,而且用很長的篇幅加以說明。在十誡中的第一條、第二條(或包含第三條)誡命是最主要的誡命,在歷史及誡命傳統中都不會改變,它們說明了以色列和上帝永恆不變的關係。就算加入其它的誡命也不會改變其重要意義。可見對上帝的認同才是誡命意義的所在。

整體言之,在十誡的宗教基礎中,它是一個來自上帝的「約法」,而且有強烈的獨一神主義。它不是由人訂立的。換言之,要廢棄之惟有上帝才能作到,人藉著固守誡命來回應上帝的愛,而繼續領受祝福(「申命記史典」學者認爲恪守誡命才能延續王國及聖殿的禮拜)。後六誡雖看似與鄰居有關,是人與人之間的關係,自有其意義,但它們仍是在上帝的吩咐中,是上帝要保守他們遠離罪行。惟有眞心愛主,眞正領受上帝愛的人,才能從心中趕出犯罪的慾念,而以純眞聖潔的行爲來作爲回應。更進一步來說,以色列人遵守十誡,不只是在行道德倫理,更是在走上帝教導的路,惟有遵行上帝旨意的人,才能不斷領受祝福!

## 二、十誡禁令形式的反省

十誡的形式大多數是否定律的形式(你不可如何……),若有肯定形式的出現(例如,守安息日及孝敬父母),也是涵有禁止或否定的成分(例如,不可在安息日做工及不可不顧父母),而且是以否定形式作爲肯定形式的原形。相信這種否定形式不是消極的用法,只是希伯來語文的特殊措詞,它更涵有積極肯定的意味:一方面那使人有較大的自由和彈性;另一方面也保障正面行爲的價值──「不可殺人」肯定了生命;「不可姦淫」肯定了人格價值……。每個人皆有不能逾越的行爲限度,整個團體也一樣有不能逾越的行爲限度。而且這禁令形式不只規範了人外在行爲,也強調內在

動機的限度，例如，最後一誡「不可貪戀……」。

　　禁令的形式表達了上帝絕對權威的命令。當以色列人開始有了穩固的生活形式後，這些禁令要求他們信仰的純正；也同時保護人基本的生存免於受侵害的危險。W. C. Kaiser提到「十誡」中的三個肯定形式的命令：「我是耶和華你的上帝。」（出二十：2）、「紀念安息日。」（二十：8）、「當孝敬父母。」（二十：12）是可作爲基礎，作爲支配其他七誡之用❽。但作者卻認爲十誡原本便皆是以否定形式存在，作爲一整體，以對耶和華信仰及服事爲基礎核心（因道德的動機在於宗教），而無所謂的支配與被支配的地位差異。

## 三、十誡的倫理意義

　　在討論這麼多內容之後，我們可以大略看出十誡所奠定的倫理意義，並開始進行討論：

1. 「十誡」所針對的道德責任是和社會有關的。這裡面所提到的道德不只是個人日常生活活動，更是和有穩定生活形式的人類團體有關。其功能是要指出避免危害整個團體而不能違反之行爲限度。基本上，那和保全整體社會是平行一致的。

2. 「十誡」具有教育的功能，那和一般的法律不同。我們從它是在聚會（宗教的）場合被宣讀，便可理解其已具有教導的功能了。詩篇一百一十九篇是專門討論上帝誡律的一篇，人求上帝教導祂的律例，好遵行其眞理，而且這是出自內心的喜悅來遵行，並非奴隸般懼怕。換句話說，誡命是上帝的教訓，這教訓引導人朝向上帝，並在其中得到喜悅。

3. 在「十誡」中，人與人的關係和與上帝的關係相結合。十誡是以上帝和人的關係爲核心。在我的理解中，若以「創造」的角度來理解會更爲清楚：人既是上帝以祂的形象所造，人

則是分享了上帝的存在，而且屬於上帝。換句話說，人一思考其存在，便要想到他的生命是因上帝不斷祝福創造而延續——這由首誡提到上帝自埃及解放以色列人的歷史事件可以清楚地看出。故人一方面從存在的層次上理解上帝是「我們的上帝」；一方面從歷史事件上知道上帝是「拯救我們的上帝」。為了回應上帝的拯救，人便有愛神敬神的義務。而後來與之結合的誡命（與人有關的），也同樣是「由神而人」來作基礎。「孝敬父母」的誡命連在對神和對人的誡命之間。基本上便是由於其社會結構是由「家庭」起始，「父親」是承受上帝命令的人（在族長故事便很清楚）。於是尊敬父母便等於尊敬上帝在世上之代言人。其他的誡命基於對人具有神的形象之尊重，以及為維持團體——就以色列人而言是上帝揀選拯救的團體——之安全存在必須有適當的行為限制。因為人與上帝的關係失常時，與人的關係也不能正常（約一四：19～21）。同樣地，人若與人的關係產生問題，則和上帝的關係也不能正常，這在創世紀三至四章便可看出了。

4. 「十誡」是作為律法的總綱。我們可以看出在〈出埃及記〉二十一章至二十三章中記載之約法，雖然是在定居迦南之後慢慢發展而出的❾，但其內容幾乎是對十誡的內容作詳盡的說明。在〈申命記〉中之法典（十二章至二十六章）是王國時期的產品。但其內容以可以歸納於「十誡」內容中，而更注重道德和宗教的敬虔：〈利未記〉的聖約（holiness code）（利未記十七至二十六章）注重聖潔——包括對上帝的敬虔（禮儀的聖潔）和道德要求（行為的聖潔）。除了禮儀律法——或稱祭司法——在「十誡」沒提過之外，幾乎其他的律法都能被十誡所慨括，可見十誡可作為律法的總綱。

5. 對於早期以色列人而言，誡命代表了真理與恩典——因為是

以出埃及事件作爲前提，且因著遵守之而領受更多恩典。在〈詩篇〉中，詩人對於上帝的命令之回應是：「比金子更羨慕…，比蜜甘甜……」（詩十九：10），行誡命不是重擔或難過抑制的事，而是美味甘貽的。因爲上帝的吩咐便是真實，是不變的生活與社會的指標。在〈詩篇〉十九篇中我們可以看出古以色列人認爲誡律——上帝的律例——是光亮的、嚴厲的、除害的、歡騰的，它代表了堅實的生活基礎和安全的保障。

## 四、有關於形象的禁令

前面作者曾提過，十誡是以第一、二誡作爲核心。首誡以上帝的自我啓示，並祂在歷史中的拯救行動爲基礎。故祂是歷史的主，因以色列人目睹了耶和華如何把歷史轉向，如何控制自然，外邦的諸神只是神話或神話的史詩中出現，而耶和華是活生生的，直接關心祂的所造和子民的。故他們應服事祂，且單單拜這獨一的神。在定居迦南後，這獨一的神，歷史的上帝也必將土地的祝福賜給他們，而且帶領他們走過歷史的變遷、抵抗歷史的災禍。未來掌握在祂手中，祂會引導和保守祂的子民，並回應他們的呼求。因此，在舊約中特別強調上帝的獨一的特性，在〈申命記〉六章4節及「第二以賽亞」（以賽亞書四十三章）的歷史回顧有特別的闡明❿。

形象的禁令（the prohibition of image）（第二誡）便是和此基礎相連。祂是獨一的，而且自由地在各種情況下展現其行動和話語。祂不允許以各種可見的、具體的形象，甚至任何事物來限制、描述祂，因這等於取代了上帝的獨一性。更甚者，形象的禁令禁止人把上帝概念化，上帝不是作爲我們思考及反省的對象或偶像，任何形象、意識型態或某種上帝的特性都不可能向人展慈愛、施拯救。也只有又活又真的神才能延續人的歷史，也只有對上帝有適切

的信仰的人才眞正感受到上帝永恆的慈愛。

## 結論──十誡與新約

「十誡」是律法的主流，它向人的良心提出最基本的要求。其宗教與倫理的高尙要求是異邦宗教所無法達到的。就以色列人而言，「誡律」是上帝本性和目的的全部啓示，而也將人在上帝面前的責任顯明出來。但今日的基督徒在面臨「新約」和「誡命」的對比時，常以「基督的恩典」代替誡命律法。例如，保羅所說的：「我們在恩典之下，不在律法之下。」（羅馬書六章15節）

新約的教訓是否眞的否定了十誡呢？Alam Richardson認爲律法（十誡）對福音見證有三個功能：一、在沒有福音之處維持創造的秩序；二、使人覺悟自己無法守全律法而接納基督的恩典；三、藉律法的引導而結出聖靈的果子。Westermann也認爲十誡是上帝的引導，而上帝的引導不能爲福音的應許代替，兩者是並重的❶。福音的目標若離開了誡命，其教育的功能便不能達到。

耶穌基督所頒布的，無論是「山上寶訓」（馬太福音五章至七章）或「最大的誡命」（太十二：34～40）都是十誡精神的延伸。以色列人與上帝的約法──十誡要成爲普世性的指望，必須藉基督來加以成全。我們的確是活在恩典的時代，但是因有基督的恩典，我們才能更合於上帝的命令。

# 參考書目

Claus Westermann（1982）. *Elements of Old Testament Theology*, trans.
　by Douglas W. Stott, Atlanta: John Knox.

Kaiser, Walter C.著，譚健明譯，《舊約倫理學探討》。

John Bright著，蕭維元譯，《以色列史》。

# 註釋

❶詳見Claus Westermann（1982）. *Elements of Old Testament Theology*, trans. by Douglas W. Stott, Atlanta: John Knox, p. 153。

❷詳見Claus Westermann（1982）. *Elements of Old Testament Theology*, pp. 153～154。

❸詳見Claus Westermann（1982）. *Elements of Old Testament Theology*, pp. 177～178。

❹詳見Kaiser, Walter C.所撰之Decalogue條目，收錄於C. F. H. Henry編，*Baker's Dictionary of Christian Ethics*, Grand Rapids: Baker Book House, 1973, pp. 165～167。 以及Claus Westermann（1982）. *Elements of Old Testament Theology*, p. 179。

❺詳見Claus Westermann（1982）. *Elements of Old Testament Theology*, pp. 182～184；另見Norman K. Gottwald（1989）. *The Hebrew Bible ——A Socio-Literary Introduction*, Philadelphia: Fortress Press, 3rd prinying, pp. 108～109。

❻雖然如此，但是就其最原始形式與內容而言，卻應是摩西時代（西亞的赫特帝國）的產物。因為就「約」的形式——先敘述君王（統治者）之尊號，再強調此君王的仁慈，臣民應永遠紀念等——在摩西和他以前的時代就已出現，但在後世卻不再有此形式。詳見John Bright著，蕭維元譯，《以色列史》。頁136～139。

❼詳見Claus Westermann（1982）. *Elements of Old Testament Theology*, pp. 180～182。在Westermann的想法中，「形象的禁令」是十誡的核心，這在〈出埃及記〉二十、二十三、二十四章，與〈利未記〉十九章中可找到做為證據的平行經文。

❽John J. Owens作如此主張，這看法爲Kaiser, Walter C. 所採用，並以此將「十誡」分爲：一、與神的正確關係；二、與工作的正確關係；三、與社會的正確關係三部分。詳見Kaiser, Walter C. 著，譚健明譯，《舊約倫理學探討》。頁106～107。

❾詳見Claus Westermann（1982）. *Elements of Old Testament Theology*, p. 183。

❿在《聖經‧以賽亞》中，學者通常將其分爲三部分，各稱爲「第一以賽亞（1～39章）」、「第二以賽亞（40～55章）」以及「第三以賽亞（56～66章）」。其內容與寫作風格皆各不同，故應出於至少三人之手。文中之經文應出於〈以賽亞〉四十四：1～4。

⓫詳見Claus Westermann（1982）. *Elements of Old Testament Theology*, p. 179。

# 第三部　基督教與台灣社會

□基督教在本地的發展——以台灣基督長老教會爲例

□台灣基督教的教派問題

□基督教改革宗之基本政治性格——以台灣基督長老教
　會爲例

□台灣前途與教會責任

# 第十三章　基督教在本地的發展
## ——以台灣基督長老教會爲例

　　有人說「紅顏薄命」，意即美好的事物總是命運多舛，這個形容用在「福爾摩沙」——美麗的台灣島——上亦相當貼切。對台灣歷史有興趣的人應該都知道，台灣的政治史總是動盪不安的：1624年荷蘭人的入侵、1626年時西班牙人也來插一腳、1661年鄭成功以及隨後的滿清政府、1895年被割讓與日本人一直到1945年的國民黨政府都有著一段統治台灣的歷史。台灣不是被當作殖民地、便是蠻荒邊陲，再不然就是反攻跳板……。

　　雖然在台灣的政治變化是如此的大，但是屬於西方主流思想的基督教文化卻似乎沒有隨著政權更迭而消失，並且悄悄地烙印在台灣的土地上，靜靜地見證台灣的歷史，同時也在無形當中影響著台灣人民。最爲人熟知的如在教育方面：馬偕在淡水所創設的牛津學堂（1882）是台灣第一所新式學堂；「長榮女校」（1887）不僅是台灣第一間女子學校，也是人民打破傳統舊習（如早期婦女裹小腳）接觸西方思想的源頭；而甘爲霖牧師也在台南成立了「瞽學堂」（1896）來教導當時被社會所排斥的盲人。另外，在醫療方面：馬雅各醫生在南部成立了「新樓醫院」；梅監霧牧師、蘭大衛醫生創設了「彰化基督教醫院」；馬偕牧師也創立了「滬尾偕醫館」（現馬偕醫院的前身），使得當時的台灣人民能享有先進的西方醫療技術。

　　如以上所說的，基督教信仰在當時台灣社會中不僅影響了漢民族，也影響了平埔族和原住民。現在在台灣的我們再次回首基督教在台灣所留下的腳步時，我們可以發現，基督教不僅已成爲台灣早期文化不可抹滅的一部分，也成爲了現今台灣社會中的一股清流。

在眾多的基督教會中，來台灣宣教時間最久、範圍最廣、信徒人數最多的教會就屬台灣基督長老教會了。北部的馬偕牧師，中部的蘭大衛醫生、梅監霧牧師，南部的馬雅各醫生等，都是早期長老教會在台灣宣教的代表。透過認識長老教會在台灣宣教的歷史，我們不僅可以對基督教如何在台灣生根有一個大致的輪廓，也可以看出台灣大概的歷史推演。

# 第一節　對「台灣教會史」的一個基本認知

在第三單元「基督教發展簡史」中，我曾約略按照西方基督教史家的習慣，將基督教史分為「初代教會」（early church）、「中世紀」（middle age）、「宗教改革時代」（religious reform age）、「現代」（modern）。當然，我也提到過，這種分期並非普遍被接受的，例如，第三世界教會就質疑這樣的分期。因為第三世界是在約15～16世紀才接觸基督教，在那之前，他們並未經歷所謂的「初代」、「中世紀」，甚至「宗教改革」，他們無法想像西方的基督教歷史與他們的關係；相對地，他們感受到的是跟隨著強勢侵略武力而來的基督教。在第三世界的基督教發展中，他們自有其歷史，故他們以「宣教狀態」作分期標準。而台灣，教會發展史應該自19世紀中葉之後才開始，在2000年基督教發展中，台灣實際上只參與了130年左右。換句話說，當西方世界在基督教文化場域中浸淫成熟時，台灣教會尚在披荊斬棘的階段；不但如此，其發展經驗與西方教會的經驗皆不同，不能等同視之。若不體認這一點，而只想以西方歷史發展模式來理解台灣教會史，將造成極大的扭曲。舉例來說：一個19世紀末在西方極有名的牧師，若到了台灣，仍舊想以西方的那一套來宣教，他將遭遇到無比的挫折。這說明了一點：台灣教會的歷史，不能與同時代的西方教會歷史等量齊觀，因為台灣教會在發展

的過程中，一樣有其「草創期」，一樣有與政治勢力結合而墮落的時期，一樣有改革復興運動……。換句話說，台灣教會史應可以與西方基督教2000年史平行對照，見圖13-1：

梅監霧牧師（Rev. Campbell N. Moody, M. A.）就其在台灣宣

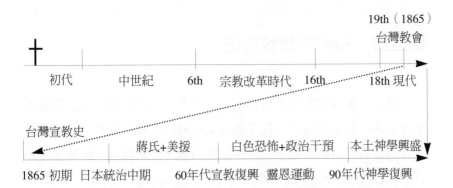

**圖13-1　西方基督教史之分期與台灣基督教發展分期之對照**

教的經驗和認知，也強調台灣基督徒與20世紀歐洲新教教徒是不能相比的，反而更像是早期羅馬帝國時期的基督徒。在其第一本著作 *The Heathen Heart* 之中，便一再強調「初代教會與今日宣教的相互映照」❶，他舉出一些例子：例如，台灣人民所接受的上帝是「創造而得勝」的上帝、是父權主義下的上帝；耶穌是邪神與魔鬼的征服者，可拯救人自黑暗與死亡中超脫；信上帝最大的期待是「保護自己免於傷害」，繁榮或靈驗與否就成了上帝賜福與否的證據，「做好事」是「如何得救」的正確答案❷……，這些都與初代教會的神學發展是一致的。因此，梅牧師強調宣教的訊息內容應按照當時當地的實際情況階段性地傳達──單純而非「教義」性的福音內容。這是相當前瞻性的洞見，若我們能以此格局重新對待早先基督教在台灣的傳教工作與作為，相信將會有更為寬厚的解釋。

　　為了研究及敘述方便，作者把台灣教會的發展過程簡單分為三個階段❸：「初期」、「日據時代」、「光復後至今」。第一階段包

含自西元1624年至1895年所謂的「遺忘期」，指的是自台灣開始有基督教踏入一直到被割與日本為止；第二階段便是指自1895年至1945年50年的被殖民時期；1945年至今都將之歸於第三期。以下分別介紹之。

## 第二節　初期台灣教會史

　　首先，讓我們先來看看初期台灣教會史。西元1624年當荷蘭東印度公司占領南台灣時，為了顧及來台灣的荷蘭士兵本身的信仰以及希望當時的台灣人（多為原住民與海盜）信基督教，故而於西元1627年派了第一位宣教士喬治・甘治士（George Candidius）來台灣進行傳教。在1624年到1643年這段期間，主要的傳教範圍以台南安平為中心，北從嘉義，南至恆春；而從1644～1661年期間中的宣教範圍則是擴展到彰化、員林一帶。而當時的荷蘭人在台灣的宣教算是相當的成功的，甚至曾經計畫在麻豆建立神學院，但是最後因為鄭成功攻占台灣而作罷。

　　當西元1661年鄭成功來台灣，把荷蘭人從台南安平趕走時，基督教的傳教陷入了204年的空窗期。探究其原因大致可分為以下幾點：

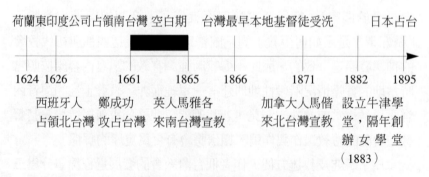

圖13-2　初期台灣教會史

1. 宣教士在台灣所扮演的角色混淆：從荷蘭來台的宣教士，除了傳教之外，還要擔任收稅、買賣等殖民業務，加上當時的宣教士工作職務是由「聯合荷蘭東印度公司」所負責，並不是由荷蘭當地所屬的差會所負責，故當時的宣教士常常因宣教工作與公司發生爭執。

2. 政教不分：因爲上述的原因，以至於造成了東印度公司因鄭成功攻台而撤退，宣教事業也必須隨著公司而撤退，而無法繼續在台灣傳教。

3. 不注重本土傳承：雖然荷蘭人在台灣宣教36年，但是卻沒有積極的培養本地人進行宣教工作，而且也沒有將宣教據點組織起來，所以在宣教士隨公司離台後，本土宣教也隨之告一段落❹。

　　西元1858年中英法天津條約簽訂，台灣的門戶洞開。7年後，亦即西元1865年，英國人馬雅各醫生（Dr. James L. Maxwell）來台灣進行宣教。他首先在廈門學習閩南語，接著便到台南進行醫療宣教。但是醫療的過程似乎不是如此的順利，馬雅各醫生所到之處雖然帶給民衆現代的醫學技術，但是不久之後便遭受民衆的的阻撓而無法再進行下去。馬雅各醫生並未因此而氣餒，他反而將醫療宣教的工作從台南移至高雄，並且在隔年（1866年）由甘爲霖牧師（William Sutherland Swanson）舉行了台灣教會史上第一次的洗禮與聖餐。當時受洗禮的有陳齊、陳清和、高長與陳圍等4人，而這4人也成爲台灣最早的基督教正式信徒。雖然有了正式的信徒，但是當時台灣人的眼中對於基督教信仰仍有相當大的誤解，特別是在基督教的聖餐部分❺。在1868年時有一位名叫莊清風的基督徒在前往聽道的途中在高雄左營被人用棍棒打死，屍體被撕裂，並且心臟被挖出，而成爲台灣教會史上第一位殉道者。

　　西元1871年馬偕也從加拿大千里迢迢地來到了台灣宣教，當馬

偕牧師得知自1865年以來基督教在台灣的傳教只有在南部，經過李庥牧師的建議，他便決定要在北部進行醫療宣教，南北並以大甲溪為界。類似於馬雅各醫生的醫療宣教，馬偕醫生最出名的莫過於「牙醫醫療傳教」，而也由於「牙醫醫療傳教」方式的成功，而使得馬偕在北部的傳教工作格外順利（直到1901年馬偕牧師過世之前，他總共拔了超過4萬顆的牙齒）。在1873年，馬偕牧師也第一次進行洗禮和聖餐，這也是北部教會第一次的聖禮典，而受洗者有嚴清華、吳寬裕、王長水、林孽、林杯等5人，而這5人亦成為日後北部宣教的核心。

基督教在台灣的宣教，是與醫療和教育分不開的。一方面要解除台灣人對於「帝國侵略者」的宗教之看法，一方面藉由滿足人的需要而獲得親近，是自古以來基督教傳教策略。南部有馬雅各醫師創立「旗後醫館」（1866），為後來新樓醫院的前身，1876年台南神學院創立，1885年長榮中學、1887年長榮女校分別成立，都是台灣西式教育之始。而北部馬偕博士於1873年在淡水租房行醫，為「偕醫館」之始，1880年獲馬偕船長遺孀的贈金，建立「滬尾偕醫館」，即今馬偕醫院。除此之外，他於1882年創辦牛津學堂（台灣神學院前身），1907年淡水女學堂成立，1914年5年制淡水中學校開辦。南北遙相呼應，為台灣步入現代化提供有力的基礎。

## 第三節　日據時代台灣教會史

1894年中日甲午戰爭爆發，中國的清政府慘敗，便和日本於1895年簽訂馬關條約，在條約中有一條提到：「奉天南部從鴨綠江抵安平河口，至鳳凰城、海城、營口之遼東半島，及台灣、澎湖所屬島嶼，均割讓於日本。」而這一條條約，也讓台灣的教會進入了另一新的局面。

日本占台　　　　　　日本軍國主義抬頭　　　　台灣光復

| | |
|---|---|
| 此段期間基督教會與殖民政府關係良好，日本政府頗支持基督教會在台灣的社會公益工作。例如，馬偕醫院重開，以及樂山療養院設置、淡江中學成立。日本基督教亦在台灣設置教會。 | 軍國主義抬頭後，日本積極展開侵略。對中國侵略，使殖民政府對台灣人教會加強管制；太平洋戰爭爆發後，因實行「皇民化」政策，台灣教會遭受極大迫害。外籍宣教師幾乎全部離台，但因此台灣教會成為真正獨立自主的時期。 |

### 圖13-3　日據時代台灣教會史

日本來台統治的早期對基督教相當的支持，原因有三：

1. 初期日本統治台灣並不順利，因此欲借重握有當時大部分社會慈善事業的基督教勢力，而一般人民在早期宣教士的努力下，對教會漸漸理解，正好是日本政府最佳合作對象。

2. 日本國內亦有基督教團，可以藉由教團的合作有效而不衝突地管理基督教。

3. 當時日本權力擴展其國力，並欲取代中國在亞洲的發言權，所以多少引起歐美國家之疑慮，為宣傳自己的國際形象，所以對於擁有許多外國宣教士的基督教自然多有禮遇了。

　　由上述原因，在當時的基督教會可以算是和日本政府有相當好的關係，日本政府也在教會推動的一些工作上（例如，馬偕醫院的重開、樂山療養院❻的設置、淡江中學的成立、中部彰化醫館的開設❼等等）給予相當的配合，並且也在台灣建立了不少的教會。這個時期，是教會快速發展的時期。

　　好景不常，當1931年日本軍國主義抬頭之後，開始向中國進行侵略。在侵略之餘，除了對台灣的統治更加嚴厲之外，又加上日本因為與美國、英國政府的關係破裂而懷疑台灣教會對日本的忠誠而對教會進行施壓；太平洋戰爭的爆發，日本對台灣開始實行「皇民

化」政策，要求台灣人民到神社參拜，並且要求台灣人民對皇室效忠，當時的台灣教會也幾乎遭受空前的迫害（例如，教會學校、醫院必需改組、禮拜前必須有參雜神道教的儀式、教會必需宣布脫離宣教母會、外籍宣教師必需離台、長老教會必須與其他教會組成「台灣教團」等）。直到太平洋戰爭的末期，台南神學院被迫關閉，在台灣的外籍宣教師都被迫離開台灣，台灣教會也因此進入完全不受外國差會援助的自傳、自養、自立新階段。這種情況要到1945年日本戰敗投降為止。

在教會內部組織方面，日本人統治台灣的這一段期間中，宣教師們於1896年於台南正式成立南部中會來推動教會事務，時稱「台南長老大會」；而北部也於1904年成立了「台北長老中會」。雖然當時在南部的長老教會（英國倫敦宣教會）和在北部的長老教會（加拿大）所屬差會不同，但是在信仰和教會制度上並無不同，所以便有人提議將南北教會體制合而為一。而1912年「台灣大會」也因此成立於彰化。1913年大會決議將教會名稱正式改為「台灣基督長老教會」，1930年決議將南部中會所管轄的高雄、台南、嘉義、台中四個區域成立中會，並且將「南部中會」改制為「南部大會」；而北部也在1938年決議將北部中會下轄之教會劃分為三個中會：一、東部中會（草嶺以東到台東）；二、台北中會（草嶺以西到坪頂以北）；三、新竹中會（坪頂以南至大甲），並且組成「北部基督長老教會大會」（俗稱北大，而又在1952、1953年將台北中會劃分為七星中會和台北中會）❽。

原來在台灣的外國宣教士離開了台灣之後，對台灣的教會有什麼影響呢？一、因為少掉了原來英國差會與加拿大差會的色彩，使得台灣教會可以漸漸地走出自己的宣教特色，建立融合自己文化的神學觀；二、外國宣教士離開，差會色彩轉淡，對於南北教會的實質合一具有催化的作用。雖然在其中南北大會曾經因為政治立場而有過衝突❾，但是在民族意識上卻已無障礙了。

# 第四節　光復後台灣教會史（1945至今）

1945　　1959倍加運動　　　1971國事聲明　　1985信仰告白

|靈恩運動|政治社會關懷方向確立|

台灣光復　　60年代宣教復興　　　　　　　　90年代神學復興

## 圖13-4　光復後台灣教會史

　　日本戰敗，「台灣教團」自動解散，而南、北大會在1945、1946年分別召開大會，來接收並收回日本教會所留下的財產和當初被迫轉移的機構。同時在1945年國民黨政府接收台灣，1947年發生228事件，當時國民黨政府捕殺了台灣相當多高級知識分子，其中有不少人是台灣長老教會之神職人員及信徒，這使得長老教會元氣大傷。而1949年國民黨政府撤退來台，同時許多的大陸基督教團也隨之來台。原來在二次大戰前台灣的基督教會僅長老教會、真耶穌教會和聖潔教會三個教派，徒然多了許多的競爭對手，這對剛剛開始療傷的長老教會而言，造成了不小的衝擊。所幸由於蔣氏政權基本上對於基督教還算友善（其理由之一也是國際形象問題），加上美援不斷，基督教會常常扮演援助物資分發者的角色（當時基督教常被戲稱爲「麵粉教」），所以在50年代之前，教會是屬於休養生息的階段。

　　在1951年第一屆台灣基督長老教會總會在台北召開，並且透過以教會名義加入普世基督教會協會（World Concil of Churches，簡寫爲WCC）和世界歸正教會（World Alliance of Reformed Churches，簡寫爲WARC）等國際性教會組織。這件事對於長老教會在日後的發展型態上有著決定性的影響：一方面是台灣教會在世界地位的提升使得它的自我定位更有信心；另一方面爲當時「社會

福音」的概念在普世教會中正方興未艾，這對台灣教會的領導人造成衝擊，擴展了台灣教會的視野，因而發現在台灣執政的國民黨政府事實上有許多的問題，台灣人民並不像政府宣傳的那麼自由幸福。視野的拓展與認知讓長老教會開始思考自己在台灣的本土性定位與社會政治責任。

60年代，適逢基督教在台灣宣教100週年，所以有一些實際的宣教活動興起。其中最重要的便是「山地宣教」以及「倍加運動」。在「山地宣教」部分，因日本統治台灣時期打算將其文化、宗教來同化原住民，故將原住民社區封鎖，禁止漢人進入，更遑論傳福音。然而透過一些原住民下山而接觸基督教信仰，再加上一些牧師對於培養原住民傳道人的重視，故在1946年成立了以培養原住民人才為主的「聖書學校」（花蓮玉山神學院的前身），同時加強山地教區的醫療傳道工作，成果卓著。原住民信徒在國民黨政府來台前不到5,000人，到了1965年增加為10萬人。而「倍加運動」主要在平地教會進行。在南部教會中有牧師反省到過去宣教的遲緩❿，並為了迎接基督教在台灣宣教100週年的歷史時刻，所以發起了此運動，並且計畫在10年間以1,000萬元作為此一活動所需之經費。由於一方面受到國外的觀念影響，另一方面本土意識的覺醒，此運動要求傳教士深入基層鄉村宣教，甚至要求只要鐵路所能達到的鄉鎮，都至少要有一所教會存在。而到1964為止，倍加運動的成果頗為可觀，不僅在信徒的數目有所增加，教會間數也以倍數成長。平地教會從233間增加到466間，而信徒從5萬人增加到10萬餘人。如果又加上山地教會的成果，其成效更是遠超過先前所預期。

長老教會在「普世教協事件」⓫之後，其社會政治關懷之立場已經漸漸成形。加上1971年外交困境之刺激，開始對政府有了一連串的批評與建言，包括內政整頓、憲政改革、語言政策、宗教法、戒嚴措施、國會直選、以致於國家定位等，亦即所謂的「國事聲明」⓬。這對於一個民主化尚未臻成熟的政權而言，是相當令人疑慮的。

因此自1971年至1984年之間，教會與政府間的關係持續惡化，媒體輿論的爭相指責，同時其他教派對長老教會也多有批判的聲音。

衝擊的年代，同時也是自省的年代；面對外界的不信任，就更需要尋求自我的認同。藉由反省長老教會在台灣的宣教歷史，也思考了教會對於台灣社會的義務，同時經過了教會內學者與牧師們的激烈討論，終於在1985年──也就是長老教會來台宣教120年時，在第32屆總會之中，全體議員經過三讀的程序通過了為台灣本土所訂定的「台灣基督長老教會信仰告白」。此一信仰告白的確立，不但象徵台灣基督長老教會已正式成為一個本土的教會，並且也更明確宣示了長老教會如何詮釋「落實上帝國」於台灣的宣教方向。

1987年，長達38年的戒嚴令正式解除，原來許多「黑名單」上的人物紛紛返國，其中不乏教會內優秀的學術人才──例如，賴永祥教授、宋泉盛教授即其中著名人物。這些學者有的已在國外發展其神學思想，有的則引進許多國外當代著名的神學家及其體系──例如，林鴻信教授引進莫特曼神學，凡此種種都造成了90年代的神學蓬勃發展。


## 結論──存續的抉擇


基督教在台灣宣教135年了，這一百多年來，究竟造就出了什麼樣的基督徒？這些基督徒對台灣這塊土地到底具有什麼意義？在今日多元變遷的社會潮流衝擊下，長老教會是有效地提升社會品質？亦或是忠實地反映了社會需求呢？

根據長老教會自己的略估，現在在台灣的長老教會信徒，約占台灣總人口的1％，若加上其他基督教派（含天主教）的人數，亦尚未達4％。對於在台灣宣教已達135年的教派來說，實在不算是好成績。而且，根據長老教會自己的統計，近10年來的信徒人數似乎

有流失的傾向，這代表人民對於長老教會的「信仰價值」已經有了疑問。天主教輔仁大學附設「中國社會文化研究中心」自1998年至1999年就台灣人對於基督宗教（含天主教）看法做一系列的相關訪問研究發現：現在的台灣人基本上仍然相當認同基督宗教的社會關懷行動，例如，醫療、教育、弱勢族群與人權公義的爭取；但是卻不必然想信仰基督教，甚至只要一向他傳教，對話的機制就此關閉。為什麼呢？

這個問題暫先擱置，我們先看看已經受洗進入這個宗教的台灣基督徒，在「質」的方面又有何表現。我們必須相當遺憾地表示，今日台灣的信徒對於「上帝」的期待、以及對於「耶穌」的理解似乎與一百多年前的基督徒差不了多少。台灣教徒同樣渴求「現世利益」，同樣視現實的福樂為「上帝喜悅」的依據；同樣「怕上帝」多於「愛上帝」；同樣認為「多做好事」可以上天堂、「多奉獻」等於儲蓄在天上；嘴巴也許會承認自己是罪人，但心中卻無「罪的意識」；甚至在教會之中展現自己或家族的影響力，以自己的「理想」來導引教會的走向。信徒如此，傳道人呢？「廟公」性格似乎也是沒變，牧師最主要的工作是「鞏固會友的信心」，所以每週日對同樣的會友講道，探訪同樣的教友，然後參與各種開會，而且必須小心地在教會各股勢力之中尋求平衡的生存之道。「愛的團契」以及「以信仰連結的自主社會」，在多元化與個人化的趨勢下強度減弱了。基督徒仍然面帶微笑，但是生活上似乎沒什麼見證。

台灣基督長老教會同樣面臨了「存續上的抉擇點」。要突破呢？還是要維持現狀？當然這不是個人可以置喙的。但是針對前面基督長老教會面臨「質」與「量」的問題，作者個人倒是有一個看法。自1970年至今30年過去了，長老教會確立了其政治社會關懷的宣教方向，同時也在「本土神學」、「宣教策略」等各方面試圖回應台灣社會的困境。但是有一個問題似乎在此浮現出來：長老教會的信仰內涵與神學傳統的發展似乎與其社會參與的腳步並不協調。

自70年代之後，學者引進了相當多「解放神學」的理論與「社會福音」的學說，但是不可諱言的，這些明顯地是要為其教會政策的合理化找神學基礎；後來在80年代從台南神學院開始了一連串建構「本土神學」的作為，認為那也是從教會政策的核心概念出發來建構，有「主觀選擇」之嫌。在此所要強調的是：「社會參與」應該是信仰特質的自然展現，而非作為一個「既定政策」來引導神學走向。今天如果不先在信仰的深度上加強訓練、不在神學上先釐清自己的特質，只一味地要求社會參與的「具體行動」，那麼信徒仍然活不出見證，因為他們信仰性格沒有轉換，不知道為什麼要如此關懷社會，還是以「利我」的心態服務社會；牧師的社會關懷可能使他成為「大善人」，但是對於教會的信徒仍然沒有造就。

在此要重申的是：相對於社會關懷，信仰深度的培養與教會生活見證的更新，才是現階段更重要的課題。

# 參考書目

Rev. Campbell N. Moody, M. A.（1907）. *The Heathen Heart*, Edinburgh and London: Olyphant, Anderson & Ferrier.

Rev. Campbell N. Moody, M.A.（1912）. *The Saints of Formosa*, Edinburgh and London: Olyphant, Anderson & Ferrier.

台灣基督長老教會歷史委員會編（1984），《台灣基督長老教會百年史》。台北。

陳宏文著（1982），《馬偕博士在台灣》。台北：中國主日學協會。

台灣基督長老教會總會編（2000），《認識台灣基督長老教會》。

# 註釋

❶ 梅牧師說道："⋯⋯the chief thing is the light that early church history and modern mission throw on one another." 強調台灣作為宣教運動的「處女地」，和早期耶穌運動進入羅馬帝國的情境是極為相似的。詳見其所著（1907）. *The Heathen Heart*, Edinburgh and London: Olyphant, Anderson & Ferrier。

❷ 詳見梅監霧牧師所著（1912）. *The Saints of Formosa*, Edinburgh and London: Olyphant, Anderson & Ferrier 書中他介紹了林赤馬（學恭）牧師是標準的「爛演講家」，但是他使用的可笑方法及比喻卻對當時台灣人認識基督教極為有效。

❸ 不同的目的對於台灣基督教會使的分期亦有所不同，像我在「基督教改革宗基本政治性格」一文中，就把教會史分成四期。因此分期並非絕對的。

❹ 後代宣教師對於荷蘭人的宣教失敗有一些看法。James Johnston 在其 *China and Formosa, the Story of the Mission of the Presbyterian Church of England* 一書中表示三點看法：一、政府保護與宣教事業過度合一；二、對原住民而言，信耶穌是為得職業；三、沒有聖經給人民。而劉忠堅牧師（Duncan MacLeod）在其 *The Island Beautiful, the Story of Fifty Years in North Formosa* 一書中表示：一、荷蘭以「東印度公司」的名義附帶傳教，一方面使人民對於基督教的認識會產生偏差，一方面也令傳教士的工作變得不單純，忘了其真正職分；二、荷蘭傳教士曾有不道德行為，至使人民質疑其所傳之信仰；三、原住民的改信常是集體的，忽略個人信仰告白之重要。此資料詳見「台灣基督長老教會歷史委員會」編（1984），《台灣基督長老教會百年史》。頁4〜5。

❺ 在基督教聖餐中有象徵基督身體與血的「分餅」、「分杯」儀式，而當時在台灣的非基督徒因為將這樣的儀式誤解成為「吃耶穌的肉」、「喝耶穌的血」，所以造成當時一般人認為基督徒是「沒心沒肝」的冷血動物，而基督教是邪教。

❻ 「樂山療養院」是戴仁壽醫師（G. Gushue Taylor）於1934在八里所創辦，開啓關懷痲瘋病患者的先河。詳見陳宏文著（1982），《馬偕博士在台灣》。台北：中國主日學協會，頁82〜83。

❼ 「彰化醫館」乃梅監霧牧師與蘭大衛醫生（David Landsborough）於彰化所開設，即今彰化基督教醫院的前身。他們自1896年開始於中部傳教，蘭醫生甚至被稱為「彰化活佛」，其中蘭醫生娘割股植皮的事蹟最為人稱頌。

❽此段歷史記載乃摘自「台灣基督長老教會總會」發行的《認識台灣基督長老教會》。頁22～27。

❾南北教會政治立場的差異與其領導者或神學教育者的留學國家有關。此部分可見本書中「基督教改革宗基本政治性格」一文。

❿黃武東牧師在1954年「台灣宣教」的研究報告中呼籲教會應重視90年來在台灣傳道進度遲緩等問題，故在1954年決議：「全體教會應把握時機，傾力全力傳道設教，以期教會、信徒之倍加，作爲十年後設教百週年紀念大典之奉獻禮物」，並且將此活動定名爲「設教百週年紀念教會倍加運動」（簡稱P. K. U亦即Poe Ka Un-tong「倍加運動」）。而長老會總會也在1959年決議接納此一活動爲總會性之運動，並且在總會傳道處設置「P. K. U委員會」，並且將此運動定名爲「福音來台百週年紀念，教會倍加運動」。詳見《台灣基督長老教會百年史》。頁342～358。

⓫「普世教會協會（WCC）」爲了世界秩序的考量，並貫徹政治紛爭不帶入信仰的原則，曾提議接納中華人民共和國爲會員國。故在與國民政府所提倡「漢賊不兩立」的政策違背下，國民政府便對台灣基督長老教會施壓，並要求台灣基督長老教會退出從1951年就加入的普世教會協會。此事使得長老教會與國民黨政府漸行漸遠。

⓬1971年，教會有鑑於台灣國際局勢的節節敗退，故發表了「台灣基督長老教會對國事的聲明與建議」（簡稱國事聲明）；1974年政府以教會違背推行北京語政策爲由，公然地進入聖經公會、山地教會查扣以地方語言所撰寫而成的聖經。故教會在1975年又提出了「我們的呼籲」，要求政府遵守憲法所賦予人們有宗教信仰的自由，並有權利以自己的語言敬拜上帝，並呼籲政府歸還白話字（羅馬字）聖經，並且准予出版任何語言之聖經。在1977年美國與中華人民共和國建交時，長老教會又針對此一情勢提出了「人權宣言」，再次強調台灣人民有權利決定自己的未來，並且籲請政府爲因應此一局勢的變化，必須面對現實，成立一個新而獨立的國家。詳見《認識台灣基督長老教會》。頁36～40。

# 第十四章　台灣基督教的教派問題

　　在台灣基督教改革宗教會中，最為外界質疑與詬病者，就是基督教的宗派實在太多了。基督教既然標榜他們只信仰上帝，為什麼還有如此多的宗派？而且各宗派各說各話，都在強調自己所傳的福音最為正統，外人因此弄不懂基督教真實的道理為何。本章便將就教派產生的原因、台灣教派何以如此之多，以及台灣的重要教派加以介紹，同時對於「教派主義」提出個人的看法。

## 第一節　「教派」產生的因素

　　我們常常可聽到基督教徒使用「道成肉身」❶這個神學用語，事實上，「教會」也就是基督教福音的「道成肉身」。它存在於具體現實的環境中，以其制度化的面貌與教訓影響著其信徒的日常生活。教會具有各種不同的型態和樣式，各自具有其教派名稱與崇拜習慣是不爭的事實。而之所以會有如此多的教派，我們約略可歸納出以下四個原因：

### 一、信仰理念的差異（含禮儀）

#### （一）教義的強調

　　基督教會之所以分裂，一個最基本的理由是神學上的爭議。而神學往往代表一個人的基本信仰立場與容忍底限。由於人們對聖經

的信仰有著不同的感受，因此對於某方面的道理特別強調。在教會歷史中，教會的分裂或無法結合常常與彼此神學立場的歧異有關。例如，對「聖餐」的看法導致了加爾文與馬丁路德最後無法合流；「嬰兒的洗禮」的合法與否是「重洗派」信徒脫離加爾文教派的重要原因；其他例如，聖經啓示的有效性、終末論的難題、罪惡的問題、聖靈感動的形式……都曾導致基督教會內的派系之爭，終至設立了各種教派。

## （二）儀式的主張

儀式基本上也是屬於教義的一環，因爲必須有教義作其基礎，而對儀式主張的差別會導致教派的分立。人們如何來敬拜上帝？由那些人主持？用什麼儀式？這一連串的問題都是造成教派的原因。例如，最普遍的爭議是洗禮的方式——是滴水禮或浸水禮？甚至如何浸也成爲問題——有的主張死水浸、有的主張活水浸；聖餐中分享餅與酒方式的歧異也會導致分裂——有的上前領餐、有的坐在自己的座位上；有的教派主張用葡萄酒、有的禁止喝酒。

## 二、地域或文化的差異（含政治態度）

有不少教派原屬於同一教派，但是因爲所使用的語言不同、族群不同以及文化習慣不同而分化成不同教派。例如，同樣是路德會傳統，德國與斯堪地那維亞半島的北歐國家卻組成不同教派；又例如，同樣是衛理公會傳統，在美國北部與南部又形成了「循道會」、「循理會」與「美以美會」等不同的教派；而就台灣本身的長老教會就分了至少8個教派，除了本土的「台灣基督長老教會」、有來自大陸的「中國長老會」、「宣道長老會」、來自香港的「道生長老會」，以及來自韓國的「大韓耶穌長老會台灣宣教會」等等。其因爲所傳至台灣的地方不同，所以其組織制度與政治立場皆有所不同。

## 三、組織制度的差異

當代許多教會歷史學家大都認為：教會之中許多最重大的差異，乃出自於體制上的不同。「體制」（polity）乃出於希臘文polis，是一個國家、教會或組織機構的政治運作方式。而教會歷史中曾經出現最主要的三個體制系統分別為：

### （一）主教制（監督制）

界定神職人員具有主要管理教會的權力，亦即由主教或牧師來負責進行維護體制的工作。此類的教派例如，天主教會、聖公會，以及衛理公會等。

### （二）代議制

由信徒所選出的代表來管理教會，並由這些代表形成更大範圍的組織或總會來設立體制。此類教派的代表便是長老會了。

### （三）會眾制

主張會眾制的教派認為教會的權柄屬於全體會眾，神職人員與其他教會領袖所行使的權力乃是由信徒所委任給他們的。此類教派有公理會、貴格會、聚會所等等。

## 四、社會倫理生活的爭論

在基督徒實際社會倫理生活的爭論，也可能造成教派的分裂。例如，有些絕對道德教派規定信徒的髮型、穿著、化妝的樣式，甚至反對娛樂；有的教派反對飲用含有酒精成分的飲料、甚至連咖啡因成分的飲料也被禁止（真耶穌教會）；耶和華見證人會是反戰的

和平論者，故拒絕服兵役和人敵對；甚至美國的「阿米序教會（Amish Churches）」❷反對現代化的各種便利措施，不開車也不使用電器製品！

當然還有許多造成教派的原因，但是基本上是因為人的有限與不完全，以至於過於強調自己教派的絕對性。理查・尼布爾（H. Richard Niebuhr）認為這種「教派分立主義」❸是基督教在道德上的失敗，他說：「他們（主張教派分立者）把傲慢、偏見、特權、名氣帶入以弟兄姊妹之誼為原則所組成的教會，正例如，那在外觀看來有高、低次序之分且充滿恥辱、貶抑、不公平、不公正的團體裡，人們卻自滿於追求虛榮心的渴望。」❹

雖然作者也同意教派分立不是好事，但是卻不像理查・尼布爾那麼悲觀。至少在宣教上不同教派可以因著族群特殊的需要發展出其適合的宣教模式，這也不必然是壞事。溫特路・胡德遜（Winthrop Hudson）便主張「教派分立主義」是普世教會合一的基礎❺。無論如何，宗派之間應避免互相批評，甚至攻擊對方，而是需要用更開闊的胸懷彼此接納、互相尊重、互相配合。

## 第二節　台灣何以有如此多教派

在1949年以前，台灣的基督教宗派尚稱單純，除了「長老教會」之外，尚有「聖教會」與「真耶穌教會」。雖然在宣教的對象上偶而會有小小的衝突，不過彼此之間仍能和平相處，沒有尖銳的對立。到了1949年以後，國民黨政府撤退來台，許多原本在大陸的教派也紛紛隨著進入台灣，加以歐美基督教宗派也陸續傳入，使得台灣基督教宗派問題日趨複雜。到1985年為止，台灣基督教宗派數量已達90個以上，這對於基督教形象的確有負面的影響。在此試著分析台灣基督教宗派如此多的原因如下：

1.基督教原本即是外來宗教，台灣人與本地文化其實不甚明瞭其各教派之差異。而當戰後大陸教派與歐美教派紛紛傳來之後，原本平衡的教會便起了變化。在基督教人口不變，教派數量卻激增的情況下，各個教派的傳教便有如在「宗教市場」中極力自我傾銷，如同叫賣自己的商品。在競爭激烈之下，衝突、誤會、攻擊等情事便時有所聞，教派問題當然嚴重。

2.許多基督徒（包含教派領導人）極重視自己教會的特色、傳統及形式組織，甚至於比傳教工作還重要。漢人文化原本便講求「忠心」，所以不少來自大陸的信徒及台灣本地信徒都有強烈「忠心」的觀念：忠於自己的教會、忠於自己的教派……等，往往某教派信徒到其他教派聚會時就會自然產生「背叛」的罪惡感；更誇張的是，甚至連到同教派的不同教會聚會都程度上會產生這種「內因性焦慮症」。這種現象所隱含的是對其他教派的排斥，所以在「偷牽羊」的顧慮下，教派的合作並不容易。

3.台灣文化中本來就有「山頭主義」，有些教徒或某些獨立教會領導人有時會爲了利益或意識型態不合而與原教會決裂。決裂之後不願再到同一個教派去聚會或擔任神職工作，在「改宗不改教」的情形下，寧願到同是基督教的其他宗派去聚會或工作，台灣的眾多教派便成爲這些人「悠遊」的溫床，也因此增加教派融合的困難。這種情形在長老教會之中常常可見。

4.基督教會在某些層面下亦成了族群相互排斥與歧視的一個角力場所。台灣基督長老教會因爲強調台灣優先，根定本土的主張，較能受到台灣人的認同，所以其信徒族群多爲福佬人，而其聚會時所使用的語言亦多爲台灣話；相對地，戰後由大陸來台的外省族群信徒，就比較會到屬於由大陸來台的國語教派聚會，例如，中國長老會，衛理公會、信義宗……

等等。而不同族群的教派各有其堅持的政治立場，在文化及族群認同有問題的情況下，此種情形極容易被各種政治勢力運用，而造成更複雜的問題。

## 第三節　台灣基督教重要教派

董芳苑牧師曾將台灣的基督教宗派分為三大類：「教派基督教」（sectarian christianity）、「激進基督教」（radical christianity）、「類似基督教」（quasi christianity）。所謂的「教派基督教」的特色是：一、歷史悠久；二、組織制度健全；三、有明確的信仰告白；四、重視神學教育，並有普世影響力。而教派間可以合作，可共同進行傳教的工作，多由外國傳入，少數由本地自創。到1995年為止，台灣的教派基督教約有94個，所謂教派基督教例如，門諾會、浸信會、信義會、長老會等等。而「激進基督教」的特色是：一、強調末世思想；二、認為自己才是真教會，其他教派無法得救；三、其傳教對象除一般未信者，多指向其他正統派。此類教派例如，真耶穌教會、新約教會、聚會所等。而至於「類似基督教」的特色是：一、認為耶穌是唯一救主，在祂之外另有先知或新救主；二、除「聖經」外另有地位可等同甚或超越的經典。此類教派例如，摩門教、統一教、耶和華見證人會等。以下將稍微介紹其中幾個較重要的教派。

### 一、教派基督教（sectarian christianity）

### （一）長老教會（Presbyterian Church）

長老教會乃法國宗教改革家加爾文（John Calvin）所創立的教

會，在歐陸統稱「歸正教會」（Reformed Church）。原來此教派始於瑞士改革家慈運理在日內瓦所進行的宗教改革，後來加爾文繼承下來而且建立神學與教規，形成相當有制度的教派。之所以稱爲「長老教會」，是由加爾文的追隨者諾克斯（John Knox）在蘇格蘭進行宗教改革所用。所謂「長老教會」即是指信奉「長老主義」❻的教會，今日的台灣基督長老教會便是來自蘇格蘭長老會傳統，而今已成爲台灣宣教最早、教徒人數最多的基督宗派（含天主教一併計算）。1865年英國倫敦宣教會派馬雅各醫師來台南府城，是長老教會正式宣教之始；1872年加拿大偕叡理（馬偕）博士至滬尾（淡水）傳教，兩國差會原以大甲溪爲界而各自宣教，至1949年南北合併而形成今日台灣基督長老教會總會。

　　長老教會追隨加爾文信仰傳統，強調「上帝主權」、「聖經權威」、「萬民皆祭司」以及「代議共和」，簡述如下：

1. 「上帝主權」：人具有上帝創造之形象故人有尊嚴，但是人畢竟不是神，不能僭越神的權柄，人之所作所爲亦不能令自己得救。所以長老教會亦重視「恩典稱義」，此與信義宗信仰相同。但是加爾文更進一步強調一切事物都是上帝的預定，「預定論」因而成爲長老宗的核心教義之一。

2. 「聖經權威」：自瑞士的慈運理到法國的加爾文，都極端強調以聖經爲信仰最高權威。認爲「上帝的話」是基督徒敬拜與生活的核心。因此長老教會的崇拜儀式是以「講道」爲其中心，並且非常重視神學，加爾文便是在宗教改革當時最偉大的系統神學家。

3. 「萬民皆祭司」：相對於16世紀天主教將權威繫於教會與教皇，宗教改革家加爾文強調信徒個人皆有承受啓示與信仰體認的可能性。長老教會更認爲所有基督徒都有「宣揚基督」的職責與權利，所有的信徒在上帝面前地位皆平等，人人在

接受一定的訓練之後都有解釋聖經的權利。

4.「代議共和」：加爾文對於後代歐洲影響最為深遠的應該是他倡導「代議共和」。他反對獨裁政治、寡頭（貴族）政治，同時也不信任全民政治。他強調「代議共和」，由信徒選出的長老作為治理教會的核心，並建立制度。這種宗教體制精神內化到政治與社會，使得接受加爾文主義的歐美國家很快便能實行民主制度，同時又不失體制。

除了上述幾點之外，長老教會還有一個重要特色，那便是強調聖餐的「聖靈臨在說」。亦即在牧師祝聖過聖餐的餅與酒之後，吃喝的信徒若全心相信則能在聖靈的臨在中真正吃喝到耶穌的血肉，否則只是吃喝到餅與酒而已。這主要是由加爾文所提出，有別於天主教的「實體說」、馬丁路德的「化質說」以及慈運理的「全然象徵說」，而被長老教會所接受。除此之外，「天職成聖論」——透過生活與職業的敬虔來展現自己身為成聖基督徒的證明，也是重要特色之一。

## （二）信義會（Lutheran Church）

又稱為「路德會」或「路德宗教會」，原來馬丁路德改教時並未想建立新教派，而反對他的人原稱呼其擁護者為「路德信徒」，久而久之則成為所謂「路德會」了。原來路德會之信徒較喜歡自稱為「福音派」，一直到「30年戰爭」時才普通稱「路德」會。其重要教義有：一、因信稱義：人因著完全的墮落已無能自己行善，所以任何善行都不能令人「稱義」→「赦罪」。二、聖餐的「同質說」：祝聖後餅與酒其內在本質變為耶穌的血肉，但外在形式仍為餅與酒（道成肉身之教義）；三、強調基督耶穌的「神人二性」之性格是絕對不可分的，兩者彼此分享對方之屬性，神性在何處，人性亦在何處。而信義會特徵如下：

1. 和天主教與改革宗（加爾文派）比起來，信義宗比較算中庸之道，在教制、崇拜、氣質及某些教義中站在中間地位。例如，信義宗反對天主教「教會及傳統的絕對權威」，而強調心靈的解放；但它也反對一些改革宗過於強調「個人信仰」及「不受拘束的良心」，而主張上帝的道才是絕對權威。

2. 極為注重教義，故崇拜儀式及制度風尚都在其次，因為任何制度儀式之確立的改革都是「信心」之結果。任何與其教義牴觸之措施都必反對而不加妥協。另外也強調「律法」與「福音」的相對立，雖是相對卻不可分開，「福音的恩典」與「律法的審判」是並存的（與加爾文派不同）。路德強調要以「福音」的角度審視正典，不合乎者便需批判。

3. 因信稱義：藉著完全倚靠上帝的恩典，而被上帝稱他為義，並施下拯救之恩。基督徒是義人也同時是罪人，信而被「稱義」而非「成義」。也因此，本宗較少著重「生活成聖」或「生活善工之成長」不重誡條及法規，而更注重「修道（靜修）主義」。也因之律法及規條對其並非真正主要，充其量只是「內心之預備工作」而已。強調只要用心忠心於日常工作便是善行了，那就是神的生命。

4. 強調教會和政活社會分立：上帝的屬靈治理（透過上帝的話語和聖靈）以及屬世治理（透過刀劍和法律），這兩種治理方式所形成的倫理觀造成基督徒在「私人生活」和「公眾生活」之間的雙重性格。前者領域在靈魂及良心；後者則屬世。故教會避免與政治活動何著其屬世之職業來服事神。

## （三）門諾會（Mennonite Church）

當16世紀宗教改革運動在德國與瑞士兩地熱烈進行時，瑞士的一群參與改革運動的年青人，也是慈運理這位瑞士宗教改革者的門人，因為不滿意宗教改革的成果，而由格爾白（Conrad Grebel）為

首所領導，於1525年會同曼慈（Felix Manz）、布勞諾克（George Blaurock）等人組成了教會與布教團契，後來荷蘭的天主教神父門諾西門（Menno Simons）也因為對天主教失望而加入此布教團體，並著作許多神學論著，成為門諾會的信仰依據。此派堅持「敬虔的生活」與「絕對的信仰自由」，任何人（包括父母）都不能決定他人的信仰。他們所提供的信仰主張是：

1. 反對嬰兒洗禮，因為嬰兒沒有分辨是非的能力，其自己的信仰不能由父母來加以決定。這樣的主張招來當時天主教與其他教會的攻擊，因而稱他們做「重洗者」。
2. 堅持個人要有真正的「重生」才能「受洗」加入教會。公開反對教會強迫人加入國家所支持的教會，這點表明他們反對天主教的決心。
3. 「聖經」是唯一基督徒真正的生活指南，不是教會法規與教宗的命令。因此基督徒的生活應該與不信的人有所區別，他應當效法基督。
4. 基督徒應該是個和平主義者，甚至是個「無抵抗主義者」。基督徒非但不可殺人，更要以善勝惡。這樣的主張奠定了後來「門諾會」的「無抵抗主義」信條。

在台灣，最著名的門諾會機構便是「基督教花蓮門諾醫院」。原先此醫院是為原住民醫療宣教而開設的，它對於花東地區的醫療服務有相當重要的貢獻。

## （四）浸信會（Baptist Church）

來自信義會（歐洲德、荷等地）及天主教會，應可追溯至1523區利赫地區，一些神父及信徒主張，「教會應與信徒分離」，而脫離教會及國家。其特色最主要是強調「浸禮」為唯一合法洗禮，是效忠之表徵及信心之記號，屬於「象徵」意義，象徵與耶穌同死同

活。對人而言是認罪與悔改；對神而言是確証新生。

　　除此之外，還有一些重要特色：一、極重宗教自由：教會內的所有人都應是「自願」「自由」依從的，故能自由抉擇的信仰才算有效的信仰。因此反對嬰兒洗禮，認為這乃是干預孩童自由。連帶地也反對「堅信禮」之舉行，是屬於「重洗派」傳統；二、國家與教會應絕對分開（基於宗教自由之理念）：國家是神設立之工具，但兩者應絕對分開；三、重個人的靈性經驗，更重於形式的禮儀：基督徒最應注重著乃是靈魂與神的聯合，一切禮儀及組織，甚至牧師都不含神聖實質之生命，頂多只是象徵性及功能性；四、強調民主方式組成教會：因為反對聖職具有實質神聖性，故認為教會之組成應以真正民主方式為之。

## 二、激進基督教（radical christianity）

### （一）真耶穌教會（The True Jesus Church）

　　「真耶穌教會」是中國本土自創的基督教宗派。西元1909年，北京的一群不滿當時教會體制的信徒創立「使徒信心會」，而「信心會」之中有3個人——張靈生、魏保羅、張巴拿巴——又於1917年創立「真耶穌教會」。該3人自稱為「使徒」，強調「靈浸」（聖靈洗禮）與「說方言」，並認為其他教派所傳均未符合聖經教訓，故其布教對象多以基督教其他宗派之信徒為主。1926年「真耶穌教會」傳入台灣，在彰化線西地區成立第一所「真耶穌教會」，而由於第二次世界大戰後不久中國即淪陷，該會無法在發源地繼續其工作，因此今日台灣成為世界「真耶穌教會」之中心。按該會文獻記載，「真耶穌教會」宣教地區已經遍及亞洲、歐美、中南美洲等十幾個國家❼。在台灣剛光復時，「真耶穌教會」與「長老教會」、「聖潔教會」是本地基督教最主要的三個宗派。其總會設於台中市公園

路115號，並設有神學院培訓其傳道人。

「眞耶穌教會」信仰的特色，概要來說有以下四項：「追求靈恩」、「強調一個眞教會」、「守安息日」、以及「特殊禮儀」。以下簡要介紹之。

1. 「追求靈恩」：此教派相當注重「聖靈」的地位，認爲人的「重生」完全是聖靈的作用。「聖靈」令人「說方言」、「唱靈歌」，而當人被聖靈充滿時便會以靈語禱告、甚至證道。因此眞耶穌教會在進行崇拜時，常會有許多驚心動魄的禱告場面。對該會信徒而言，「聖靈充滿」是得救的依據，而靈禱與方言又是「聖靈充滿」的依據，只不過有時難以分辨到底是聖靈充滿呢？還是只是宗教情緒？

2. 「強調一個眞教會」：教會是被神「分別爲聖」的信徒團體。而唯有眞正「聖靈同在」，有「神蹟奇事」的教會才是眞教會。所以眞耶穌教會相當認同「合一」，但是卻要求必須合一在眞正的聖靈與眞理之下。言下之意，仍然有「正統」與否的判準。

3. 「守安息日」：安息日是該教派的禮拜日，而安息日是星期六（一週之末）而非星期天。他們批評一般教派以星期天爲安息日完全沒有聖經根據，是屬於天主教的遺傳。

4. 「特殊禮儀」：眞耶穌教會重視的禮儀有「浸禮」、「洗腳禮」與「聖餐」。「浸禮」強調「活水浸」：要求在溪水中舉行，受浸者面孔朝下全身浸水；「洗腳禮」則是在「浸禮」之後所舉行的儀式，由牧師、長老執事爲新受浸的信徒洗腳，有「聖潔」、「謙卑」、「服事」的意義；而「聖餐」的意義與長老宗類似，但是其形式則要求是「一整塊無酵餅」與「一大杯葡萄汁」（不能飲酒），由信徒輪著剝餅並飲用。

## （二）新約教會

「新約教會」原名叫做「聖靈重建新約教會」，所以不同於傳統基督教所指的「新約時代教會」。這個教門係60年代在香港興起的基督教新宗派，而且是中國人自創的基督教宗派中最急進又最極端的一個。它是1962年由香港退休影星江端儀所創，1963年入台布教，現在領袖為洪三期，並自稱為末後先知，信徒叫他為洪以利亞。他們心目中的「聖山」在高雄甲仙，現已被政府沒收。「新約教會」最初以「基督靈恩布道團」為名展開它的布教活動（現在對外宣教活動尚延用此一名稱），同時致力強調自己是「末後日子聖靈興起而重建的新約教會」。它的使命是要「拆毀宗派」，並呼召各種宗派的信徒「回歸重建之新約教會」（這等於宣布說，偷牽別個宗派的羊群就是它的主要使命）。雖然「新約教會」設教的歷史並不長，時下它的教勢已遍及台灣各地以及香港、新加坡、馬來西亞、印尼、泰國等處中國人的僑居地區，而且在美國和加拿大也有信徒。單就台灣而論，現在「新約教會」有30處教會分布於全台各地，信徒大約1萬人，這對於一個新的基督教宗派而言，已經是相當可觀的成績。從基督教宗派的性質而言，「新約教會」類屬「五旬節主義」（Pentecostalism）的一種宗派運動，它的信徒因此注重「聖靈充滿」，熱衷於講方言、翻譯方言、方言禱告、唱靈歌、靈醫見證，以及宣教熱情等宗教行為。為要取信於跟隨者，「新約教會」的領袖均自稱為「使女」與「先知」。

## 三、類似基督教（quasi christianity）

## （一）摩門教（Mormenism）

摩門教又稱為「耶穌末世聖徒教會」，創始者約瑟・史密斯，

據說他在異象中看見「天使」向他顯現，並對著他說：「這是我的愛子，你們要聽他。」又指點他說世間任何宗派都是錯誤的。18歲那年，天使「摩羅尼」向他顯現，指引他發現一本重要經典，也就是今日的《摩門經》。後來又有施洗約翰親自授與「亞倫的祭司職」，彼得、雅各及約翰授與更高的「麥基洗德的祭司職」，這兩個職分成為摩門教組織上重要的教職制度。其教義上與正統教會有很大不同：否定「神」具有靈體，認為「神」曾經是人，人也可以變為神，故基督的救贖是有限的，同時強調約瑟·史密斯是耶穌的傳人。目前總部在美國猶他州的鹽湖城，夏威夷的「玻利尼西亞文化中心」及楊百翰大學都屬於摩門教經營，他們擁有很龐大的財富，也有極富盛名的「摩門教大會堂詩班」。

## （二）耶和華見證人會（Jehovah's Witnesses）

「耶和華見證人」──又稱「守望台」，這是一個很猶太化的名稱，因為將「神」的名字稱為「耶和華」。創始者羅素爾原是一個熱心的基督徒，他自組查經班考查聖經，十幾年後組織「錫安守望台會」，並出版「聖經的研究」7部，這成為後來「耶和華見證人」之基礎。這個教派引用聖經「耶和華說，你是我們的見證」，來指「耶和華見證人」是上帝的見證人。又依據啟示錄所說將來在天上有144,000人是被揀選的子民，這就是見證人的人數，其他人與救恩沒分。他們否認三位一體的上帝，只強調「耶和華」是上帝的名字；否定耶穌的神性，認為耶穌只是天使長，降世以後只是一個人而沒有神性，而他復活只是「不朽的靈體」，將來也是以靈體再現。他們認為末世即將來到，耶和華與撒旦的大決戰「哈米吉多頓之戰」即將開始，千禧年要來臨。強調不敬拜偶像，所以拒絕向國旗、元首、肖像敬禮，拒絕服兵役，輸血⋯⋯等等。擁有《守望台》（對外）、《儆醒》（對內）兩本雜誌，聚會場所叫作「王國聚會所」。

## （三）「世界基督教統一神靈協會統一教會」（The Holy Spirit Association for the Unification of World Christianity）

　　「世界基督教統一神靈協會統一教會」又稱「統一教會」，係當今世界財力最雄厚又最具影響力的新興宗教。這個韓國新興宗教於1954年由文鮮明所創立，先在漢城宣教成功後，1968年轉赴日本活動，並且獲得相當大的成就。1972年以後又將宣教重心轉移到美國，並將美國視爲「20世紀的羅馬」。這一認同的理由是：美國這個「反共」的自由國家正是神所中意的「地上天國」模式，若將美國拯救過來，世界的拯救便可以完成。時下「統一教會」已經在138個國家進行宣教事工，信徒總數有400萬之民眾，若包括「贊助會員」在內，據說達7,000萬人。台灣的「統一教會」已經在台北、新竹、台中、高雄、台南、台東及花蓮7個地區擁有信徒，信徒總數多達2萬人之譜。（在台灣的「統一教會」信徒自稱爲「會員」）。

　　就「統一教會」的基督教性格而論，明顯的係屬於「類似基督教」（Quasi Christianity），也就是一般基督徒所謂的「異端」教派（基督教旁門）。爲什麼做這樣的界說呢？因爲「統一教會」雖然也相信耶穌基督，卻不以他爲唯一的「救世主」，而以文鮮明這位韓國的彌賽亞爲救主。其理由是：耶穌因爲被釘死於十字架上而只完成了「靈」的拯救，但是韓國的「基督」──文鮮明卻完成「靈」與「肉」兩方面的拯救，故爲末後眞正的彌賽亞。也就是說，生於韓國的文鮮明就一位以現代人出現的「再臨主」。而這位生於1920年陰曆1月6日的「再臨主」將眞正帶來了「神的愛」，使「墮落人」重生爲「神的兒女」。嚴格來說，「神的愛」即「統一教會」的中心思想，而「神的愛」具體表現於「統一原理」所樹立的「理想家庭」中間。至於「理想家庭」之建立則需通過「蕩減復歸」之路，以及「血統轉換」之手續。所謂「蕩減」者是一種歷練過程，「復

歸」者即重生「復活」回到神愛裡的經驗。「血統轉換」係來自「聖婚」（排除撒旦血統）的神祕經驗，也即「理想家庭」之建立。

我們從「統一教會」發行的宣傳手冊：《開拓世界的統一教會》第三頁之介紹，即可發現這個教團的「信條」有六：一、相信創造主是唯一的神，是人類的父親；二、肯定並採納新舊約聖經的經典；三、相信神的獨生子耶穌，是人類的救世主，引導人類達成復歸之理想；四、相信主耶穌將再臨於韓國；五、相信是以再臨的耶穌為中心，形成一大家庭社會；六、相信神之拯救攝理的最終目標，是為了消滅在地上及天上一切撒旦的惡主權，並建立神善主權的天上及地上天國。

若以正統基督教立場加以嚴格批判，這六條「信條」的內容與正統的基督教義格格不入。第一、第二條於表面上見之似乎可以接納，其實「統一教會」則另有解釋。就像他們不相信「三位一體」的信仰，以及以「原理講論」為絕對的教科書來取代「新舊約聖經」這點，便有所差別。第三條的認信也必須細心去推敲。根據他們的說法，真正引導人類達成「復歸」之理想者，係再臨於韓國（第四條）的「再臨主」文鮮明，而非2000年前的耶穌。而第五、六條的認信也必須由「蕩減復歸」、「血統轉換」、「理想家庭」及「再臨主」的教義去瞭解，否則是看不出其強調點所在。

「統一教會」對於「人的責任」的問題，也十分注重。在他們看來，今日「理想世界」無法達成的原因，並非神沒有施行拯救或神沒有能力，應該說是人類相對的責任分擔尚未完成所使然。因為「神旨意」的完成，不能單靠神的力量，而是人的責任去配合與分擔。也就是說，當「神的攝理」和「人的責任分擔」互相合作時，「上帝國」或「理想世界」才能夠實現。這樣看來，「人」的角色於「統一教會」的發展上占有相當重要的地位。正因為如此，「統一教會」的宗教活動分為內外兩類：對內的活動是努力與神合而為一，以獻身、禱告、與傳道去實踐「神的旨意」；對外的活動則進

行賺錢的企業經營（一和公司、國際海洋企業、馬斯特船舶公司、Saeilo機械公司、世界科學技術研究所，以及電子、電腦、寶石、空氣鎗、化粧品、大理石等企業），因而成爲全世界最富有的新興教團。

# 結論──針對台灣「教派主義」之建議

1個多世紀以來，基督教的各宗派不論早到或晚來，都已經立足於台灣社會，它們面對不同時代的各種場合從事宣教工作，同時遭遇自己宗派在台灣適應問題的困擾。事實上，台灣基督教各宗派之間已經有一些合作經驗──但大部分只限於邀請某些國外的布道團體、或進行大型宣教活動等事宜，尚未能眞正讓合作成爲常態或落實於各個層面。在台灣的宣教場合之中，基督教各宗派第一應加緊促成在基督裡的實質交流與合一，藉此共同推展宣教事工；第二即要認識清楚基督教會的時代使命，以期使福音更能有效地札根於台灣本土。在此提出兩點個人淺見：

## 一、宗派合作

宗派之存在與多元已是事實。各宗派合併又有其歷史傳統之包袱而更形困難。然而在台灣，基督宗教人口占所有台灣人不到4％，而宗派力量分散將致本土傳教工作更形艱難。因此，就基督宗教本身而言，不應將台灣視爲一個「市場」，而應視爲一個「服務區」，應講求「合作」而非「競爭」。各宗派之間不必然一定要「合一」，但要培養「合作」的態度──在宗教教育工作、宣教事工、信徒交流、福利工作……等範疇之中，都積極建立合作的機制。

## 二、利用神學的合一帶領宗派的合一

在世界上，宗派合一已是一種趨勢。各地域，各國之基督教宗派都漸有合一之共識——例如，美國的「聯合教會」、英國與加拿大的基督教會都已經成立跨宗派的聯合組織，原本各宗派的特色正在減弱之中。而台灣基督教應該在合乎本土文化之真正精神底下發展新的神學，各教派在神學上各有堅持，這些堅持有些對建構本土神學有幫助，在某些層次上可有選擇性地結合，利用思想的合一帶領宗派的合一。基本上，由於基督教各宗派來自同一源頭——基督信仰，因此更可能發展出一套在「道德」與「生命關懷」的層面相通合的神學，例如，比一般人更孝順：破除不拿香、不敬祖先之控訴；比一般人更開放：破除排他性強之控訴；比一般人更道德：破除沒見證之控訴。

若認真地觀察，今日台灣的基督教派之所以無法真正合作，當然信仰傳統的堅持是重要原因之一，但是作者覺得更為基礎的因素還是在於政治意識型態的隔閡——某教派與某政黨較為接近，我不喜歡該政黨因此便排斥該教派。這種情形事實上是存在的，而且相當普遍，這便是以政治喜好來作為信仰評判的標準，而這是毫無意義的荒謬想法。因此，除了教會牧長在教育時必須要求信徒重新反省並真正純化信仰之外，關於教會與政治之間的實際關係也該小心思考、謹慎營造才是。

# 參考書目

Babara Zikmund著，鄭慧姃譯（1985年10月），《認識教會眞相》。
　　台南：人光。

莫南著，張景文、徐炳堅譯（1966），《基督教會概覽》。香港：道
　　生。

普世教會協會（WCC）編著，陳南州譯，《宣教與傳道——普世
　　教會運動共同的宣認》。台灣基督長老教會總會「研究與發展中
　　心」發行。

Allen J. Swanson著，盧樹珠譯（1981），《台灣教會面面觀——
　　1980年的回顧》。台北：中國主日學協會。

# 註釋

❶「道成肉身」是「基督論」的基礎。此教義的《聖經》基礎在於〈新約·約翰福音〉第一章14節，與〈新約·使徒行傳二十章28節〉。簡單地說，便是強調耶穌在「三位一體」教義中「聖子」之性質。此教義強調祂出於父而與父同質，聖父在永恆之中（時間之外）生成了「子」，此「子」便是上帝的「道」，自太初便與上帝同在。而因為世人犯了罪無法自救，「三位一體」上帝便以「子」位格之「道」成為肉身，成為人的形象來到人的世界進行拯救工作。

❷「阿米序教會」的成員是來自瑞士與德國的門諾會信徒，當移民至美國之後，就以激進的方式主張和平主義。建立隔離聚落而刻意與文明隔絕，過著古時候自給自足的農業生活。不過人數在減少之中，在美國愛荷華州已有少數阿米序部落開發成觀光區。

❸「教派分立主義」（denominationalism）容許基督徒們生活在一個多元化的世界裡，並且坦承地接納所有教會型態而不論斷每個不同於自己的教會。它承認基督徒彼此之間互不相同的想法也有它的價值，故一方面能固守自己個人的信仰與習慣；一方面透過承認教會組織，組織有某一程度的多樣性乃是出於上帝的恩典。詳見Babara Zikmund著，鄭慧姃譯（1985年10月），《認識教會真相》。台南：人光，頁92。

❹詳見H. Richard Niebuhr（1957）. *The Social Sources of Denominationalism*, Meridian Books, p. 6.

❺他曾寫過一篇文章〈教派分立主義乃建立普世教會的基礎〉，載自 *Denominationalism as a Basic for Ecumenicity*，其中就主張教派的分立不是因宗教自由所造成的禍害。相對地，它隱含了改革宗的神學中，教會決不能被任何制度所局限的要素。該文收錄於Russell E. Richey（1977）. *Denominationalism*, Abingdon Press, p. 22.

❻「長老主義」指的是由教會信徒所選的「長老」以及牧師（教誨的長老）組成「小會」（session）來治會，並由教會派出的「代議長老」組織「中會」，以此中會為制度中心的教會論為原則。

❼按《真耶穌教會簡介》所記載，該會宣教地區包含：日本、韓國、菲律賓、馬來西亞、新加坡、馬來西亞、沙巴、汶萊、印度、泰國、澳洲、英國、德國、法國、美國、加拿大、薩爾瓦多、奈及利亞等國。

# 第十五章　基督教改革宗之基本政治性格
## ——以台灣基督長老教會爲例❶

　　台灣基督長老教會長期以來與民進黨有密切的關係。由於對於爭取台灣民主政治自由，恢復台灣本土人民尊嚴的理念相符合，因此自黨外時期，兩者便常站在同一條陣線。遇到選舉——無論是中央或是地方選舉——時，長老教會往往成爲黨外人士（或是今日的民進黨）堅實的盟友。也因此，在國民黨政府與一般人民的心目中，長老教會與民進黨常常是劃上等號的。而2000年總統大選，台灣基督長老教會總會也發函所屬各地方教會，支持屬於「台灣人的子弟」，在字裡行間瀰漫著支持陳水扁的意味。當然，與政治理念相近、所欲與對抗的對象——國民黨——一致，加上長期並肩作戰的深厚情誼，我們應可理解台灣基督長老教會的基本立場。

　　一直以來，兩者的角色相近，都以在野監督的身分自居，兩者的相輔相成的確成爲台灣民主發展的有效催化劑。但是，當民進黨取得了政權，就算陳水扁一再宣稱他將不參與民進黨的黨政活動，以標榜他超黨派的立場；但是民進黨畢竟成爲執政黨也是不爭的事實。在這樣的情況之下，長老教會該如何再定位其自我的政治角色便成爲決策高層必須仔細思考的問題。以往在民進黨逐步取得地方執政的情形下，長老教會並未改變其支持民進黨的基本立場，原因是中央執政者仍是充滿著包袱的國民黨。但如今民進黨取得了中央的政權，則長老教會的立場是否因而必須有所調整，將會成爲長老教會在信徒自我定位與社會認同等層面上的重要指標。作者必須指出的事實，是有許多的長老教會的牧師或信徒支持民進黨，並不完全是基於政治理念的理解或信仰生命的外鑠，而只是基於對早期國民黨不滿情緒延續而形成的刻板成見之自然反應。這將產生一個危

機，就是「民進黨絕對優於一切」之意識型態，而造成無法客觀思考台灣政治現況，引導信徒作正確的政治關懷的結果。

面對未來，台灣基督長老教會該如何自我定位？這個問題應該回到原點：基督教改革宗的政治觀之基本命題是什麼？如果教會能真實地弄清楚改革宗傳統的基本政治命題，那麼不但能清楚地看到自己未來的方向與可行的作爲，同時還可以檢視自己以往的政治策略是否適當，是否合乎聖經的教訓以及改革宗傳統。因此本章將藉由重新思考改革宗神學有關政治的教訓來爲台灣基督長老教會提出建議。從聖經重要經節的詮釋、重要改革宗神學家有關「政治」的相關說法，來綜整出改革宗政治觀的基本性格；然後就台灣政治生態下文化特性之反省，來提出一些提醒及建議。盼這樣的思考能合理地、合法地爲台灣教會——不只是長老宗——指出可行的方向。

## 第一節　宗教的基本意義與功能

在正式進入正題之前，作者認爲有必要重新思考作爲一個「社會上的宗教信仰」所需具備的社會功能。以往在台灣，政府與一般人民對於宗教的看法大多只停留在「心靈撫慰」、「道德教化」和「社會慈善」的層面，而不認爲宗教應該參與政治、經濟的實際作爲❷。事實上，宗教對於社會的關懷應該是全方位的，只注重啓迪人心而不重社會組織權力結構之批判改革是不夠的。眞正的宗教不能只是一個抽象的信念或觀念，它是一個客觀存在的社會現象，有其行爲行動，以及制度組織。就作者個人認爲，宗教體系包含了神聖事物、人，以及部分社會。其基礎在神聖事物與人性之相互關係上，由此人可展現出其行爲模式，並產生各種的宗教現象。但社會環境對人是有影響的，當人受外在環境影響，而以功利、自私、不純粹人性之一面來面對神聖事物時，兩者關係便會改變，同時其外

在行為模式及宗教現象也會改變。當然，也可能人會受宗教影響而在不斷自我超越之過程中同時改變影響了社會。但是，宗教體系是存在於社會之中，所以兩者之間是相互影響的。只是宗教人要影響社會必須藉助組織制度——即宗教體系中之小社會——的力量，見圖15-1。

　　人類學家馬凌諾斯基（Bronislaro Malinowski）認為：一個民族之宗教是一種信仰和實踐之完整體系，可以幫助解決許多非經驗和非科學的社會及心理問題。他同時提出，宗教目的和功能不同，宗教的目的是為崇拜神；而宗教的功能則有以下四項❸：

1. 意義的功能（meaning function）：意義包含了概念與需求，人類對於生存的價值，生命意義之困惑，意圖從這信仰來獲得紓解。宗教能賦予生命價值及死亡之意義，以減少憂慮。而當人的心靈受到不符合及反常現象之威脅時，可藉由各種儀式來控制，以維持觀念體系的和諧。
2. 歸屬與認同功能（belonging and identity function）：宗教給予個人身分的功能，即對自我的認知與價值的賦予。信仰共同宗教信仰者，能從中獲得歸屬感，認同他們的宗教團體，這可使人瞭解他是誰及是什麼。
3. 心理的功能（mental function）：就個人層次而言宗教能讓人

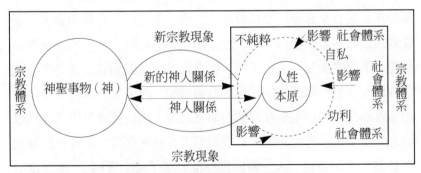

圖15-1　宗教形成之元素

回復快樂的心態，舒坦人的焦慮不安。

4.社會的功能（social function）：涂爾幹（E. Durkheim）認為宗教的社會功能乃在於聯結一個社會，整合社會的集體情感，並團結社會。早期的民間信仰的確具有這種功能——但相對地，團結自己的族群而排斥其他族群。

將上述之功能放在台灣現在的社會，應該也是適當的。但想強調的是，上述各功能也許是宗教存在之意義，卻可能也是其危機的起源。因為上述功能其目的不外乎於認同社會現實，維持社會組織和秩序之穩定。它與其說是淨化人心，不如說是安撫人不滿的情緒。人從社會現實生活中產生了不安及困頓，期待藉由宗教來解決其問題，此時信仰該給予人的，不應只是麻醉地撫慰，更應該是實際問題的解答，它應該幫助人發現自己的真正需求，瞭解人們生存需求和現實社會中的矛盾，重建人類能力，進而改變人也改變社會。這是我一直堅持的看法。

## 第二節　基督教政治觀的聖經與神學基礎

從耶穌基督的生平開始，到使徒們的宣揚，以及初代基督教與羅馬政府的對峙，基督教與其政治實況便一直是分不開的。任何時期的基督教會都必須回應當時政治力對它的定位、詮釋與要求。基督教的政治觀是根植於「上帝國」的認知與期盼之上，所以基督教會的政治態度便是在「上帝國」標準與世俗政體兩者之張力中，採取合理而合乎信仰認知的相應態度與措施。幾乎所有的神學家都認為：政治秩序的產生是在罪惡的事實之後，因此便會有學者認為政治之主要功能在遏止罪惡，只要罪惡不存在，則政治制度也無存在之必要了。如果有一天，整個世界都變成了「上帝國」，那麼政治

制度是否還需要存在？這的確是個相當難解的問題。可以作個假設：上帝國代表的是上帝的統治，而只要是統治必定有相應的措施與制度，那就是神國政治了，只不過神國政治必定不同於現實的政治。無論如何，讓我們先看看聖經與神學家的說法。

# 一、從《聖經》❹的教訓來看——舊約〈阿摩司書〉與新約〈羅馬書〉

改革宗教會最重要的特色便是「回歸聖經」。他們強調一切的教義、道德與聲明皆出於聖經的教訓。那麼我們便來檢視聖經中對於基督教改革宗的基本政治性格有何相關的說法。在此必須強調的是，之所以選擇這兩段經文，是因為其中都提到了人、政府與宗教的關係。我們正好可以由此來看看聖經的相關說法。

## （一）舊約的教訓——〈阿摩司書〉五～七章

「我厭惡你們的節期，也不喜悅你們的嚴肅會。你們雖然向我獻燔祭，和素祭，我卻不悅納。也不顧你們用肥畜獻的平安祭。要使你們歌唱的聲音遠離我，因為我不聽你們彈琴的響聲。惟願公平如大水滾滾，公義如江河滔滔。」（阿摩司書五：21～24）

這是舊約時期南國猶大的先知阿摩司面對當時強盛驕傲的北國以色列人民時所說的話。當時的世界（811～783e.BC）正好使得一直被欺凌的以色列人有休養生息的機會——敘利亞已被亞述所滅、亞述又日趨衰弱、埃及此時也紛亂不振。以色列站穩了腳步，因不必再向敘利亞與埃及等國交繳貢銀，所以經濟與商業都有發展。但是發展的結果卻是貧富差距增大，政府與富人相互勾結，維持既得利益而打壓窮人；有了錢，當然宗教活動便頻繁起來，但是看似虔誠的宗教行為與多行不義的社會狀態，簡直是一大諷刺。阿摩司便是此時期「先知運動」❺中第一位著作先知。

在以色列民族史中，先知始終扮演著批判者與指導者的角色。

如果遇到了一個還算不錯的國王，那麼先知就算不被禮遇——一般先知都不被喜歡——至少不會有生命危險；但是如果遇到暴虐剛愎的國王，那麼先知就必須有犧牲生命或逃亡的心理準備。阿摩司秉持先知傳統，激烈地抨擊當時以色列國的政治黑暗與社會不公義。尤其針對宗教容忍不公義的情形大加達伐：「你們雖然向我（耶和華——引者按）獻燔祭，和素祭，我卻不悅納。」同樣的記載也在〈彌迦書〉：「首領為賄賂行審判，祭司為雇價施訓誨，先知為銀錢行占卜。他們卻倚賴耶和華，說：耶和華不是在我們中間嗎？災禍必不臨到我們。」（彌迦書三：11）

在舊約的傳統中，好的先知永遠都與在執政者不站在同一面，對於暴君是如此（彌迦書三：9；阿摩司五：11；何西阿四：2；以西結廿二：27；以賽亞一：15……等等），就算面對所謂的明君，當他作錯事時，一樣受到嚴厲譴責，例如，拿單之於大衛王（撒母耳記下十二：1～15）、哈拿尼之於亞撒王（歷代志下十六：1～10）、以及以賽亞之於希西家王（列王紀下廿：12～19）。除了國王之外，先知也要面對「祭司」。祭司是國家的宗教領袖，同時也是國王的宗教諮詢顧問。一般而言，兩者的關係是密切的——尤其是像以色列那樣政教合一的國家。先知阿摩司因為嚴詞激烈而被伯特利祭司亞瑪謝控告並排斥：

「伯特利的祭司亞瑪謝打發人到以色列王耶羅波安那裡說：阿摩司在以色列家中，圖謀背叛你。他所說的一切話，這國擔當不起。……亞瑪謝又對阿摩司說，你這先見哪，要逃往猶太地去，在那裡餬口，在那裡說豫言。」（阿七：10、12）

但是阿摩司不因此退縮，他反而控告亞瑪謝：

「亞瑪謝阿，現在你要聽耶和華的話。你說不要向以色列說豫言，也不要向以撒家滴下豫言。所以耶和華如此說，你的妻子必在城中作妓女，妳的兒女必倒在刀下。你的地必有人用繩子量了分取，你自己必死在污穢之地。以色列民定被擄去離開本地。」（阿

七：16〜17）

我們的注意力應放在阿摩司的理直氣壯。我相信，這也是先知們的必然性格。他的勇氣是來自於他對於耶和華上帝呼召的順服。其實這之中有一句相當重要的話：「我原不是先知，也不是先知的門徒。」（阿七：14）這代表著他之所以站出來不是因著職業與身分的相符，而是因著作為耶和華的子民對於神的旨意與命令的順服。另外，當我們審視先知阿摩司對祭司亞瑪謝的控訴時，我們可以得到幾個重點：一、當面對自己的信仰良心與社會認同之選擇時，我們該怎麼辦？阿摩司給予我們一個方向：先站穩自己的腳步，確定自己所說的是真正的公義，是「憑愛心說誠實話」，那就無所畏懼；二、對於政治的控訴，是否有底線？答案是沒有。阿摩司所宣告上帝的審判，是至為無情的，任何不公義的事情都必須提出來。然而，重點在於完全的無私與人民的公義。這樣的論調，在各先知書之中都可見到。我想這給予今日台灣的教會一個思考方向：今日的基督教會應當作為「祭司」抑或是「先知」呢？

## （二）新約的教訓——〈羅馬書〉十三：1〜7

「在上有權柄的，人人當順服他。因為沒有權柄不是出於神的。凡掌權的都是神所命的。所以抗拒掌權的，就是抗拒神的命。抗拒的必自取刑罰。做官的原不是叫行善的懼怕，乃是叫做惡的懼怕。你願意不懼怕掌權的嗎，只要行善，就可得他的稱讚。因為他是神的用人，是與你有益的。你若作惡，卻當懼怕。因為他不是空空的配劍，他是神的用人，是申冤的，是刑罰那作惡的。所以你們必須順服，不但是因為刑罰，也是因為良心。你們納糧也是為這個緣故。因為他們是神的差役，常常特管這事。凡人所當得的，就給他。當得糧的，給他納糧。當得稅的，給他上稅。當懼怕的，懼怕他。當恭敬的，恭敬他。」（羅馬書十三：1〜7）

在第二次世界大戰之前，〈羅馬書〉十三章一直是基督教政治

立場的代表性經節。就基督教保守派而言，其意義非常之明顯：政府是上帝所設立的，所以基督徒應該服從政府；不只是為了避免政府的處罰，更為了必須在良心上支持政府在社會秩序維持上的正當性。這裡面指出了政府的功能──獎善罰惡，與人民的責任──良心上順服。類似這樣的經文在〈彼得前書〉亦可看到：

「你們為主的緣故，要順服一切的制度，或是在上的君王，或是君王所派賞善罰惡的臣宰。因為神的旨意原是要你們行善，可以堵住那糊塗無知人的口。……務要尊敬眾人，親愛教中的弟兄，敬畏神，尊敬君王。」（彼得前書二：13、14、17）

新約的政治倫理講求「順服」嗎？我想我們應該討論「順服」的意義。「順服」原文為hypotassesthai，它代表著在人際關係中的一種態度。新約將這個字用在耶穌對待他人一貫的態度上，代表著祂自我謙卑與低下的特質❻。因此我們若將耶穌對政治的態度放到這裡來，便可理解，所謂的「順服」不是「臣服」、「奴隸般地服從」、「俯首忠貞」等意義，而是一種「謙卑的」、「非暴力」的態度。我們應遵循合理的社會制度，遵守合理的公民責任，在可能的情況下也維持社會基本秩序。但是當面對應該否認與拒絕的事物時，也應具有感覺、瞭解與意志。按照尤達（John H. Yoder）對於〈羅馬書〉十三章1～7節的說法，基督徒當時所面對的政府是羅馬政府，是一個他們所無法參與但強制力極大的政府，所以他們對於政府的「維持秩序」── 司法及治安──的工作應當順服。它指出，保羅所強調的是這個政府在現階段是屬於上帝的「工具」，上帝給予統治權，並不代表上帝認同他們的道德，所以基督徒雖然在制度及社會義務上謙卑地遵循政府，但是在道德上仍可保有獨立判斷的能力❼。因此，順服的原因在於良心，而順服的標準也在於良心。同時耶穌如何接受順服與屈辱的事實，基督徒也應如此學習。我們如果將此段經文與〈馬太福音〉五～七章來作比對，當可發現新約政治倫理之中所強調的是一種「公民責任的履行」、「謙遜不

自高的人際關係」，以及「非暴力但有原則的抗爭」──「不服從的順服」❽。不過，我個人認為，由於當時的政治背景是一般人民──尤其是基督徒──無法參與政治活動，故採取和平的態度；今日在社會轉變的情形下，人民被容許參與政治的底限已經加大，而方式也更具彈性，所以在同樣的信仰動機之下，基督徒應可在最大的範圍內進行政治關懷。

## 二、從改革宗重要神學家的政治觀來反省

宗教改革對於歐洲政治的影響，是自由思想逐漸出現。由於要求以聖經為依歸，所以為社會帶來極大的自由，而又不會引起混亂。當然，宗教改革運動並沒有把社會與政治帶到完美之境，但是至少一步步帶來獨特與改進。在「以聖經為依歸」這樣的傳統下，無論君王或庶民都應遵守上帝的律法。因此，接受宗教改革運動的國家，其政治型態也跟著改變❾。瑞士的神學家微內（Alexandre Vinet, 1797～1847）便說：「基督教是世界自由不朽的種籽。」❿，為了清楚宗教改革傳統的神學家如何看待政治，以下將舉加爾文、卡爾‧巴特、田立克、雷茵霍得，以及莫特曼等五位來作介紹。

### （一）約翰‧加爾文（John Calvin）

在提到加爾文之前，先稍微介紹一下馬丁‧路德。不只因為他同樣也是改教運動的先驅；更是由於兩個人的政治思想是極端的南轅北轍。在路德的政治社會觀之中，教會權威與政治權威之聯合是形成一個和諧的基督教社會觀的必要條件。而後者是藉著上帝的話及聖靈而形成，在這種情形之下，我們可看出路德認為政府是具有神聖屬性，並且是以理性為根據的。上帝自會對祂所設立的制度負責，不需要人類加以干擾。由此推論，人民對於政府必須絕對地順

從,甚至對於暴君只能消極地忍耐及抵抗。當然,路德派的政治觀無疑地產生了一些不良的影響,包括君權的極度擴張、宗教社會責任的保守性,以及政治人物的不負責任等。這也使得原始路德派的思想只能在中、北歐附近發展,而無法如同加爾文派一般在自由思想鼎盛的西歐及美國立足了 ⓫。

和馬丁・路德一樣,加爾文認為真正的「上帝國」是指教會權威與政治權威聯合在基督耶穌之中。但是,不同的是,路德認為所謂的聯合是實質地居住在基督之中,享受信的快樂;而加爾文則認為與基督聯合是指頭與肢體的關係——頭支配命令肢體,並使肢體得到成就 ⓬。因此,當加爾文在日內瓦推行政教合一的政府,其基本點是根植於「國家隸屬於教會」的理念之下。加爾文認為:地方官的使命在維持政治及教會的安定及秩序,並且為正統教義之教導作準備;牧師團則有責任對地方官解釋「上帝的話在特定情狀下的詮釋」——牧師立法,地方官執行。因此,牧師與地方官的使命相同,但使用工具與權力範圍則不同。加爾文的思想中有相當強烈的「主權在民」的傾向 ⓭。「訴諸於人民」往往是加爾文及其設置的「教會法庭」之最高政策,他也常常靠證道來激勵群眾,斥責不合耶穌教訓的法律與行為。而在其後的100年中,加爾文派的牧師一直堅持著良心,強調保護人民的天職而屢屢脅迫日內瓦議會,以致於議會請求他們在上台講道之前,先將政治上的難題與議會協調,一直到16世紀末,議會才算成功地限制了牧師的這種自由。而加爾文的後繼者伯撒(Beza)與諾克斯(John Knox)甚至發展出「合理革命」的概念——當統治者非為基督徒時,人民在某種情形之下可以以武力推翻不合理的統治 ⓮。在加爾文的想法中,「平等」關係並不是最重要的,唯一的平等是大家都是罪人,不可能依著自己的意志行善,必須無條件地服從上帝的旨意。17世紀英國清教徒依循著這樣的思想脈絡,發展出「社會之約」的觀念。

## （二）卡爾・巴特（Karl Barth）

　　一般人對於巴特（Karl Barth, 1886～1968）的認識，大多限於他的「新正統神學」與《羅馬書註釋》，可是大家可能會忽略他的政治神學思想也是當代改革宗教會遵循的主要路線之一。他的政治思想是在抗衡納粹主義的背景下形成的。1933年，希特勒在西方正是不可一世，德國一些有勢力的教會人士發起「德國基督徒運動」與納粹相呼應，這個運動一直持續到第二次世界大戰時期。而巴特為了捍衛德國基督教的純淨，所以成為與「德國基督徒運動」相對的「告白教會」❺（Confessional Church）的倡導人之一，也一起起草了著名的「巴門宣言」❻（Barmen Declaration）。而在1935年，更因為拒絕向納粹主義宣誓效忠，因此被驅逐出境，之後他便在瑞士的巴賽大學執教，直到1962年退休為止。

　　巴特的政治思想是根植於他對於「基督是上帝唯一的啟示」的堅持上，他同時也堅持「只有在啟示之中才能認識上帝」。這種堅持在當時納粹主義的背景下更形重要。基督徒的確要為國效忠，而所謂「效忠」便是幫助自己的國家走在公義的路上。對他而言，納粹不代表德國，因它根本不具一個政府應有的條件。上帝將國家恩賜與人類，祂的旨意成為國家權力的限制——因此國家不是崇拜的對象，而當它違反上帝的正義時，人民便應該反對政府。神學的確應該要隨著時代而變，但是神學的變化並不是建立在現時代之上，而是建立在上帝的啟示之上。

　　有兩個例子可以佐證巴特的看法：一、他對納粹屠殺猶太人的看法；二、他對共產主義的態度。當納粹瘋狂地屠殺猶太人時，巴特認為猶太人仍是上帝的選民❼，上帝仍賦予他們有存在的意義與作用。希特勒要消滅猶太人，是因為只要他們存在一天，就是上帝的見證人——監督著各個自認為有最高權威的獨裁者。希特勒的屠殺行為等於是向上帝宣戰，他並且預言，希特勒先逼迫猶太人，接

著就要逼迫教會。至於在1948年之後，共產主義的陰影籠罩了歐洲，此時巴特卻不以反對納粹的態度來反對共產主義❸。他認為不同的世代，人應追尋上帝不同的啟示。當時歐洲對共產主義一片憎惡之聲，教會不需要再畫蛇添足，若只將注意力擺在對共產主義的反對上，豈不是又把反共當成絕對事件嗎？況且更重要的是必須重新反省當時歐洲人的生活方式，這也是當時歐洲的危機，也是他建構「危機神學」的起點。

## （三）保羅・田立克（Paul Tillich）──政治的上帝國

作者在第九章曾提到田立克在《系統神學（卷三）》中對「天國」的特性有如下的描述❿：

1.天國具有政治性：上帝是最高的統治者。
2.天國具有社會性：神的天國是一個充滿和平與公義的社會，當一個社會能具現出這樣的特質時，它便有天國在其中。
3.天國具有人性：在天國中的人都能親身經歷永恆的觀念與滿足。
4.天國具有普世性：天國的福分是屬於全人類的。

基本上，我們可以這麼說：田立克的政治觀基本上是建立在「上帝國」的概念。就一個宗教而言，基督教並沒有比其他宗教高超，基督徒也沒有比其他宗教的信徒更公義。但是，由於基督教所高舉的基督是「終極的」（ultimate），所以基督教可以為人類世界指出一個終極目標──上帝國。而藉由基督的無私無我的媒介，使人類得窺上帝國啟示的奧秘。而從現實社會走向理想的「上帝國」便是田立克的政治歷史觀。他特別提出了「關鍵時刻」（kairos）❷這個概念，認為就是由無數的kairos來構成充滿可能性的人類歷史。所以田立克認為，現在我們也是處在kairos之中，雖然看似各種敗壞圍繞我們，但是基督徒必須學習藉由基督得來的上帝奧秘，

來矢力追求社會的公平與正義。他因此嚴厲批判「資本主義」，認為那是社會敗壞的重要原因；相較之下，他反而較同情「社會主義」，他甚至提出「宗教社會主義」來作爲理想社會的藍圖。只不過他也強調要以「嚴格的批判」來保證社會主義在動機與方法上的合理性與合法性。

## （四）雷茵霍得・尼布爾（Reinhold Niebuhr）

尼布爾是當代著名的政治神學家，之所以如此歸類，是因爲他是20世紀對政治問題發言表態最多的神學家。而他賴以建立其政治神學的思想基礎，便是從「罪惡是人類本性」這一命題出發。因此，尼布爾便認爲「愛」不可能作爲社會倫理與政治生活的準則，唯有「公義」才有可能[21]。「公義」概念的最高原則，應是〈路加福音〉六章31節所記載耶穌說的話：「你們願意人怎樣待你們，你們也要怎樣待人。」意即包含了「公平、互惠與平等」原則。由於尼布爾強調，政治權力是社會政治秩序的基本保障，只是政治權力常爲少數人組成的團體所掌握──他認爲政治便是權力鬥爭，所以各權力間的相互制約以達到「權力平衡」，便成爲「政治公平」的重要指標。同時，在達成「權力平衡」的過程之中，也需要另一種社會因素的作用，那就是社會理性與道德的強調，因爲那可以有效緩解權力鬥爭中的不公道[22]。而最能夠發揮社會理性，也夠能力達成權力平衡的政體便是「民主政治」。換句話說，雖然不是最完美，但是人類理性與歷史中所能建構最好的政體便是「民主政治」。

尼布爾在其《人類的命運》（*Human Destiny*）中，認爲基督教對於「民主政治」有兩個貢獻：一、基督教的「罪」觀，成爲批判政治不公義的價值基礎；二、基督教的「人具有上帝形象」觀點，使得以有限的人來實行民主政治成爲可能[23]。由「公義」與「權力」的演繹來審視基督徒政治觀的核心課題，便是「人權」之爭取。

「公義」在耶穌的意思中，代表著彼此要以「人」相對待，尊重所有人的權利。換句話說，在尼布爾的觀念中，基督教就算不是直接，也是間接促進「民主政治」的宗教，因此作爲一個基督徒有義務維持此政體的常規運作。基督徒公民應當善用此政體之中所有賦予的權力來追求社會的「公義」——拒絕政府的不法要求，在不使社會發生混亂的情形下抗拒政府、爲促進更好的政治而批評統治當局❷❹。

因此，作爲「現實主義」（realism）的神學家，尼布爾強調基督教的政治立場應當既保持先知批判政權的驕傲與不義的精神，警惕蘊藏於政治權力中的暴虐因素，又要維護政治權力在建立政治秩序中的正當作用❷❺。

## （五）猶根莫特曼（Jurgen Moltmann）

莫特曼在其1974年出版的《十字架上的上帝》（*The Crucified God*）之中，曾建構他的「十字架」的政治神學❷❻。在《俗世中的上帝》中，他強調：「政治神學並非資產階級的『先進的』自由神學，而是西方世界中受難者的政治及社會批判的神學。❷❼」又說：「政治神學在我的理解中乃是眞正的辯證神學：矛盾的與盼望的神學。……藉著對基督的回憶，我們嘗試以受難者的名義來除去暴力統治的合法性。❷❽」從他對「政治神學」的定義，我們約略可以理解他的政治關懷方向、方式以及基礎。基本上，他是以「道成肉身」的教義爲基礎，基督的受苦與盼望爲其樞紐，而以實際參與以及批判爲其方法。

在其〈十字架的政治神學〉一文中，莫特曼申明基督的福音與行爲「本質上」便是「政治性」的，他認爲我們應從「政教合一」的角度來理解耶穌。基督的十字架代表了「一種在民族、帝國、種族與階級面前公開見證基督的自由與律法的恩典」❷❾。他強調：

「信仰的自由只有在政治的自由中才能存在。因此，信仰的自

由要求人們去採取自由的行動，……上帝被釘死在十字架上這一事實清楚地表明：沒有自由的人類處境是一種必須打破的惡性循環，因為這位被釘在十字架上的上帝已打破了這種惡性循環。」❸

因此，莫特曼要求對社會上各種政治運動採取「批判」而「團結」的態度❸。同時他也認為政治統治的合理性只能「從下面」──即由人民──來證明。政府必須能為人民的福利服務並保障人民之自由。在這種觀念下，教會應變成「社會自由批判的制度」，隨時要克服社會與政治所造成的「冷漠無情」來擴充人的自由。總之，在莫特曼的想法中，耶穌──這位被釘十字架的上帝──藉由祂的教訓與苦難，無論在意義上或實際行為上都為我們揭示了一個政治的原則，作為一個基督徒有義務藉著「批判」來檢證政治統治的合理性，並團結──同時也要批判──社會的力量，一起打破社會與政治上的冷漠，開顯人的自由。

## （六）一個簡單的歸納

從以上新教神學家的政治理念來看，可以歸納出以下共同特色：

1.聖經中有關耶穌的教訓，不只是靈性精神層面的改造，也牽涉到了實際政治與社會的關懷。

2.政治倫理的基礎在於「公義」，而公義是由「愛」而來。

3.牧師或傳道人有責任喚起信徒與社會的「良知化」（concretization）──喚起百姓從「無知」與「被動」之狀況中醒來。

4.對於政治上的不公義情事，基督教會與信徒應秉持上帝的教訓加以批判。

5.基督教會在國家之中，應該是扮演「先知」與「看守者」的角色，而非「詮釋者」。

6.政治關懷的最終目的便是開顯人的自由，維護社會的公義，進一步找回政治的愛。

一個很清楚的事實是：宗教改革範圍所及之國家，絕大部分都成為民主國家；而「民主」正代表了允許人民對統治者的批評甚或合法的抗拒。因此我們可以如此相信，改革宗傳統的確具有維護自由與建構民主的內在因素，那就是對於現存政治勢力不妥協的基本性格，此性格在我們探討《聖經》之教訓時也得到了佐證。既然基督教改革宗具備有如此的基本性格，那麼我們便進一步來探討，具有批判性格的改革宗教會如何合宜地自我定位，而又能有效地發揮其功能。

## 第三節　台灣改革宗教會的批判性格

「批判」一詞在今日可謂是炙手可熱。但什麼是「批判」？以最簡單的話來說，批判不同於批評，批判必須要有一個客觀的立足點（亦即在某段時間、空間、背景、條件下，它應該如此或它不該如此），找出不合理事物中之疑點，而嘗試提出改進。換句話說，真正合宜的批判應該是從已異化了的現象找出其內在的意識型態——此意識型態導致了主體的應然與實然間的緊張性，若打破此意識型態可以使主體回復其自我意識。而不是先預設自己在某立場上去批評別人。改革宗教會一向以「批判」精神見長，那麼批判結果的有效於否，常常在於批判基點的合法性與合理性。因此，將藉由整理從聖經與各神學家的思想，比對台灣長老教會與政治的互動歷史，來反省台灣改革宗教會批判性格之特色。

## 一、基督教改革宗基本政治性格的反省

在這裡，所要處理的內容是改革宗的教會，按照先前所整理出聖經與各神學家的思想內容作歸納，可以從三個向度來理解基督教改革宗教會的基本政治性格。

### （一）政治倫理要求——公義

無論從〈舊約〉、〈新約〉，抑或是神學家們的看法，都一致認為「地面上」的政府必須達成的最基本立場是「公義」。而值得強調的是，這種「公義」的最後標準不在於國家的權威或是社會的契約，而在於個人的「良心」。宗教改革運動所倡導的「以聖經為根據」思想，不但在宗教上產生了自由思想與個人主義，也在政治之中產生了同樣的發酵作用。這使得政府（無論是君主抑或是民主）都變得與平民百姓（正確地說，是「中產階級」）一般平等，同時各有必須履行的義務。而至於公義的範圍，從「社會資源的公平分配」、「社會權力的相互制衡」、「社會義務的真正履行」、「社會道德的提倡維護」等，都有具體的要求。「公義」的意義並非絕對不變，但是基本的原則，是在當下的社會與政治環境中，真正落實「公平」、「均衡」的要求。因此，改革宗教會應該在其所處的社會與時代的脈動下，不斷地要求各階層的人要重視公平的社會經濟，均衡的政治權力，合乎人性的社會道德與義務。而以「上帝國」實現之目標為前導，將「公義」的社會道德層次不斷地推向「愛」的層次。

### （二）與政府的關係——先知與守門者

因為有政治倫理的基本訴求，所以基督教在歷史與社會中才具有存在的主體性。而在基督教歷史之中，有了「終末」的優先地

位，神學家們才可能因而建構「上帝國」的應然理想情境，並作爲導引實然社會走向的目標與方向。在這樣的情形底下，作爲塵世中較接近理想國度的組織——教會，便有不斷反省自我定位並提出適當呼籲的責任。改革宗教會一直以作爲「時代的先知」的期許來自我定位其社會角色——以田立克的說法，他必須隨時作反省並覺知到「關鍵時刻」（kairos）的來臨，並因著對於存在境況與聖經教訓的相互認知，提出最合乎當時人民利益的建言。而最合乎人民利益與聖經教訓的呼籲卻往往不符合執政當局的期待，所以先知最重要的標誌便是「不妥協」以及「眞理的勇氣」。除了積極的先知角色，教會也應擔負起消極的「守門者」的責任，阻止不合乎愛心的思想擴散。例如，在歐美社會中，教會首先反對種族歧視、奴隸買賣與財富剝削❸❷。尤其是牧師，更應該認知到所傳的基督教義對社會的影響，在其牧師講壇上，一方面擔負起「喚醒者」——喚醒社會與信徒之良知——之責任；一方面也要成爲一個「批判者」——奮不顧身地揭露社會的不公平與不正義，並引導信徒與社會向「上帝國」邁進。

## （三）動態平衡的立場

　　一般而言，教會對於政府的立場可分爲三種：親近政府、反對政府與不理睬政府。當然這三種立場各有其神學淵源與理由。持第一種觀點的，是認爲政府是在上帝的神聖目的下所設立，因此它本身便帶有神聖性，所以基督徒做爲公民，必須尊重政府、順服長官、守法愛國。而且如果與政府當局有良好的互動關係，才能發揮正面的影響力，讓政府遵行公義；持第二種觀點的，是認爲政府的產生與人的罪惡有關，所以無論是誰，只要取得了政權，就必然會慢慢走向墮落與腐敗。這時候就必須有一個制衡的力量來作爲牽制與促其反省之功能，而且這個力量必須是向上提升的力量，所以教會必須扮演「不斷批判」的角色，以促使政府可以不斷反省。至於

持第三種觀點的，則是認為教會與政府是不同等級，各擁有不同的秩序與規範，彼此不互相從屬，也不互相干涉。教會的第一要務是傳福音，只要福音廣傳，則社會與政治自然改善。因此，過分親近政府或反對政府都是不合宜的，都會破壞教會超然神聖的地位。

在此，除了這三種之外，我提出自己的一個見解：基督教會與政府之間的關係應該維持一種「動態平衡」。所謂的「動態平衡」即是指在正與反、同意與反對、親近與疏離之間尋求平衡點，但因為兩個極端之間是互動的，是會有辯證拉扯力量的，所以教會必須隨時反省，以尋求在這動態之間的一個平衡。例如，台灣便是在美國與中共之角力間求得一個「動態平衡」，使得台灣不必向任何一方表態，或犧牲自我權益，卻能獲得程度上的安定與獨立。教會的發展絕對不可能與政府之間沒有互動，但是也不能只親近或反對，那將造成一種主觀的意識型態——例如，一般長老教會信徒對於民進黨與國民黨的評價——而流於情緒性發洩之危機。教會與政府，或與反對黨之間應各保持一個空間。因為教會有一個更重要的準則——公義，應該遵循著這個準則而謹慎反省教會整體的政治立場。

## 二、台灣基督教長老教會批判性格的歷史淵源

台灣基督長老教會承襲了加爾文派的傳統，強調教會民主與社會參與，從其自西元1971年至1977年接連提出的三大宣言❸便可見一斑。然而，台灣基督長老教會的批判性格，我們也可以從它在台灣的歷史發展中窺見其內涵。不過，要將台灣基督長老教會135年的歷史簡略回顧並不簡單，最好的方法是分段敘述。為了方便起見，我們把焦點放在教會傳統與執政當局的關係，所以作者按照政權的更迭將其分為四個階段：清朝、日據、60年代之前與60年代之後。

## （一）清朝時期（1865〜1895）

自馬雅各醫生與偕叡理（即馬偕）牧師將基督教信仰正式帶入台灣之後，除了傳教工作之外，對台灣影響最大的，便是「教育」與「社會慈善」事業。這時候，除了台南與台北分別設立「神學校」之外，另一個重要的事蹟便是「羅馬拼音白話字」之推行。前者使得早期台灣社會之中，神職人員成為知識水準普遍最高的階層，而變成社會上的秀異分子，奠定了其社會發言權的合理性與責任之自我期許；後者成為後來凝聚「台灣人文化」的重要媒介，作為教會對抗「外省政權」之辨識工具，而國民黨也視之為語言統一之重要障礙。此時的教會與政府的關係尚稱良好，因為教會掌握了大部分社會慈善資源，而當時巡撫劉銘傳亦相當禮遇教會人士，加上當時宣教士之重心放在「如何引人信耶穌」，並且就外國人身分不便介入地方內政之故，所以對於清朝官吏的跋扈與剝削，並未加以譴責。

## （二）日據時期（1895〜1945）

當日本人占台初期，對台灣的基督教會尚稱友善；但是自1931年開始，殖民政府開始緊縮其宗教政策，對台灣基督長老教會多所限制。例如，學校必須參拜神社方得認定、神學校必須以日本人為校長、同時在太平洋戰爭爆發後將外籍傳教師遣送回國等。此時台灣長老會之南北教區各有不同反應：南部教區抵制動作較為明顯，例如，寧願關閉神學院；北部教區則不得已順從之。這是因為北部的教會領導人多由日本留學歸國，受到日本教會與政府關係良好之印象影響，故多採取順從態度；而台南神學院長黃彰輝則留學英國，堅持加爾文不受政治力控制的理念，其領導下的南部教會也較具批判精神㉞。而後來當日本戰敗，國民黨占領時，南北教會對政府態度的差異依然存在。

## （三）60年代之前（1945～1971）

　　國民黨占領台灣之後，一直到50年代之前，台灣基督長老教會保持與政府還算和諧的政教關係。這有兩個理由：一、雖然在改革宗的傳統應具有對於政治的不妥協精神（例如，之前介紹加爾文時所提到），但由於早期來台的宣教師，無論是從英國或從加拿大來，都具有濃厚的清教徒傳承，而清教徒是教訓信徒儘量不與政府打交道的；二、由於1947年的228事件，當時國民黨政府捕殺了台灣相當多高級知識分子，其中有不少人是台灣長老教會之神職人員及信徒。這使得長老教會在元氣大傷的情形下，爲求自保，故在政治上儘可能保持低調。但是在加入「普世教協」（WCC）之後，與西方教會的關係由「母子」變成了「姊妹」關係，長老教會在國際舞台上漸有自己獨立的地位。加上50年代之「倍加運動」與「新世紀宣教運動」❸之後，「批判意識」逐漸重新覺醒，而於1970年政府施壓長老教會脫離「WCC」事件❸後，促使教會重新思考其信仰本質與使命，漸漸與國民黨政府漸行漸遠。

　　事實上，要瞭解長老教會之政治批判性格的覺醒，以及何以與其他獨立教派方向漸遠，最關鍵的點便是「WCC」。長老教會於1951年南北合併成立總會以後，便積極地加入世界性的教會組織，如「普世教協」（WCC）、世界歸正教會聯盟（WARC）、亞洲基督教協會（CCA）等等。在這之前，長老教會對於政治參與的看法還比較屬於清教徒式的觀念；但是在加入這些普世性組織之後，長老教會的「世界觀」以及其所衍生的各種社會態度便有了相當大的轉變。一方面是台灣教會在世界地位的提升使得它的自我定位更有信心；另一方面當時世界普遍關心的思潮，例如，關懷人權、社會公義、族群和諧、環境保育等等也對台灣教會的領導人造成衝擊。他們才反省地發現原來在自己的改革宗傳統❸中，已經內在地具備了政治關懷的性格了，這種反省造成了新一代教會領導人新的政教關

係思維❸。此外，自1960年開始，台灣的基督教各教派也展開了所謂「合一運動」，到1965年為止，共召開了6次工作座談會與5次「信仰與教制」座談會，甚至有成立跨教派的「台灣基督教聯誼會」之議，並欲與長老教會一起籌備「基督教在台宣教百週年紀念大典」，可見在50年代長老教會與其他教派的關係相當友好❸。當時加入WCC的除了長老教會之外，還有周聯華牧師等為首的各獨立教會❹，他們與長老教會總會原本曾在1965年共同發表一份「教會合一性」❹專文。但因為國民黨政府的強力干預，要求台灣基督教會退出WCC，使得獨立教會的領導人在無法抗衡的情況下決定放棄WCC的會員資格──也放棄了積極參與政治事物的立場；但長老教會以其組織為後盾，決定堅守立場，因此在「退出WCC事件」以及「唐培理事件」❹之後，長老教會與國民黨政府漸行漸遠，漸漸與其他教派也疏離了。

## （四）60年代之後（1971至今）

長老教會在「普世教協事件」之後，其社會政治關懷之立場已經漸漸成形。加上1971年外交困境之刺激，開始對政府有了一連串的批評與建議，包括內政整頓、憲政改革、語言政策、宗教法、戒嚴措施、國會直選，以致於國家定位等。這對於一個民主化尚未臻成熟的政權而言，是相當令人疑慮的。所以國民黨政府採取了警告與壓制等措施，尤其是從「美麗島」事件之後，兩者的關係愈發緊張。而1980年林義雄宅血案後，不少黨外運動人士相繼成為長老會信徒❹，使得長老教會在質疑國民黨改革誠意之後，漸與政治反對力量合流。其實我們可以這麼假定，如果在60年代，國民黨政權充分展現出政治改革與社會關懷的誠意，而不因為疑慮在政策上或明或暗打壓長老教會，應該不至於促使其與黨外勢力──甚或今日民進黨如此接近。1989年底，台灣舉行三項公職選舉。長老教會先後於10月與11月發表宣言支持「弱勢團體與在野黨」，以「支持一強

而有力的制衡力量」❹。至此，長老教會與民進黨的盟友關係正式成立。

　　綜觀台灣基督長老教會的歷史發展，其實在其傳播之初，便已撒下「本土關懷」的種籽。而當受到外在力量壓迫時，便以「不合作」與「強烈批判」的形式來展現。所以，作者長老教會的批判性格雖不必然一定是「先天的」，但是卻是其信仰傳統的必然展現。而且就算執政者不再施壓，批判的聲音並未因此消失，只是強度減緩。因此，若能掌握到這一點，對於長老教會未來的政治關懷方向之再確立必有所幫助。

## 第四節　台灣基督長老教會的責任與難題

　　我們從神學理論、信仰傳承以及歷史發展來檢視了台灣改革宗教會——尤其是長老教會批判的基本政治性格，我們歸納出了「公義的倫理」、「先知與守門人的角色」、「動態平衡的立場」以及「不斷的批判」等要素。但是，這些畢竟是理論原則，真正要落實於實踐層次時，必須要形成具體的責任目標，同時也必須面對實際環境的困難。以下分別述之。

### 一、台灣基督長老教會的責任

　　政局的丕變，使得原先長老教會眼中的「弱勢反對黨」一躍成為執政黨。既然成為執政黨，則挾其可掌握的國家資源，就算不成為「優勢」，也至少脫離「弱勢」的處境。就之前所提到，在「動態」的情勢之下，長老教會必須再反省該如何找尋自我的定位。此時教會應該回到原點，重新找到「批判」的起點再作出發。因此提出以下幾點建議，作為長老教會應負的社會責任。

## （一）意識型態的批判

　　長老教會在不斷地自我揭露其批判性格時，必須清楚所欲批判的對象是什麼？存在於哪裡？批判的起點在於找出異化現象中的「意識型態」，然後就此意識型態的內在真相加以分析並批判。若未能深入意識型態，只對現象的表面作批評，那頂多只能造成批評者情緒的發洩而已，對現象的改善並無幫助。那什麼是「意識型態」呢？

　　當我們找出一套理論，並將其建立得十分完善時，便可能以此理論為標準去評斷或反駁其他思想，更可能以此理論去限制社會上的人，這便是一種「意識型態」（ideology）。換句話說，意識型態者會不斷強調其信念之真確不變性，並要求（甚至強迫）別人也接這種信念。他們堅持自己的信念思想，建立了體系，而以自己的體系為絕對，排斥或抵毀其他人的體系；在政治上，對於不同信念的人加以排斥，藉以加強自己之信念，鞏固自己的利益❹。

　　意識型態是人所造成的，但是，它卻常常反過來限制人的思想，控制人的行動，成為一種陌生的力量。它使人們覺得不自由，但人們卻無法控制它，而只能適應它。意識型態的操縱者用它來宰制別人——為了自身的利益，但連他自己也必須為了這些利益而被意識型態所操控。這就是異化（alienation）。人們自覺或不自覺地活在意識型態之中，有意或無意以宰制或被宰制的形式生存著，乃至於失去自我意識，淪為異化。而，我們如何不被意識型態所蒙蔽呢？便是對於自己從活動上得到的判斷，不斷地加以修正。藉由不斷「實在化」（realization）的歷程，不斷地前進。意識型態是由經驗產生的，可以累積新的經驗而不斷修正之。若願意破除這種意識型態，與他人形成一種前進的、平等的、修正的共識，以此來引導並規範社會行動，並藉以實現自我，那他將重新感到自由，重新做自己的主人。

在作意識型態批判時，有兩點必須要注意：一、意識型態可能存在於他人身上，也可能存在於自己身上。因此，批判的對象也有可能是自己。因此，任何想要成為社會批判或改革主體的人或團體，首先必須要具備的能力便是「自我反省」。能自我反省的人才有可能客觀地察覺社會與政治上的異化現象；二、批判的對象是意識型態，而非意識型態所存在著的客體。亦即，長老教會必須清楚所欲批判的，是異化了的政治現象中之意識型態，而非情緒性地將矛頭指向某一政黨。國民黨之意識型態包袱很重，民進黨何嘗沒有？因此，在批判他人之時，必須隨時作反省，以免自己的批判又成為另一種意識型態。

## （二）啟蒙與良知化

要有效批判意識型態，不能只靠菁英分子的努力，而是需要從少數社會秀異分子普及到普羅大眾，使得所有台灣住民皆能具有主體的覺醒。而解放大眾從意識型態桎梏下掙脫的最有利武器便是「啟蒙」。那麼，啟蒙的內容是什麼呢？就是「良知化」。啟蒙的意義在於掙脫意識型態，而要有效掙脫意識型態就必須重新喚起主體的自覺，讓主體重新找回自我反省與自我定位的能力並反省周遭事物。換句話說，「啟蒙」不是「宣傳」，更不是理念的強加灌輸，因為那將變成另一個新的意識型態。社會上有太多打著「啟蒙」的旗幟卻實際在進行意識型態灌輸的事實。我們可以說：台灣社會之不能進步，實在是社會中背負太多的意識型態了。

長老教會──其他改革宗教派亦然──要作為社會先知的角色，就必須真正擔負起「啟蒙」的責任。但事實是，教會作了很多的宣傳──尤其是對教友，卻未收啟蒙之效，這是長老教會在落實其「批判」精神時所必須注意的。因為，若未能有效地自我反省，則自己很容易便成為自己所批判的那個對象。因此，長老教會的教育者與宣傳者應該把握住「良知化」的這個原則，努力促使社會人

民「自我意識」之覺醒。只需要讓人民「眼睛開了」，能夠清楚知道自己在社會上的定位與責任，在批判「意識型態」的同時，解放人民之意識，讓人民重獲思想上的自由——而非掉入另一個桎梏中。

那麼，應如何具體實踐呢？除了神職人員在每週講台上有「啓蒙良知」的責任外，教友亦應努力拓展其人際脈絡，即在一般所謂「作見證」的工作上，適當地將自我反省的重要性傳達出去。除此之外，教會更應將「團契經驗」向外推展，因為教會團契生活之所以能和諧，並具有創造力與向心力，是因為其成員之間存在有「理想溝通情境」。因此，藉由將合乎信仰倫理的「理想言詞溝通情境」擴展至社區與社會，以達成有效啓蒙之目的。

## （三）社會改造工程的實際設計及參與

社會改造工程必須有三個前提：一、怎樣才是一個理想社會；二、現實社會與其差距多遠；三、我們是否有能力規劃營建一個更美好的社會。我們必須承認，社會的全然複雜性使得社會改造工程成為高度不確定的事業。但是，再怎麼複雜，可以確定的是：任何一個美好社會的構想，是建立在一個「理念」上面，而這個「理念」所指向的，是所有可能的人生中最好的那個。

基督教的美好社會是根植於「上帝國」的願景之上。有了「上帝國」的藍圖，教會於是產生了可以在此世上傳福音的動力，期待有那麼一天可以「神的旨意行在地上如同在天上」。就長老教會而言，「上帝國」的社會是最理想的社會，而當社會上有不公義不公平之時，就是它離「上帝國」還很遙遠。因此，基督徒有責任將合乎聖經真理的「上帝國」特質落實到社會整體改造的工程藍圖之中。

「上帝國」到底是怎樣的光景？在本章的第二節第二段之中，曾舉出田立克對「天國」的描述。且不論「上帝國」是否真的如其

所述——其實這個目標本身便是非驗證的，至少在社會各層面（道德、人性特質、普遍需求）上都有了一個轉變的方向。教會首先必須按照其信仰本質，對社會大眾指出社會改造的基本理念——上帝國的盼望；其次是必須試著將聖經的教訓結合適當的社會理論，作為一個合理且有效的可以達到「相對程度」❹改善社會的方法。「批判」不能是對政府作為冷眼旁觀，等到結果出來才大肆批評；而應該是在施政理念與社會改造之設計成形之初，便須給予中肯且具體的建議甚至參與在整體社會改造工程之中。

## 二、實踐危機之提出與反省

作為一個具有批判性格的宗教團體，在實踐其理念時將可能會面臨到一些困難或陷阱，若不加以注意，極可能會導致失敗。因為「批判」本身就有可能將「理性」理念導引至「非理性」的實踐行動，或以「工具理性」來規範認知理性的行動——行動的非理性化正是我們今日遇到的實踐危機。所以必須事先思考可能面臨的危機好作預防。在此提出二個可能會面臨的問題。

### （一）概念認知的異化

基督徒講求愛心，事實上，「愛」也是基督教倫理最高準則。因此，許多基督徒便輕視法律，這在講求法制精神與傳統的長老教會中亦可時常見到。除此之外，基督教講求「釋放」，講求「自由」，在一般信徒認知之中，似乎又與「秩序」概念相牴觸。這種「愛心」與「守法」、「自由」與「秩序」等邏輯上的相對概念，其界線之混淆曖昧，使人認知不清，將造成理念實踐上極大的困擾。可惜的是，長老教會之決策單位或教育機制似乎都未能看出如此的危機。因此，在總會政策公布至一般地方教會，必須開始執行時，就會造成許多的問題，最後甚至許多政策不了了之。究其原因，實

在是上自牧師，下至信徒，守法觀念尚未建立，而且概念詮釋太過多元化。

就社會批判理論而言，一個理念之形成常是先天或在先決定的──而且常是非驗證性的，其特色乃是人為地，外在地建構而成。而執行理念的實踐者或是在策略上，或是在外在壓力的脅迫下，未經理解或認同即加以接受。因此，實踐者對於理念所揭露之目標的依循能力，可能性以及意願將成為實踐結果成敗與否的重要因素❹。理念本身便隱藏著利益。因為理念的構成目標端賴於決策者的志趣，而志趣直接聯結了某些特殊利益。此利益極少數是指向理念實踐者或接受實踐結果的大眾。如果剛好理論目標中的特殊利益和實踐者本身的利益相符合的話，那麼實踐者依循目標的能力和意願將大大提高。然而由於目標來自權威的先天、外在及決定，它常是無實踐性的，故實踐者可以依本身的利益來詮釋目標，而且實踐者常是被要求以直接認同目標（而不加證明，事實上也無證明），所以他也可以用相同的方式來要求大眾接受由他所實踐出的成果，而藉口這是達成目標的必要過程。這可明顯地指出了目標與實踐主體之間的異化。

此危機稱為「概念認知的異化」。一般而言，要解決此問題似乎不難，但在長老教會之中卻是困難重重。因為這個問題的解決之道在於「詮釋」。只要有一個具有權威的專責詮釋機構，並在教會宗教教育之中勵行法治教育，便可解決此問題。然而，這又可能會造成中世紀「教會權威」凌駕於「聖經」之上，回到天主教的路子去。而這正是改革宗教會所一直極力避免的。所以，只有將神學教育給全面化，不只神職人員必須訓練，一般信徒亦須有神學訓練，方有可能程度上減低此危機之可能性。

## （二）目標與方法的異化

實踐危機的發生可能來自另一個面向：就是方法的問題──方

法和理念的基本要求是否相符合。的確，理念在某一程度內可說是非證驗性及非實踐性的——若從它並不具體存在而言，但我們不能因此說方法更為重要（如同一些經驗主義者強調的一般）。事實上，由我們的行動觀察可以得知：方法是由理念或意圖產生得來的，方法絕不能獨立於人類志趣之外。例如，我們和朋友交談是為了溝通，因此會設計某些例子或使用特定語詞來作為方法。也因此，方法的正當性必須建立在「有效地」達成目標上；然而，在實踐過程中，人常會過度地注重方法而忽略了目標的基本要求。方法和目標不相符合可能造成目標的異化，亦即在行動中，原來的目標退隱了，而改以方法為新的目標——方法是決定性的角色；也可能造成方法的異化——可以用各種方法，甚至是非理性的、幻想的……，只為達到目的。

這種危機在今日長老教會的社會政治關懷行動中最容易看見。在20年的盟友關係之後，長老教會與民進黨已有了相當深厚的友誼。這樣的友誼可能使得長老教會理性客觀的批判立場產生一些質變，而導致情緒性的支持，以致於在判別其作為與政策時無法直視其中之合法性；相對地，對於國民黨亦可能落入為批判而批判的情形中，忘卻了批判的原始目的，這可從幾次公職人員選舉過程裡，教會的支持向度中看出。再者，當強調社會化的過程中，有時候會在過於追求群眾認同與「有效性」的情形下，忽略了原來的理念而採取更為「俗化」的方法，以致於失去了作為「社會上之宗教」除了社會性之外，亦須保持程度上的超越性。甚至過於強調其自我政治理念的優越性而竟然將它變成了意識型態，強加於所有信徒之中。

作者還是認為，今日的基督長老教會面對多變的政治生態，要想找到合理且不違其基本批判性格的關懷起點時，必須回到原點。重新思考要批判什麼？批判的基礎是什麼？批判的目的又是什麼？並時時加以深刻的自我檢視與反省，才能長續且有效地協助推動政治與社會的進步，向「上帝國」的目標一步步邁進。

# 結論──文化交融與宣教理念

「只要給他們麵包和競技節目看,他們就願意對你言聽計從。」
這是在羅馬帝國開始衰亡時,相當流行的一句政治口號。民眾只要
有一點物質的享受,再加上一點娛樂便會心滿意足了。而今天我們
來檢視台灣社會普羅大眾的政治理念時,很遺憾地也可以找到這樣
的現象事實──只不過「麵包和競技節目」不再是政府統治當局的
「德政」或是「慈悲」,而是一般人民的「權利」了。當我們在做一
些政治評論,或對某一個政黨的候選人進行諸多的批評時,常常會
忘了一點:今天的劣質政治,今天如雪片般飛舞華而不實的政治支
票,其之所以會產生,常常是因為我們的選擇所造成的。我們常常
將一切社會的病態,都歸咎於現有的政治系統及執政官僚,但容我
這麼說,我們等於在自欺!在每次的選舉中──無論是中央大選或
地方選舉,我們大概都已學會了不期望諸候選人實現任何承諾❹。
這代表什麼?代表我們明知道他們說謊,但卻選一個謊話說得比較
好聽的人來主導我們國家的前途與社會的福祉!

當然,我這麼說不是要為腐敗無能的政府與政客脫罪,在此要
指出的是:這種情形其實已經根深蒂固地存在於台灣人的文化底層
──台灣人缺乏宏觀的政治格局胸懷。最常見到的現象便是候選人
以民主程序(先不管程序中是否違法)當上了公職人員或民意代
表,然後便以人治手段來進行其政治行為。舉一個例子:在總統大
選有一位得票率高的候選人,他自詡在政務官任內勤政愛民,全省
走透透,並不斷地同意地方政府對經費的要求,一再地以專案方式
砸下納稅人的錢。一般老百姓看到的是一個「看得到人、拿得到錢」
的好官,但是卻看不到他任內預算編列的嚴重缺失以及預算執行能
力的嚴重缺乏。台灣人的可悲便在於他們似乎已經習慣了這種的

「民主」模式並視之爲正常，從而在此模式中求取利益形成典範。他們不太管候選人到底有什麼好的政策，或他政策的可實踐性有多高，他們只想要快快地看到好處，得到牛肉。的一個親戚選陳水扁，竟然只是爲了他當選後自己可以領3,000元老人津貼！

　　這種情形在長老教會之中也是存在的。教會中具有民主的基本政治性格，並且自豪地宣稱自己是台灣最早代議制度的先驅，信徒們也以此自我標榜。然而，教會中的政治問題決不比國會遜色——結黨、長老頭、妥協、利益交換⋯⋯等等。只不過教會中比較見不到肢體衝突，頂多只是拍拍桌子相互指責，或乾脆拒絕開會而已。爲什麼會如此？因爲台灣基督長老教會也是在台灣的文化中孕育出來的，台灣文化中的優點缺點它都一併吸收。換句話說，長老教會要面對實際社會政治型態並做回應之前，先得面對自己教會的政治問題；而事實上教會的政治問題與文化交融的問題又是密切相連的。

　　再換個角度。在前文曾說到，長老教會有「啓蒙」的任務，以及在啓蒙的過程中需謹慎避免「概念認知異化」的危機，所以必須強調全信徒神學教育的養成。但是，啓蒙若要有所成效，人民的自我意識要能眞正喚起，就必須要考慮到潛藏在普遍的政治意識型態下的文化特質。因此，我極端地贊同，「本土性神學」之建立絕對是必要的。以前的馬雅各博士與馬偕博士宣教之成功，除了「醫療」行爲的輔助之外，最重要的，是他們認同這塊土地的人民與文化，藉由眞正的社會關懷與文化認同，讓其宣教內容程度上可以被接受。長老教會的台南神學院一直是「本土神學」運動重要的根據地，自黃彰輝院長開始，宋泉盛、王憲治、黃伯和與陳南州等牧師學者一直孜孜不倦地要建立屬於台灣的本土神學❹。但是，他們都多少有意地割裂或忽視漢民族文化的那一部分。事實上，無論喜不喜歡，文化血緣的事實是無法否定的——我們可以說明政治與統治的不相連性，但無法否認文化血脈的相關。而且，漢文化的這一部

分其實才真正是我們必須處理的要點❺。

　　限於篇幅之故，在此不處理基督教信仰與文化交融的問題，只是要提出：漢文化是今日建立啓蒙的本土神學內涵中，不可忽視的一部分。長老教會要合理地處理台灣的社會與政治問題，就必須與大陸中國傳統的漢民族文化作對話。因爲就算台灣的文化內容揉合了殖民文化、移民文化與原住民傳統，但漢文化仍是其最底層的基礎。我們可以這樣講：今日社會的問題在於漢文化面對科技社會時之不適應性所產生的畸形發展。但是，就算是畸形，畢竟也是大部分人立身處世的標準——無論是有意識或無意識，所以在神學之中所揭示啓蒙的內容、啓蒙的方法以及所欲達成的目標，都必須與此作對話，並接受檢驗。在檢証過程中相互辯證，才有可能有效地在自我成長中達到改造社會的效果。

# 參考書目

蔡維民著（1996），《批判理論與台灣民間信仰研究》。輔仁大學哲
　　學博士論文。

Reinhold Niebuhr著，楊繽譯（1982年6月），《道德的人與不道德
　　的社會》。台北：永望。

台灣基督長老教會總會歷史委員會編（1984），《台灣基督長老教
　　會百年史》。台北。

薛華著，梁祖永等譯（1983），《前車可鑑——西方思想文化的興
　　衰》。香港：宣道。

尤達著，廖湧祥譯（1990），《耶穌政治》。香港：宣道。

特慈著（1960），《基督教社會思想史》。香港：輔僑。

鄭仰恩著（1999），《歷史與信仰》。台北：人光。

# 註釋

❶本文係2000年6月10日於東海大學舉辦之「東海大學2000學術與倫理研討會」發表之論文修改。

❷以往國民黨政府會急切地想要干預管制並吸納民間宗教社會慈善資源。這也是執政者一再強調將社會問題訴諸宗教教化，心靈救贖，同時鼓勵宗教救濟工作（內政部每年都發相當數額之獎狀獎牌）以移轉人民對社會問題之注意力，以達到「離－政治性的策略」（de-political strategy）而以「政治的歸政治，宗教的歸宗教」之概念馴化人民。詳見作者著（1996），《批判理論與台灣民間信仰研究》，輔仁大學哲學博士論文，第四章。

❸摘自周雪惠著（1989年6月），〈台灣民間信仰的宗教儀式行為之探討〉，東海社學碩士論文，頁15，18～19。

❹本文的聖經引文，一律採取香港聖經公會出版之「新舊約全書——和合本」。

❺先知運動的重點，除了為當時社會現象提出看法之外，也開始將信息文字化。阿摩司便是著作先知的第一人。除他之外，重要的先知運動人物尚有何西阿、彌迦、與以賽亞等。詳見布賴特著，蕭維元譯（1975年7月），《以色列史》。香港：基文，頁256～273。

❻詳見Johnnes Hamel, Erwagungen zur unchristlichen Paraenese in Ernst Wolf, ed., Christusbekenntnis im Atomzeitalter ThEx, 70, pp. 159～161。

❼關鍵在經文第四節的執行（proskarterountes）一字，在整句文法結構上，它不是連接詞而應是副詞。所以原來的譯文是「他（統治者）是神的用人，是申冤的，是刑罰那作惡的」應譯為「他是神的用人，（當他所行的）是申冤的，是刑罰那作惡的」。在此，我們得到了一個判斷政府功能的標準，這也意味著基督徒在順服之餘仍可以評價政府。詳見尤達著，廖湧祥譯（1990），《耶穌政治》。香港：宣道，頁209～219。

❽最簡單的例子便是早期基督教殉道者不服從帝國皇帝崇拜的命令，而甘願受死。

❾薛華便認為，宗教改革家的憲政思想後來多有成果。例如，加爾文在瑞士，而影響了荷蘭；盧賽福（Samuel Rutherford, 1600～1661）在蘇格蘭，並影響了英格蘭，甚至影響了美國的傑佛遜（Thomas Jefferson, 1743～1826）與偉特斯普恩（John Witherspoon, 1723～1794），後者是簽署「獨立宣言」的唯一神職人員；另外在北歐，宗教改革對於政府權力的監察與制衡也起過很大的作用。詳見薛華著，梁祖永等譯（1983），《前車可鑑——西方思

想文化的興衰》。香港：宣道，頁102～104。

❿Ibid，頁100。

⓫其實，若我們從「因信稱義」的觀點來作爲思考的起點，也可有助於理解路德的政治觀。路德「因信稱義」的思想造就了他「由內而外」自然外爍而造成影響的理想倫理情境。因此，路德要求基督徒公民順服政府，卻又輕視法律，因爲他認爲眞正基督徒的愛比各種成文的法律更高明。然而這種「烏托邦道德情境」必然與實際人性的軟弱以及政治的妥協精神相衝突的。就算是基督教眞的成爲國教，當宗結合政治時，宗教本身便會受到影響。

⓬詳見《基督教社會思想史》，頁373。

⓭雖然實際上加爾文在日內瓦的統治不能算民主——甚至是屬於獨斷的「寡頭政治」，但是我們仍能在他的思想中找到強烈的民主趨向。在其《基督教要義》記載了對憲法與維持憲法人民的熱心的讚揚，並要求當局應該尊重憲法。相關記載詳見《基督教社會思想史》，頁405～406。

⓮伯撒在其《官府裁判權》一書中，他指出當一切手段都歸於失敗後，暴力革命也是可行的；而諾克斯也強調君主選舉並控制君主之權，同時強調司法官吏不但有權利並有義務領導人民武裝反抗暴君，甚至將之處死。相關記載詳見《基督教社會思想史》，頁408～412。

⓯當希特勒掌權的時候，大部分的德國牧師認爲應當適應納粹主義，有些人積極地想融合基督教與納粹思想；有些人則選擇了納粹與溫和批評的中間路線。但包括巴特在內的少數牧師，則堅決主張要忠於上帝的教訓不曲解，因此在1935年倡導成立了「告白教會」，與當時其他多數教會抗衡。詳見W. E. Hordern著，梁敏夫譯（1971），《近代神學淺説》。香港：基文，頁117～123。

⓰在1935年，告白教會中的數百位牧師，在德國的巴門（Barmen）針對基督教與納粹的關係與德國基督教會的前途舉行一場會議。會中便簽署了著名的「巴門宣言」，強調唯有上帝是教會唯一元首。當時巴特是起草人之一。

⓱一般基督徒認爲猶太人殺害基督，所以已被取消了選民資格，並活在詛咒之中。眞正的選民已由「基督教會」取代了。但是巴特卻認爲「選民」與否是來自上帝的恩典，而非行爲良善。基督徒也常背逆上帝，憑什麼就可以成爲選民？見同註⓯，頁126。

⓲布魯納（Emil Brunner, 1889～1966，亦爲新正統派神學家）曾在1948年寫了一封公開信指責巴特，認爲他對共產主義的包容態度殊不可取，兩人還曾公開辯論過。

⓳詳見司徒焯正著（1983年1月），《近代神學七大路線》。香港：證道，頁

83。

⑳kairos是希臘字，通常用以形容基督。一般譯爲「時候到了」或「時候滿足了」。詳見W. E. Hordern著，梁敏夫譯（1971年8月），《近代神學淺說》。香港：基文，頁169。

㉑尼布爾認爲個人與個人的關係是面對面的關係，比較可能用愛心加以維繫，因此「愛」可做爲個人倫理的標準；但是團體雖是由個人組成的，然而卻視爲一整體，常常整體的利益會凌駕於個人的倫理認知，而團體間之利益衝突會影響個人道德準則，故不能以個人適用的倫理準則來衡量。但是他也認爲，其實基督教倫理最終極的的標準還是「愛」。詳見Reinhold Niebuhr（1941）.*Human Nature*, New York: Charles Scribner's Sons, p. 293

㉒詳見Reinhold Niebuhr著，楊繽譯（1982年6月），《道德的人與不道德的社會》。台北：永望，頁192。

㉓詳見Reinhold Niebuhr, *Human Destiny*, New York: Charles Scribner's Sons. p. 263.

㉔Ibid，頁268。

㉕Reinhold Niebuhr著，關勝渝、徐文博譯（1992），《基督教倫理學詮釋》。台北：桂冠，中譯本序，vi。

㉖在劉小楓所編的《基督教文化評論》II中，有一篇蔣慶譯自莫特曼在其1974年出版的*The Crucified God, SCM Press*, pp. 136～137, 143～145, 317～318, 328～329的文章，其標題即是〈十字架的政治神學〉。該文見（1990年8月），《基督教文化評論》II。貴州：人民，頁232～238。

㉗詳見Jurgen Moltmann著，曾念粵譯（1999），《俗世中的上帝》。台北：雅歌，頁67。

㉘Ibid，頁81。

㉙詳見〈十字架的政治神學〉，載自《基督教文化評論》II，頁234。

㉚Ibid，頁235。

㉛「批判」是爲了不斷純化其動機與方法；而「團結」是爲了凝聚作爲解放人性的一切形式。Ibid，頁237。

㉜我們必須承認，歐美的基督教會原先所採取的立場也是緘默不語，無視於社會不公道事件的一再發生，那是教會之失責。然而後來，有不少關於社會公義的法案，其奔走最力者仍是基督徒與教會團體。例如，J. Howard（1726～1790）對監獄改良之努力；Lord Shaftesbury（1801～1885）努力防止女工與童工的被剝削；John Wesley（1703～1791）則大力抨擊奴隸政策；W. Wilberforce（1759～1833）運用在國會中之影響力，於1807年使得

英國立法禁止奴隸買賣。而這些人有的是牧師，有的是信徒。詳見薛華著，梁祖永等釋（1983），《前車可鑑——西方思想文化的興衰》。頁111。

㉝1971年12月29日發表〈國是聲明〉，強調「人民有權決定自己的前途」；1975年9月發表〈我們的呼籲〉，申明憲政改革之重要，並再次強調住民自決的立場；1977年8月16日發表〈人權宣言〉，強調台灣應該成為一個「新而獨立的國家」。詳見台灣基督長老教會主編（1986），《焚而不燬——台灣基督長老教會信徒訓練手冊》。台南：人光，頁60～64，306。

㉞當時北部教會的領導人為陳溪圳、鄭蒼國、吳清鎰、郭和烈、蕭樂善、高端莊等人，他們自日本學成返台後便主導了北部教會與神學院之發展，一直到60年代末期；台南神學院則自1940年停校延至1948年方復校，而後由黃彰輝擔任院長，他自英國韋斯敏斯德神學院畢業後返台，強調「本土化神學」及「鄉土關懷」。其後繼者宋泉盛延續其路線，再後來的院長蕭清芬、張德香以至60年代以後主導長老教會總會的高俊明、楊啓壽等都是黃彰輝之學生，故南部教會之理念漸成主流。詳見林本炫（1980），《台灣的政教衝突》。台北：稻鄉，頁78～88。

㉟「倍加運動」是由1954～1964年由南部高雄中會開始提倡，此運動要求傳教士深入基層鄉村宣教，使得教會增加233間，信徒增加473472人；「新世紀宣教運動」則是於1965年在台南神學院召開的傳道研討會所制訂，內容包含關心社會變遷與呼籲信徒成為有責任的公民等。這些內容對於教會反省自我的政治、社會與鄉土的責任都有所影響。而國民黨政府亦自此時對長老教會開始產生疑慮。見台灣基督長老教會總會歷史委員會編，《台灣基督長老教會百年史》。頁342～358。

㊱此事件詳見同註㉞，頁94～97；或同註㉝，頁60。

㊲這傳統中有積極入世、改造世界、破除偶像、代議精神等特色，因此對於不公義、獨裁、「自我偶像化」的制度都應竭力對抗。詳見鄭仰恩（1999），《歷史與信仰》。台北：人光，頁182。

㊳也造成了後來本土神學家在建構自己的神學時都少不了以政治關懷為其訴求主題之一。

㊴見註㉟，頁335～339。

㊵1962年時，周聯華牧師甚至是WCC在台灣的特派研究員，故被推為「信仰與教制」座談會主席。見註㉟，頁337。

㊶台灣各教派為此專書於1965年3月13日假台北新台北大飯店舉行記者招待會，釋明教會的信仰與對國家社會的立場。但這種聯合似乎造成國民黨政府的疑慮，因此開始阻撓「百週年紀念會」的舉辦。

㊷1970年台灣神學院的外籍宣教師唐培理（Rev. Michael Thornberry）因涉及台灣獨立案件，被限令於24小時內離開台灣，此造成長老教會與政府的嚴重摩擦。相關記載請見同註㊲，頁183。

㊸例如，尤清、許榮淑、張俊雄、黃天福、顏錦福、翁金珠、張俊宏、周清玉、洪奇昌都是長老教會會友，姚嘉文則是慕道友。我們可能無法確定他們何時受洗，但是應該與林宅血案後成立「義光教會」（原林宅）有關。資料詳見《台灣教會公報》第1719、1736、1760、1761、1777、1783、1854、1860、1881期等。

㊹詳見《台灣教會公報》。1963期2版與1968期1版。

㊺我們必須討論有意識型態者所持對於「眞理」（truth）的態度。眞理從何而來？從事實、從經驗而來（意識型態者如此認爲），因著事實而產生一種觀念。事實是爲眞。但是問題便出在意識型態將「眞」（true）視爲「眞理」（uruth）。眞理必須是普遍唯一的（unique），絕對的（absolute），不變的（invariable）；但「眞」有兩種：「本身之眞（其自身顯示爲如此），以及「判斷之眞」（或稱活動之眞）。後者乃主體對於對象所採取的價值判斷，常由活動及本身需爲標準。我們面對一事實而加以判斷時不全然以其本身判斷，反而常由我對它之活動，我與它之關係來作價值判斷。此時的「眞」便非「眞理」。相同的階級、相同的團體、環境中的人，往往可以形成某一種共同的習慣、想法，或甚至共同的經驗，因爲他們有相同的活動。若他們以此作爲他們自己的標準，是爲「眞」，而且是「對」的；但若他們持之來判斷其他活動的團體或階級時，便是將其視爲「眞理」，此時便是一種意識型態了。我們可以簡單舉出「意識型態」的特色：一、當我相信且認定一信念爲唯一時，這信念會成爲「萬能的」、「絕對的」、而排除其他之可能性（排他性）；二、每一個意識型態都會產生「教條性」，若不遵守則會有生存之困難；遵守之則可能有「權力」產生。此使人更加保護這樣的信念，以獲得權力、利益；三、意識型態者所認可的每一個活動或行動，都是爲了其本身的（或制度的、組織的、個人的）利益；四、每一個意識型態皆謂其可解釋所有的學問；五、意識型態所使用之邏輯與方法都是保守的：其邏輯是統治（domination）的、同一（identity）的邏輯，而其方法是分析（analytic）（因爲此不會再有新知）、演繹（deduction）（在同一系統中運作，可保持封閉性），與詮釋（interpretation）（可以自己之意思而說明，不必改變）。詳見拙著《批判理論與台灣民間信仰研究——從社會與文化層面研究》。輔仁大學哲學博士論文，1996年5月，第五章。

㊻在此，我們會遇到「想像」的問題。由於目標是非驗證性的，所以我們無

法真正地確定「一定能」達成，只能藉由「想像」來尋求「最有可能」達成此目標──即是以「相對程度」的方式漸次趨近目標。另外，要將聖經教訓結合社會理論，將產生「絕對」與「相對」的弔詭性，因此，也必然無法完全達致「上帝國」所揭示的完美境界。

❹當然，實踐的失敗也有可能是實踐者無能或缺乏意志；但是更關鍵的原因是目標的「非實踐性」，以及實踐者乃是「可變化」的主體──實踐主體的可變性。

❹基本上，我非常懷疑今天任何一個政客具有真誠爲人民福祉優先考量的動機。C. Wynanda 曾舉出一般候選人自我介紹的一個公式，我認爲用在台灣的選舉文化中也相當貼切：一、他們會聲稱自己之所以進入這個圈子，是因爲看不慣「親愛的人民」被其他人任意愚弄、擺布與欺騙；二、唯有他們是真誠的，只有他們看得清人民的需要，而不是譁眾取寵；三、最後，他們會向你保證，只要有足夠的時間與金錢，他們將可以把國家帶到前所未有的繁榮、和平與進步的新紀元！詳見C. Wynanda著，彭海瑩、朱崇儀譯（1985），《什麼是愛》。台北：橄欖，頁62。

❹宋泉盛的「故事神學」、王憲治的「實況神學」、黃伯和的「出頭天神學」與陳南州的「認同神學」，雖然名字不同，但內容大抵都相似。

❺有關於台灣社會現象底層漢文化傳統的分析批判，可見拙著《批判理論與台灣民間信仰研究──從社會與文化層面研究》，第四、六章。

# 第十六章　台灣前途與教會責任❶

　　相信應該沒有人會反對台灣是處在一個「危機」的處境之中。一般人看到「危機」兩字，大概都會想到台灣的現實處境——經濟上開始通貨膨脹、股市低迷不振、政治局勢不安、社會治安無起色、外交艱困、兩岸危機……等等，有人則是看得比較深入，認爲台灣人面臨了一個極爲嚴重的「信心危機」——對政府沒有信心、對前途失去信心。可是，在這些說法背後，我看到了一個更爲基本而嚴重的危機，那就是「認同危機」。

## 第一節　「認同危機」與台灣現狀

　　什麼是「認同危機」（crisis of identity）呢？就是失去自我的主體意識，不認同自己的存在處境與定位，以致於對自己的社會冷漠不關心、不承認自己的角色與應盡義務、拼命地想以虛幻的、外在的價值來肯定自我。

　　乍看之下，這種「認同危機」似乎是屬於「個人」的問題，跟台灣的現狀，甚或台灣前途又有什麼關係呢？當然有關係！舉例來說：當我不把台灣當成是自己永遠的故鄉，不認同台灣是我紮根所在之時，我就不會去認眞思考台灣的前途問題，不會眞正去保護台灣這塊土地，不會爲了台灣優先的理念去犧牲自我的某些權益，這就是對於台灣的認同意識尙未覺醒之故。不必講到台灣，我們對於自己也是缺乏認同意識。因爲不認同自己，所以我們看不出自己的眞正能力與限制所在，只一味想著要成功、當老闆、賺大錢。台灣

現狀之所以亂，之所以病態，台灣人之所以還鴕鳥地躲在「經濟強國」的地洞中自欺欺人，之所以跳脫不出以金錢、名利衡量一切──甚至衡量自己──的框框之中，「認同危機」實在是一個關鍵性的原因。

當然，我們不能以「認同危機」作爲台灣一切問題產生的唯一因素，而天眞地認爲只要解決「認同」的問題就可以解決一切問題；事實上，今日之所以會讓台灣人產生認同的危機，我們絕不能忽略社會制度與政治環境等的外在因素。因爲就是這些外在「事實」催化了今日「認同危機」的意識型態。有人會說：事實上就是外在環境與存在條件決定了人的生存模式與意識，內在意識與外在環境對於社會改革步驟之先後與輕重就像是雞生蛋與蛋生雞的問題。我個人認爲：雖然社會先於我們而構成結構，我們人類在此結構下運作而產生，我們的意識一般也受到結構的制約，但是我們也不能忘記，要認知結構靠的是「詮釋」──能夠合理地詮釋一件事物就代表自己對該事物有了最基本的理解。而「詮釋」的基礎是一種「信念」，我們可稱之爲一「價值觀」。我要強調的是：外在結構也許具有絕大的強制性，能宰制在此結構下的人；但是結構也是人建立的，只要作爲行動主體的人能回復其自覺，並與同樣對社會的問題提出質疑的人凝結成批判的力量，必能程度上影響這個社會、這個國家的走向。但是今日如果外在結構的強度大於認知主體的自覺，而此主體無法再獲得有效的自覺啓蒙，那麼這個主體將不斷地被結構所決定，甚至於迷失了自己。

## 第二節　台灣教會的現況

哪裡可以讓台灣人獲得不斷而有效的啓蒙呢？應該是教會。哪裡應該可以凝聚信念，建立合理的價值觀，進而讓自覺的力量超越

社會結構的強度呢？應該是教會。為什麼教會應可具備這樣的功能呢？我本書在第十五章「基督教改革宗基本政治性格」之中曾經說過，無論從聖經教訓、神學理論、信仰傳承以及歷史發展來檢視，我們都可發現台灣改革宗教會是具有批判的基本社會性格──尤其是政治性格。所以，「理論上」教會應該是社會合理轉變的重要基地，應該鏗鏘有力地指引社會的方向、國家的前途，不是應該如此嗎？

　　在這裡，台灣的教會遇到了一個重要危機。危機在於基督徒的社會改革意識不完全是奠基於對於上帝旨意的全然理解與順服上。這種危機表現在兩個層面上：一、「終極形式」的層面：台灣的基督徒不是不願意改革社會，而在於台灣的基督徒缺乏具體改造的遠景；二、「動機基礎」的層面：台灣的基督徒不是沒有改革的動機，而是他們是以自己的認知來詮釋社會改革的正當性。由這樣的基督徒所組成的教會，是否真能有效擔負起指引社會方向、國家前途的責任，那是頗令人質疑的。我必須很沈痛地說：今日在台灣的教會──也許世界上的教會都一樣，是「世俗的教會」多過於「上帝的教會」，其型態都在〈啓示錄〉二章到三章所記載的7間教會之中找得到──離棄起初的愛心、不冷不熱、與世俗妥協、重制度過於重人，當然也有所謂信仰的堅持、基本道德的堅持、忍受逼迫患難等。台灣的教會會堅持「格調」重於「使命」，會強調「敬虔的嚴肅」勝過於「活潑的生命」。

　　其實，台灣的基督徒是相當苦悶的。如果只是單純地自我迷失，完全沒有自覺也就罷了；麻煩的是今日在台灣的基督徒──特別是基督徒的知識分子，又擁有程度上的反省能力，知道自己是處在一個混亂不堪的社會上，卻因為無力反抗、甚至因此必須跟著社會的腳步行走而苦悶不堪。一方面覺得需要改革社會以盡到一個基督徒的責任，一方面又看到連教會也不斷地被「俗化」❷而深感無力，所以在自己心中逐漸形成兩種標準：禮拜天的聖徒與週間的凡

人。也因此,基督徒對於社會各層面的參與有時候表現得較非信徒更爲冷漠——這在一般教會活動上尤爲清楚。我們可以說:台灣的教會在某種觀點下,更像是一個俗化了的「宗教俱樂部」!

## 第三節　台灣教會的責任

讓我們再把焦點放回「台灣前途」的層面上。對於台灣的各種危機,「有識之士」開始呼籲各種拯救的方法,其中最廣被宣傳也最爲一般大眾所接受的說法便是「讓宗教淨化人心,讓宗教改革社會風氣」。基本上,台灣的基督教在社會改革的自我期許上似乎比其他本土或非本土宗教來的強。而它所涉足的層面也的確比其他宗教來的深與廣——當然,受限於信徒人數的劣勢,其影響力與效果便較爲有限了。

但是,在此必須提出一個事實,而這個事實可能是所有有意進行社會改革的宗教都會遇到的盲點——那就是「我改革的依據與正當性在哪裡」?當我認爲我所屬的宗教信仰可以進行社會改革時,必須先肯定這個信仰就其爲一個信仰的正當性,並對其進行反省,再進行其各項實際社會參與的討論。基督教會也許對台灣前途有很深的期許,但是在要進行所謂實際建言,規劃改革步驟之前,必須誠實地自問:「我的改革是基於什麼?是聖經?還是自己的學術與經驗?若是聖經,我能確信我所詮釋的聖經眞理必然優於他人嗎?我所確信的『優於』,會不會造成一種『宰制』?而我所欲達成的『理想台灣』,與上帝國比較起來又如何?」

基於上述的反省,作者提出作爲台灣教會在思索「國家前途」時的三個基本起點:一、任何改革都必須從「自我反省與批判」作出發;二、台灣教會要給予台灣人的,必須是一種「回歸聖經的啓蒙」;三、從「終末論」的觀點來思索台灣的整體社會改造工程。

## 一、從「自我反省與批判」出發

　　所謂社會改革便是針對存在著的社會現象中，找出其意識型態並加以分析與批判，藉由喚醒社會諸主體的自覺，討論並建立並對當下時空更合理的「理想模式」來取代舊模式。然而，意識型態可能存在於他人身上，也可能存在於自己身上。因此，批判的對象也有可能是自己，正如耶穌說：「你這假冒爲善的人，先去掉自己眼中的樑木，然後才能看得清楚，去掉你弟兄眼中的刺。」（太，七：5）因此，任何想要成爲社會批判或改革主體的人或團體，必須包括：一、先必須要具備的能力便是「自我反省」。能自我反省的人才有可能客觀地察覺社會與政治上的異化現象，察覺社會的脈動；二、批判的對象是意識型態，而非意識型態所存在著的客體。因此，在批判他人之時，必須隨時作反省，以免自己的批判又成爲另一種意識型態。

　　任何改革都必須從「自我反省與批判」作出發。這代表了兩種意義：一、由於世界潮流的急變，教會必須隨時反省自己的改革腳步是否同時能滿足現代化的需要又不因此失去信仰的根本。這是一個相當困難的工作，不是說「改革改革」就能完成的。事實上，教會相當擅長於批評，但卻很少有人眞正已達到「現代化」與「信仰純化」的平衡點；二、當教會實際進入社會工作時，常常必須妥協於社會既有的某些標準、制度與方法，藉以達成所謂「神聖的目標」。問題是，我們不是上帝，無法以自己的理想把本來是惡的、缺陷的東西轉變成善的，常常會變成另一種墮落之起源──這也常常是改革無法長久之原因。所以隨時純化自己的動機與檢查自己的過程方法，也是教會在進行社會改造參與的重要責任。

## 二、「回歸聖經的啓蒙」

　　要有效批判意識型態，不能只靠菁英分子的努力，而是需要從少數社會優秀分子普及到大眾，使得所有台灣人皆能具有主體的覺醒。而解放大眾從意識型態桎梏下掙脫的最有利武器便是「啓蒙」。啓蒙的意義在於掙脫意識型態，而要有效掙脫意識型態就必須重新喚起主體的自覺，讓主體重新找回自我反省與自我定位的能力並反省周遭事物。我們常聽到也同意的一句話就是：「台灣的前途必須由台灣人決定。」作者相信，我們所期待能決定國家前途的人民，必定是完全具有自覺意識，知道自己角色定位與意義的人。因此，啓蒙是教會對於社會大眾最重要的責任。

　　然而，「啓蒙」不是「宣傳」，更不是理念的強加灌輸，因為那將變成另一個新的意識型態。「啓蒙」的先決條件是「理想的溝通情境」，意即「平等而雙向」的對話。換句話說：基督徒最好的「啓蒙」方式是「分享與見證」。台灣社會不需要道德勸說，因為只要是存在於台灣社會之中的任何道德體系，沒有一個是完全的——連同基督教道德體系在內。台灣社會要衝破「認同危機」，必須讓台灣人心中僅剩的那一點「神的形象」覺醒過來；而要有效地達到這一點，最理想的做法便是「行聖經」——我如何瞭解聖經，我如何藉著靈修與實踐來認識自己的神，我便把這些「行出來」。〈路加福音〉八章16節記載：「沒有人點燈用器皿蓋上，或放在床底下，乃是放在燈台上，叫進來的人看見亮光。」誠實地、平等地、分享地將自己所知所愛讓身旁的人理解，這就是最佳的啓蒙。

## 三、「終末論」與台灣的整體社會改造工程

　　台灣要怎麼走，當然不是只要有「自覺」就可以了，更需要有

一個整體社會改造的工程藍圖。社會改造工程必須有三個前提：
一、怎樣才是一個理想社會；二、現實社會與其差距多遠；三、我
們是否有能力規劃營建一個更美好的社會。我們必須承認，社會的
全然複雜性使得社會改造工程成為高度不確定的事業。基督教的美
好社會是根植於「上帝國」的願景之上。有了「上帝國」的藍圖，
教會於是產生了可以在此世上傳福音的動力，期待有那麼一天可以
「神的旨意行在地上如同在天上」。因此，台灣的教會有責任將合乎
聖經真理的「上帝國」特質落實到社會整體改造的工程藍圖之中。
且不論「上帝國」到底是什麼樣子——其實這個目標本身便是非驗
證的，至少在社會各層面（道德、人性特質、普遍需求）上都有了
一個轉變的方向。必須試著將聖經的教訓結合適當的社會理論，作
為一個合理且有效的可以達到「相對程度」❸改善社會的方法。

　　我們必須以「終末」的角度來思索「上帝國」，因為「上帝國」
所代表的是一種希望的敘說。當代的終末神學特別關心社會烏托邦
與上帝國，以及社會政治經濟活動與教會崇拜祈禱活動之間的關係
❹。我們想要建立合乎上帝喜悅的人世社會時，應該都會問到下列
問題：什麼是上帝國？它與現世有何關係？正義、和平與經濟發展
是上帝國的一部分嗎？教會在促進人類福祉的課題上擔任何種角
色？人類的諸種成就能長存久續嗎？如果能，情況又是如何？而這
些，恰恰都是屬於末世論的核心問題之一。所以作者強調，「終末
論」的強調與研究絕對有助於台灣教會對於台灣整體社會改造工程
的建議與參與。


## 第四節　對於台灣前途與教會責任的實際建議


　　鄭仰恩牧師曾在1996年於當時台灣基督長老教會總會年議會
中，以「面對台灣新處境之教會使命」為主題作演講❺。其中他指

出台灣長老教會應該推動「台灣人主體意識」，從基層教育台灣人「人性尊嚴、生活品質、本土文化，以及民主素養」，對於中產階級化社會要「提升工作意義、擴展心靈空間、關懷人類社群」，同時要致力推動「兩性平權」，更要進入社區來實踐「疼厝邊」的信仰使命。鄭牧師就其歷史與神學研究的專長，為台灣社會處境下的教會提出深具指標性的諍言，的確是台灣教會就教會本身的立場來思索對台灣社會責任的重要建議。

若是注意到近年來台灣神學的發展以及對於社會關懷的落實，應該可以發現「本土化」是最熱門的重點。事實上，在國民黨政權長久強勢推行「大中國主義」的情形之下，「台灣意識」的強調恰好可以作為相對的拉扯力，而自80年代之後，我們每每可以從選舉的結果觀察到「台灣意識」在台灣人民中發酵的結果。對於作為社會關懷最為深入的長老教會更是以高舉「台灣人意識」作為宣教的文化基礎。但是，一個理念一旦不斷被提出後，極有可能成為「信念」甚至「信仰」，我們甚至似乎隱約地可以嗅到在教會之中有著「大福佬主義」的氣味。不管對於「台灣意識」的詮釋如何地彈性與包容化，不可否認地影響台灣基督徒的「世界觀」。此外，就社會參與的層面而言，教會的角色似乎常常仍是以「指導者」、「關懷者」自居，少有自己亦是「社會主體」之一的自覺；換句話說，對於社會工作的參與仍然缺乏「忘情投入」的熱情。

因此，在此要提出另外兩個看法作為鄭牧師的補充：一、台灣前途應與世界前景合流；二、不斷積極主動參與各項社會工程，在「參與」中依著信仰良知不斷地提出客觀而合乎聖經教訓的批判。

## 一、台灣前途應與世界前景合流

台灣神學的建構一向都是以「認同」與「實況」為主流❻。認同什麼呢？當然是認同台灣這塊土地與人民，認同台灣的歷史。但

是，如同之前所說，過於強調某一個理念將會造成「自我設限」的危機；過於強調台灣的優越性——或許理念的提出者並未如此極端強調，但是一般地方教會與某些詮釋者的確如此解釋——將限制台灣教會看待自己前途的格局。當然，我們可以振振有詞地說：「真正的本土化就是普世化。」但是，就歷史事實來看，過於強調「本土」的結果常常是「民族主義」的無限膨脹。事實上，在台灣社會——尤其是「總體產業轉型」——的觀察中，「全球化」（globalization）與「在地化」（localization）的辯證似乎產生了一個特殊經驗——「全球在地化」❼（glocalization）。基本上，我們不探討弔詭的社會學名詞；但是，我們從社會現象中可以知道：無論是政治、經濟抑或是文化轉型，似乎都不由自主地朝向「全球化」的方向前進。

　　「全球化」必然會帶來許多負面影響，但是就趨勢而言，我們也不能忽略其效應。因此，當教會要思索台灣的前途時，不應該只是以台灣本體為唯一思考方向，也應該思考「在亞洲處境下的台灣」以及「在世界潮流下的台灣」。將格局放大，從世界的眼光來看台灣角色的定位與意義。我們可以看到許多舊約的先知，例如，以賽亞、耶利米、米該雅等，其在他們的時代逼迫他們的不只是當政者，更常是被自己的以色列同胞。因為他們的言論已經超越了當時狹隘的「猶太民族」，而將其他種族也放入上帝的揀選之中，這是多麼前瞻的格局啊！其實，今天台灣之所以在世界舞台上一直綁手綁腳無法施展，最主要的原因不完全是外交工作不力，而是在自我定位的認知上有問題。若一切事件的詮釋都只以台灣為出發點，那可以想見其詮釋結果必然是十分挫折——為什麼不讓台灣加入WTO？為甚麼不讓台灣加入聯合國？但是若從世界前景的角度來思索台灣問題，也許眼界將會放寬，原來一定要如此堅持的或認為最優先的可能會因而有所調整。身為台灣的先知，台灣的教會不正應該更把眼界放寬格局放大嗎？

## 二、不斷積極主動參與各項社會工程，在「參與」中依著信仰良知不斷地提出客觀而合乎聖經教訓的批判

與世界前景合流不代表不認同本土，不代表不根定台灣；相對地，這是因為「身分認同」之後所產生新的看見。惟獨真正從心中告白「愛台灣」的人，他的「前瞻性眼光」才具有意義。以往的基督徒大多被認為是「高尚、親切、但有距離」的好人，基督徒重道德修養、有愛心、有笑容、每週日都衣著鮮明，但是相處起來總是有壓力。為什麼呢？因為台灣的基督徒大部分都是「指導者」、「勸慰者」、「批判者」，卻不常是「參與者」、「工作者」與「投入者」。

這個問題牽扯到了一個很重要的基本認知：「教會在社會中到底應該扮演什麼樣的角色？」再加以引申：「教會對於各種社會行動的參與是否有其底限？若有，其底限到底在何處？」這個問題到現在還是沒有結論，自由主義❽甚至更發展出了「社會福音」的概念，而與福音派神學家多有爭論。作者在此不加入神學的論爭中，只回到一個很基本的立足點——台灣人對基督教的認同——上：台灣人要的不是老師，而是夥伴。當初北台灣人接納馬偕牧師、中台灣人接納梅鑑霧牧師與蘭大衛醫生，並不是因為他們所傳的福音非常感人，而是台灣人發現這些「鬍鬚番仔」所做的事印證他們所講的話是「實在的」。他們「做了」，所以他們的「說話」因此顯得有力。

今天，我們教會儘可以提出建言，我們教會儘可以提出所謂「中肯」的批判。但是，如果教會的領袖無法教導我們的信徒在教會生活中活出見證，如果我們並沒有真正地主動參與社會上各種工程——無論是經濟的、政治的、教育的，抑或是服務的，如果我們的信徒沒能體認自己應該抱著上帝國的盼望全心地活在當下，盡自己的義務，那麼我們所有的言語都只會令社會其他人更反感。現世

的上帝國是一種「新價值觀」，是我們要讓神的旨意真正行在地上，那麼才有可能讓所有人認同神，而共同讓祂的旨意行在地如同在天。

## 結論──一個新的反省

台灣的前途該是怎樣？作者相信不是藉由少數政黨領袖或教會有力人士說了就算。而是藉由所有對台灣人有愛，對這塊土地有情的人，一起致力消除台灣的不公平不公義慢慢塑造起來的。對於台灣的未來，我們可能沒有很具體的圖像──該由誰執政、該有怎樣的經濟表現、該有哪些社會福利，該統還是該獨……等等；但是我們可以有確切的盼望──不要宰制、沒有不人道的迫害、尊重人權……等等。我必須提出一個挑戰：在台灣所有的教會，是不是所有對於社會的行動與言論──無論是保守的或積極的──都真正出於誠實的信仰？都真正是追求聖靈充滿之後的真實反應？我們的教會與信徒，在要求公義之際，是否真正地行了公義？以往我們一直都只是注重於「社會服務」，這有點像是以慈善行為來吸引信徒；從今以後，我們是該重視教會的「社會行動」，並且以教會的實際作為當作是範本。

19世紀的時候，英國的威爾柏福斯（William Wilberforce）以及跟隨他的一小群基督徒，以30年的時間致力於終止奴隸買賣以及解除奴隸制度，他們扭轉了英國歷史的方向。我們呢？我們要如何建構台灣的前途呢？

# 參考書目

巴克萊著，梁敏夫譯（1977），《自由社會的倫理》。香港：基文。

鄭仰恩著（1999），《歷史與信仰》。台北：人光。

百尼德（John C. Bannetl）著（1984），《基督徒的公民責任》。台
　　南：人光。

Reinhold Niebuhr著，楊繽譯（1982年6月），《道德的人與不道德
　　的社會》。台北：永望。

# 註釋

❶本文曾發表於《曠野》雜誌（2000年10月），第23卷。後增修而成。

❷「俗化」（secularization）原是社會學名詞（韋伯就曾用它作為分析的工具），它的第一次出現是在西元1648年於Westfalia所舉行讓教會失去了其土地與財產權的談判之中，後來則變成了由教會對人類在各層面控制下脫離出來的傾向。

❸在此，我們會遇到「想像」的問題。由於目標是非驗證性的，所以我們無法真正地確定「一定能」達成，只能藉由「想像」來尋求「最有可能」達成此目標──即是以「相對程度」的方式漸次趨近目標。另外，要將聖經教訓結合社會理論，將產生「絕對」與「相對」的弔詭性，因此，也必然無法完全達致「上帝國」所揭示的完美境界。

❹例如，莫爾特曼（Jurgen Moltmann）的「希望神學」，以及梅茲（Johann Baptist Metz）的政治神學末世論；另外天主教神學家卡爾‧拉納（Karl Rahner）及巴爾塔薩（Hans Urs von Balthasar）也有相當的論述，前者強調了人類學的面向，後者則側重於基督性的面向（兩者並非悖論），而他們都沒忘了神學與世界的辯証關係。

❺鄭牧師該文收錄於其所著（1999），《歷史與信仰──從基督教觀點看台灣與世界》。台北：人光，頁149～162。

❻黃彰輝的「唔願（台語）神學」、宋泉盛的「故事神學」、王憲治的「實況神學」、黃伯和的「出頭天神學」與陳南州的「認同神學」，雖然名字不同，但內容大抵都相似，是以「認同」與「實況」為主流。

❼一般認為，「全球化」的一個重要理論是「依賴理論」。但是台灣經驗顯示出，雖然台灣在程度上仍然依賴外國資本，但是因為政府強勢運作，努力扶助中小企業與世界經濟合流，造成了一個與拉丁美洲和南韓都不同的「在地經驗」，我們可稱之為「全球在地化」。

❽自由主義（liberalism）導源於19世紀末的「科技理性主義」，認為基督教信仰必須與新時代配合，相信科技的發展已經使許多聖經的記載成為真正的歷史，故此多採用當時流行的各種哲學思潮作為神學理論架構，對聖經採批判的態度。

# 第四部　基督教藝術之探討

□基督宗教藝術的聖經基礎與神學理解

□基督教改革宗藝術的美學內涵

□台灣基督教藝術介紹

# 第十七章　基督宗教藝術的
## 聖經基礎與神學理解

## 第一節　基督宗教藝術的理解

　　托爾斯泰在其《藝術論》之中認爲，所謂的「美」就是「凡使我們感到愜意而並不引起我們慾望的東西」。因此，我們之所以認識外界的東西並且認爲它是完滿的，乃因我們選擇（這種選擇常常是「意向性的直觀」）了它，並且從其顯現之中獲得了某種快樂。我們若把這種定義放到「基督教藝術」之美上，似乎也能被合理的理解：「藉著那些傳達了基督教思想內容爲作品素材的藝術品，使欣賞者感到了聖潔、愜意、敬畏，卻不會引起欣賞者的慾望。」薛華（Francis A. Schaeffer）在其《基督徒的藝術觀》一書中曾表達過他的看法：「基督教藝術無須是宗教性藝術，也不一定要處理宗教問題。」❶他的理由是任何人、事、物，只要是受造物都有至上神的創造價值，因此都可以做爲藝術題材。按照薛華的看法，基督教的藝術內容是自由的，只要在藝術品中眞能表達出「人的生命整體」的意涵便足夠了。

　　薛華的想法受到當代許多有志於基督教藝術創作或鑑賞的學者之迴響。但是，對於要眞正「理解」基督教藝術之美，仍然有一些要素必須注意。本書在第十九章「台灣基督教藝術介紹」一文中，會加強說明了作爲基督教藝術的三個要素：一、風格（style）：在某個時空之中的特色或「形式」（form）。亦即所謂的「筆法」、「用色」、「結構布局」、「線條」……等等的表現手法；二、圖像

（iconography）：我們可以將它解釋爲題材（subject matter），意即這個藝術品呈現了什麼樣的主題？創作者是以什麼內容來展現這個主題？三、歷史脈絡（historical context）：某一時代的基督徒在社會環境制約下所展現出的意念。而其中，我們常常必須藉由「形式」與「圖像」來理解「意念」；亦即在今日我們對於美的感受，常常是要加入「認知」的因素。法蘭克福學派的阿多諾（Theodor W. Adorno）在其〈抒情詩與社會〉一文中曾如此說：「藝術作品的偉大，僅僅在於它們有某種力量，能使意識型態所掩飾的那些東西昭示於人。」❷我們或可同意：藝術發展的脈絡與人性對於所存在的社會景況之回應與詮釋有關。因此，作爲「基督教藝術」，除了會釋放出信仰的眞理之外，也會表達出世界的眞相。

當然，本章的主題是「基督宗教藝術的聖經基礎與神學理解」而非「基督教藝術之介紹」，所以我們粗淺討論了基督教藝術之意義及其要素之後，將藉由兩個主要層面——基督教的《聖經》、西方神學家的美學概念——來理解並整理基督教美學的基本內涵。盼藉由整理與歸納，尋求出其中屬於基督教美學最核心不變的本質。

## 第二節　聖經中的美學思想

我們按照聖經的區分，將聖經中的美學分爲「舊約美學」與「新約美學」兩部分。不過在談到聖經美學之前，有一件事實必須提出。那就是聖經之中的藝術表現，雖是來自於希伯來民族的宗教，但是由於希伯來人處於兩大霸權——美索不達米雅與埃及——之間，自有歷史以來——在此指的是「族長史」——便戰禍連連，在這樣的張力底下，希伯來人主要思索的問題是生存與發展，文化藝術便不能順利發展；因此，希伯來人的維生方式主要是「半游牧」——即在游牧之地亦進行耕種，沒有充分的經濟力量作支援，亦不

利藝術的發展。因此,所謂的「希伯來藝術」,其實不是由希伯來民族獨立發展出來的,而是藉用了許多埃及與近東的神話藝術題材,並混合了所居住的「迦南地」藝術而形成❸。而到了新約時代,由於浸淫了一百多年的希臘文化,所以很自然地接受了希臘藝術文化與哲學的部分內涵與題材來處理並表現信仰。以下分別介紹「舊約」與「新約」的美學思想。

## 一、舊約的美學思想

舊約的歷史我們可以簡略地分為四期:族長時期到進迦南地之前;士師時期;王國時期;亡國被擄至回歸。在第一個時期,最重要的藝術創作便是「會幕」的建造與裝飾,以及「祭司」的衣著。在舊約〈出埃及記〉的記載中,耶和華親自向摩西啟示了建造「會幕」的樣式以及建造細則(出廿五:9~40)。無論是尺寸、顏色、花樣、質料抑或方位的要求,抑或是裡面的器具與擺設,都由耶和華上帝仔細說明。

「製造帳幕和其中的一切器具,都要照我所指示你的樣式。要用皂莢木作一櫃,長二肘半,寬一肘半,高一肘半。……要用金子錘出兩個基路伯來,安在施恩座的兩頭。……要用皂莢木作一張桌子,長二肘,寬一肘,高一肘半。……要謹慎作這些物件,都要照著山上指示你的樣式。」(出廿五:9、10、18、23、40)

同樣的情形也在王國時期的「聖殿」建築再現。舊約〈歷代志(上)〉(以下簡稱代上)廿八章12~19節描述了耶和華上帝如何藉著「靈」感動大衛王而將聖殿的藍圖與樣式指示給所羅門:

「大衛將殿的遊廊、旁屋、府庫、樓房、內殿和施恩所的樣式,指示他兒子所羅門。又將被靈感動所的的樣式,就是耶和華神殿的院子、周圍的房屋、殿的府庫戰勝物府庫的一切樣式都指示他。」(代上廿八:11~12)

王國時期以及亡國被擄時期有一個至重要的藝術成果，便是「詩體文」。舊約之中有約1／3的內容是以詩體文作表達的。其中可概略分爲「抒情詩」、「神諭詩」與「訓誨詩」三大類❹。尤其是「智慧文學」❺中的「詩篇」與「聖卷」中的「耶利米哀歌」更爲有名。前者的寫作時間約可溯至大衛王時代（西元前10世紀）至被擄回歸前（西元前4～5世紀），其中也摻雜了迦南人的宗教頌歌形式（例如，詩篇廿九篇）以及埃及太陽頌歌的迦南譯本（例如，詩篇一０四篇）。其內容是對希伯來上帝的讚美詩與禱詞，一方面讚美祂的美好作爲，一方面悔罪，同時也懇求他在未來也賜下相同的慈悲。而「耶利米哀歌」約略反映了西元前587年耶路撒冷被巴比倫攻陷時的景象，因此這應是作爲紀念聖城被毀的哀悼會上所用的哀歌。它呈現出強烈懺悔的氣息，包含著因爲人類罪孽所招致嚴厲後果的反省與沈思，並渴望重新得救贖。

　　舊約藝術的表現上不只如此。例如，舞蹈（撒母耳記下六：14～15）、音樂（士師記五：1～30；詩篇一五０篇，代下卅五：15）以及其他。但是，無論是美術、詩歌、音樂及舞蹈，在舊約中幾乎都與「崇拜」有關。顯然的，就舊約的諸作者而言，對於美的享受有不少是融合於整個「崇拜」經驗之中。「崇拜」對希伯來人而言便是對於耶和華恩典的認知與回應，因此舊約的崇拜便是爲了讓耶和華上帝的榮耀再現──藉由崇拜儀式與場所的榮耀與華麗，使以色列百姓感受到類似神顯般的榮耀經驗。所有崇拜中的「美」的體驗都等於是對於神的再次頌讚，因爲「美」是從神而來。我們可以用兩個例子來加以說明：一、〈創世記〉的創造故事，耶和華每造了一樣東西，都說：「看它們爲美好」。這代表了「完滿」與「美好」之根源在於耶和華上帝，而且上帝祂藉由創造的恩典將其顯現出來；二、有關於「會幕」與「聖殿」的建造，聖經強調這些藝術品的樣式都是來自於耶和華的「指示」。這代表在希伯來人的觀念中，所有美的形式都必須出自於上帝的命令。「崇拜」與「美」的

關係顯示出一個重要的命題：「在紀念並頌讚耶和華上帝的恩典的過程中，受造物再現了神的榮耀，並在此榮耀中再次得見美與善的源頭。」

　　當然，宗教的崇拜不只是人類得見「美」的唯一來源——雖然舊約的作者們常常強調藝術的宗教性功用，只不過「耶和華的作為與旨意是美的來源」的想法一直在舊約的經文中被類比地認知。在舊約，一件事物之美與否是在於它是否能在各方面展現出耶和華創造秩序的整全性，從而反映出神的公義。因此，「美」常與「合宜」並用，這在「智慧文學」中的「詩篇」與「箴言」尤其常見。美事其實就是「合宜的事」——婦人的貞德（箴卅一：10～31）、合宜的說話（箴廿二：17～19）、弟兄和睦相處（詩一三三：1），以及智慧（箴八：11）。也因此，舊約的「美學」之中有強烈的「道德」氣息❻。因此，舊約之中對於造物主創造出合宜秩序的美之強調，也隱含了受造物之間必須努力維持這種秩序——不只是人與人之間，更是人與自然萬物之間。而且在這種相互依存的關係中，再次體會令人震撼的創造之美。例如，Claus Westermann所指出：當我們視萬物為兄弟而非客體時，便能領會創造之美❼。

## 二、新約的美學思想

　　與舊約相較之下，新約的美學同時顯現了其「現實性」與「超越性」。所謂「現實性」指的是所有上帝不可眼見的美善全部落實到基督耶穌身上，以「道成肉身」的方式使人能實際地見到上帝；所謂「超越性」則是指新約中「未來盼望」的性格特別地強。換句話說，新約要求人們將眼光集中於耶穌身上，並且由祂的工作與生命歷程中體會到「由苦難中得勝」的那種震撼之美。

　　新約諸卷經典的核心思想是見證「彌賽亞」已經來了，耶穌基督就是彌賽亞；同時也強調基督的「再臨」，當祂再臨時將帶來上

帝國的「完全」。而在「見證基督已來」與「期盼基督再來」的兩個層次中，產生了時間的張力。在保羅的書信當中，充滿了「過去……」以及「將來……」的對比，他呼籲基督徒們效法耶穌基督，袖是所有可見的美善的化身；在期待終末上帝國來臨的光榮之前，袖是我們唯一的學習對象──學習耶穌基督的自我約束與調節，去感受到「以基督的心爲心」，去瞭解耶穌是以如何的美感胸襟去重新詮釋世界。

在這裡面有一個概念是相當重要的，就是「苦難─榮耀」的歷程與體驗，相信這是新約所揭示的美感的重要來源。因著「原罪」，人與創造之主割離，在割離之後，人類自由地發展人性的黑暗面；因著彌賽亞的來到，人類似乎又重新看到了光明與榮耀──重新看到正意味著原來的割離。若要重新與光明榮耀結合，則人的本性必須重新被改造。而改造的過程，就人而言是痛苦的，他必須悔罪（repentance）、必須破碎自我（self-broken）、必須重新選擇──這關係到安全感的放棄與重建。但是，痛苦的重建對於榮耀的獲得是必要的過程。「苦難─榮耀」的過程深化了人類對於神的美善之理解。

在新約之中與藝術有關的記載在〈啓示錄〉（以下簡稱啓）有相當多的描述：

「我看見彷彿有玻璃海，其中有火攙雜。又看見那些勝了獸和獸的像，並牠名字數目的人，都站在玻璃海上，拿著神的琴，唱神僕人摩西的歌，和羔羊的歌，說：『主神，全能者啊，你的作爲大哉！奇哉！萬事之王啊，你的道途義哉！誠哉！』」（啓十五：2～3）

而在廿一章之中，也對於「新天新地」有充滿了藝術美感的描述：「我又看見聖城新耶路撒冷由神那裡從天而降，預備好了，就如新婦裝飾整齊，等候丈夫。……城中有神的榮耀，城的光輝如同極貴的寶石，好像碧玉，明如水晶。」（啓廿一：2、11）

從〈啓示錄〉的描述裡面，我們可以清楚地看到所謂的

「美」，其實與未來有關。所有的景象都是在戰勝罪惡，復原了創造秩序之後出現。按照這個邏輯，「不美」是因爲世間的罪惡毀壞了完美的秩序。「神－人」復合後的和諧秩序與神的榮耀是〈啓示錄〉作者所追求的美。所以在〈啓示錄〉之中，我們看到了幾乎是聖經之中所有的圖像❽，並且以屬天的崇拜作結束。「苦難－榮耀」的主題在此相當清楚。不過，縱使「美」與未來的確有密切關係，我們也可以藉由現世的敬拜與悔罪的過程，預先類比地加以體會。

除此之外，新約之中一個重要的有關於「美」的指向便是耶穌人性的象徵。在「福音書」中耶穌曾引用舊約摩西曾在曠野造銅蛇的故事（民數記廿一：6～8），以銅蛇象徵自己（約三：14～15）。而且在〈約翰福音〉中，有多處記載耶穌以自然事物自我象徵，例如，「羔羊」（約一：29）、「道路」（約十四：6）、「葡萄樹」（約十五：1）……等。這使得早期基督教的藝術家拼命地尋找可以象徵耶穌或耶穌教訓的事物，甚至從希臘－羅馬神話之中去找題材，成爲初代基督教藝術的一個重要特色。

## 第三節　西方神哲學家的美學思想

嘉伯霖（Frank E. Gaebelein）曾表示，今日基督教在美學方面的成就，幾乎都帶有天主教與英國國教的思想。而這些思想則根植於「禮儀神學」（sacramental theology）、「多瑪斯主義」（thomism）與希臘哲學等❾。而我們似乎必須承認這種說法並沒有什麼錯誤。比起天主教與聖公會，改革宗教會的確較不注重藝術的均衡發展（例如重音樂藝術而輕造形藝術）。也因此，基督教的美學理論便較爲缺乏。不過，仍然有基督教神學家提出其美學看法，那就是田立克（Paul Tillich）。雖然如此，我們仍可以從他的藝術觀念中嗅出多瑪斯（St. Thomas Aquinas）的味道。因此在這一部分將介紹5位

神學家——多瑪斯、加爾文、田立克、巴爾塔薩,以及內貝爾。第一位是影響後世神學與哲學甚深的中世紀神哲學家,他繼承希臘哲學與中世紀基督教傳統,提出的「協調」美學是後來客觀主義美學的基礎❿;第二位則是作為改革宗神學之創始代表人物,改革宗神學對藝術的看法也應從其思想中探索;後三位則各從基督新教與天主教之神學立場發展其美學思想。我們嘗試著作淺略的整理與比較,也許可以為基督教美學發展找出一條線索出來。

## 一、多瑪斯的美學思想

多瑪斯(St. Thomas Aquinas)的美學理念見於其《神學大全》(*Summa Theologica*)之中。他繼承了自亞里斯多德、新柏拉圖主義(neo-platonism)、聖奧古斯丁(St. Augustine)以及大亞爾伯(Albert the Great)的客觀論思想,提出了美的三原則:完美(完整)、比例適當,以及色彩鮮明⓫。其中「完整」與「比例適當」是從希臘時代便被注重的;我們要注意的是他所謂的「鮮明」這個標準。他為它下定義為:「一件東西的形式放射出光輝來,使它的完美和秩序的全部豐富性都呈現於心靈。」⓬我們把焦點放在「形式」與「心靈」上,這代表他認為美是屬於「形式」的範疇,而「形式」是藉由視覺與聽覺加以感受的,因而他認為視覺與聽覺是美感的專門感官,這同時也分別了美感與一般快感的差異;而「心靈」在多瑪斯的哲學中,主要是為「認識」的,因此「美」必須為「理智」服務。「美」和「善」的不同便是前者直接向理智提供一種「光輝」與「秩序」的認識,而這種認識本身便給予人愉悅;而後者則使人產生「意欲」。

對多瑪斯而言,「鮮明」是屬於上帝的屬性。因為上帝是「活的光輝」,這種「活的光輝」是一切事物的光輝之源,只要能夠映照出上帝光輝的東西,便可以顯現出其秩序而被認識為美。在此,

我們可以感受到他那濃厚的宗教意識。萬物因為分享了上帝的創造，因此類比地映照出了上帝的榮耀，並分享了上帝的存在與美，故所有受造物皆具備了本體的善與美。如同《聖經》記載人從事物的有限的美之中可以隱約窺見上帝的絕對美（羅一：20）。因此，若按照多瑪斯的美學思想脈絡，真正美的藝術品是能夠反映上帝之榮耀與光輝，使人見了或聽了以後便能感受到神聖的滿足與愉悅。

## 二、加爾文的美學思想

在就西方美學發展的立場，一般而言，對於宗教改革的評價似乎是負面多於正面。尤其是宗教改革運動對於「圖像」的批評以及其所形成的藝術觀，對於西方改革宗藝術的影響延續了近400年。和當時天主教會之中盛行的「圖像崇拜」[13]比較起來，宗教改革者以排斥視覺感官的媒介來捍衛「基督為唯一中保」的信仰理念——尤以加爾文（John Calvin）為甚[14]。不過在此所要強調的是：加爾文並未極端禁止視覺藝術；只是他更重視「文字語言」與「聲音」對信仰的幫助，此間接地促進基督教音樂的發達。

加爾文在《基督教要義》之中其實並未完全禁止造形藝術創作，相反地，他也同意藝術之美是上帝所恩賜[15]。事實上，他也要求分辨何為藝術作品，何為圖像。該伯爾（Abraham Kuyper）因此認為加爾文已將藝術從教會的框框中解放出來，讓藝術脫離宗教附庸的地位而馳騁在世界上，並藉著彰顯自己的美麗而榮耀上帝[16]。加爾文摒除了「圖像」，代之以「傳講」與「聆聽」，亦即準確傳講聖經的記載，而人的心靈憑著信心去接受。加爾文認為，當上帝創造時是以「語言」創造，而祂流傳給人類的啟示是祂的「話」——《聖經》。因此，耳朵比眼睛更適合接受真理。鮑斯馬（William J. Bouwsma）便指出加爾文雖然懷疑想像的作用，但他對於「禮儀」的理解，使他也頗為重視「象徵性語言」的作用[17]。

加爾文與當時的改教運動者，都活在一個藝術與生活完全結合的時代，不像現在是分割的。所以藝術的重視其實是充斥在那個時代的。既然加爾文認為耳朵比眼睛更適合接受真理，所以宗教改革對於宗教音樂的重視便多於美術了。例如，在加爾文之後，其繼承者伯撒（Theodre Beza, 1519～1605）與布爾喬斯（Louis Bourgeoies, 1510～1570）於1562出版了一本《日內瓦詩篇》（*Geneva Psalter*），其旋律輕快活潑，且在歐洲各地風行一時。

　　加爾文這種「忠於聖經」、「重視象徵」、「反圖像崇拜」的神學特質，成為宗教改革教會藝術創作的指標。就連美術創作之主題也走入「教義宣揚」與「信仰反省」❶❸的層次，以「象徵虛構」的人、事、物來表達聖經的教訓，尤其重視聖經教義在各層面——例如，社會、政治——的落實。

### 三、田立克的美學思想

　　田立克（Paul Tillich）並無關於美學思想的著作，我們在其《系統神學》II、III之中提到了人類的「悲劇」性以及宗教與「文化」的關係時，稍稍有提到相關概念（例如，「審美」）；而他在某些未正式出版的論文、演講，以及給友人的書信之中，也提到了有關「藝術」與「建築」之主題❶❾。在當代神學史上，田立克並未被定位成神學美學家；但事實上，在他1933年離開了德國之前，便有不少關於宗教與藝術之論文，可見在更早的時期他就展現對藝術的高度興趣；而1946至1950年代初期，更對「象徵主義」深入探索，也發表了相關論文❷⓿。

　　在其於1952年發表的 "Art and Society" 一文的Religion and Art之中，提出了在「宗教」與「藝術」之間之關係有四個等級：

　　1.藝術家都會有意無意地在其藝術作品中間接地揭露其「終極關

懷」。換句話說，藝術作品——俗世的，甚或詼諧的一般藝術作品——的形式之內皆無可避免地具有「宗教性」的意涵❷。

2. 面對日常生活所遇到的對象，藝術家都有類似「自然」與「表現」風格的兩種屬性。後者等於是揭露了某些在前者中隱藏著的——或不被注意的——事物，之所以稱為「藝術」，便是藝術家藉表現自然中隱藏著的某事物——這種表現常常超出了自然本身所表達的——而表達其終極關懷。

3. 而在宗教內涵的層次，宗教藝術常常是各種形式風格——不必然是「表現的」風格——來表現宗教主題——神話、傳說、儀式象徵。但是，若是如此，什麼東西才是創作者所要表達的呢？因此，宗教藝術更需要特殊風格作表現。

4. 當然，最高層次的宗教藝術是風格與內涵的完整統一，而其宗教性能完整透明地表達，見圖17-1：

除此之外，田立克也提到了作為象徵的四個特色：

1. 超越本身的意義：蘊涵了比原事物更深遠的意義。
2. 參與性與非被造性：它是不可調換的（irreplaceable），非被造的（not be invented）、會成長與消失的，換句話說，它是參與存在的。
3. 揭示力：它揭露了其他途徑無法揭示的內在意義。
4. 靈魂的穿透力：它可以進入到我們靈魂的深處❷。

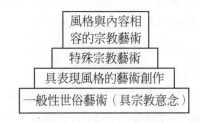

**圖17-1　Tillich 論宗教與藝術的四層次**

由此思考宗教的象徵，在「神聖」以及「世俗」的兩種層次中，在世俗世界的藝術家意欲連結這兩種層次，就必須使用「宗教象徵」。不過在今天（以往亦然），我們更應該注意「宗教象徵被絕對化的影響」。

## 四、巴爾塔薩的神學美學思想

巴爾塔薩（Hans Urs von Balthasar, 1905～1988）是瑞士天主教思想家與美學家。他出版了三部（六卷本）《榮耀：神學美學》（*Herrlich: Keiteine Theologische Aesthetik*, 1968）與四卷《神學戲劇學》（*Theodramatik, Bd. I, Prolegomena*, 1973）為其神學美學的主幹，並另外還有《神學隨筆》（*Skizzen zur Theologie: Spiritus Creator*, 1967）與《聖神邏輯學》（*Theologik: Bd. I, Wahrheit der Welt*, 1985）等著作，其中都有不少關於其美學思想的論述❷。

巴爾塔薩在他的《榮耀：神學美學》第一卷〈形象的觀照〉中提到，「美」是「形式的存在」，是「精神賦靈的身體」❷。在此，他的「形式」指的是「源始形象」，是與「此在」（dasein）相應的形式——而非傳統哲學所謂的「form」。這個「形式」塑造了人，使人可以擺脫僵化與膽怯而自由地面對自己。因此，它是靈魂的表達，當它完整表達了靈魂生命而顯得多樣之時，便能把人推至生命的頂峰，而達至「善」的要求。換句話說：「美」是「此在」的源始形象，它也是靈魂生命之表達，當人能充分認識此源始形象並對之有信心時，便能凸顯真正的真、善、美。而為了觀照到這種形式，人必須具備能夠懷著敬畏心情察覺到此在各種形式的靈魂慧眼——我個人稱之為「信仰的洞察力」❷。

按照這個思路，巴爾塔薩區別了「審美神學」與「神學美學」的差異。前者指的是以「審美」的眼光來探討「信仰事件」中我們所感受到的「神聖形象」，亦即將從聖經中所領略到的，以及對上

帝與基督的認知都給「形象化」——這等於是從哲學美學的方法要建構神學。要從「審美神學」到「神學美學」的過程中需要「解審美化」的歷程，亦即將一切「形象」掃除，而且必須將眼光從「創造」轉向「啓示」，亦即從自然神學的觀點轉向啓示神學的觀點。然後藉由眞正的神學方法從啓示中找尋出屬於上帝的美學。

我們整理巴爾塔薩的神學美學思維，可以發現他認爲的「美」之根源仍然是在上帝。人可以藉由掌握各種「源始形式」而把握到美。對於上帝的本質與存在，人是無法掌握的；但是可以藉由聖靈所開啓的「信仰的洞察力」，從上帝的啓示中來觀照到上帝的榮耀——最大的啓示與榮耀便是耶穌基督的存在。

## 五、內貝爾的美學思想

內貝爾（Gerhard Nebel, 1903～1974）是當代新教路德宗的美學家，在巴爾塔薩的著作中，是以他作爲新教神學美學的代表人物❷❻。內貝爾是德國當代路德派的神學家與作家，其關於新教美學的代表作是《美的事件》（*Das Ereignis des Schoenen*）。他提出以「事件」概念作爲新教的宗教哲學體系中的核心概念，而「事件」則指的是「存在的樣態」。他認爲，我們在「事件」中感受到上帝的臨在——無論是「憤怒」的臨在或是「仁慈」的臨在，因此，「美」也是必須在「事件」中獲得，它不可能獨立存在並建構一個完整的世界，它必須與人相遇。我們如何得到「美」？便是必須從「恩典事件」中探求到恩典的光芒——美感經驗，然後再去除掉事件，從而得到「美」，因此，「美的存在即是美爲了自身以及高高在上的他者而奉獻自我的行爲」❷❼。也因此，眞正的「美」是「恩典」，它的來源是「神聖事件」，我們在塵世間則是在「存在事件」——例如，悲劇——中類比地領會到美。內貝爾在此還是追隨傳統美學家的看法，認爲每次與美的相遇便是對創造的再肯定，但是他也強

調「啓示」事件中充滿著與「創造」相當的類似性。而「美」的最後本質是「平衡與對立」，它的範圍因而可以無限增大，它「有可能悄悄地蛻變爲充滿神秘色彩的『全有與全無』，也有可能變成『抽象的無限性』，而且以『宗教』的面貌出現，從而使唯美論者心迷神醉……。」❷以往天主教的美學標準——多瑪斯的「光輝」概念便被內貝爾所拒絕。他的「美」是動態的，是「進行著的事件」，而且從中透顯出一種「平衡的美感」。

我們可以綜合整理一下內貝爾的美學思想：人是在上帝啓示的「恩典事件」中，類比地體會到「美」。或許此事件是一種從苦難到希望的歷程，或是從絕望到盼望的過程，但在此過程中，人領會了一種「平衡的美感」——它類似於上帝的原始創造。若偏離了對上帝的信仰而要尋求「美」，到最後必定會墮入悲劇神話——類似希臘神話中諸神沈默而憂傷的夢幻之中。

## 六、美學思想的整理比較

在此我們簡約地整理上述五位神學家的美學思想。綜觀多瑪斯、加爾文、田立克、巴爾塔薩與內貝爾的想法，我們可以發現：天主教神學家將「榮耀」或「鮮明」作爲神聖美的重要來源。亦即「天主榮耀的顯現」是最眞實的美。只不過多瑪斯強調「創造」之美，認爲因受造物類比地分享神的美，故我們也可以從受造物的秩序與和諧中體會神之美；巴爾塔薩則強調要眞正欣賞到「美」，便需要「信仰的洞察力」來洞察神的「啓示」。兩者雖然在著眼角度上有所差異，但都同意眞正的美不只是感性的，更是理性的。而這一點也同樣爲田立克與內貝爾所接受。不過田立克所謂的認知更具有「存在與本質的相融」之意義，他認爲任何的藝術象徵，都表達了創作者的「終極關懷」，而此終極關懷又等於是當時生存實況的重要指標；內貝爾則強調人類是在上帝自我啓示的行動中感受到神

聖之美，而每一次的行動對人而言都是恩典，換句話說，美在於眞正認知到恩典中的啓示。總而言之，他們五者各以不同的角度說明，眞正的「美」在於對上帝的眞實認識。而這個認識是必須藉由「屬靈的眼光」去洞察神的光輝，甚至與之相結合。而至於宗教藝術的表現上，當代的神學家大多有「解審美化」的傾向，意即同意「象徵」的重要性，卻反對將象徵（或形象）給絕對化。

## 結論——基督教藝術本質的再思

究竟基督教藝術的本質是什麼？從《聖經》與各神學家的思想中，我們是否眞的能尋找出所謂「基督教藝術」的核心呢？主要困難還是在於「基督教藝術」的界定上——到底我們應該將範圍縮小到只有「基督教」的藝術作品上？亦或是可以將眼光放大到「所有」我們認爲可以發現「基督精神」的藝術作品上呢？

這裡要強調的是：「藝術」是一種「表達」，一種「自我意念」的表達。在這個層面上，藝術是相當「個人化」（individual）的東西；但是，從另一方面來看，「自我意念」的形成又與所承受的文化傳統、所生存的社會環境、所接觸的道德體制有關——無論是對社會的謳歌或是批判。由這個想法我們可以進一步來說：所謂的「欣賞藝術」等於「意念的詮釋解讀」，解讀的正確與否，周不周延，便在於欣賞者對創作者與其所使用的形式主題是否有「認知」或認知的深入程度了。

當然，我們也不能忽略所謂「無私的感動」這回事。的確有許多作品在表現上便可以「越過」認知的程度而直接給予心靈眞實地撼動❷，但我仍然認爲這是「層次」的問題。對於藝術，我們有「讀入」（eisegesis）與「讀出」（exegesis）的層次——正如「釋經學」一般。當我們接觸到某一件藝術品並受其吸引，以致於開始研

究它，將我的感受「移入」它之中，這都是屬於「讀入」的層次；但是若不藉著眞正的認知與再加以詮釋——即「讀出」的層次，我們將無法因爲眞正瞭解創作者的意念而予以回應。這種情形在19世紀末20世紀初印象派盛行之後更爲明顯，因爲這些作品甚至不以「美」爲訴求，我們要在其中獲得悸動，便非得透過「認知」不可。

讓我們回到一開始的問題：基督教藝術的本質是什麼呢？按照基督教的觀點，世界的一切都來自於上帝。上帝的啓示源源不絕地展現在世上萬物之中——人的意念便是對於上帝啓示所作的回應。因此，基督教藝術不應只放在「基督教」這個宗教的範圍來看，而是必須擴大到所有的藝術品，並且分辨其創作者的意念是否指向於上帝。這裡面有幾個最重要的觀念：「指向上帝」、「人的回應」、「詮釋表達」。因此，提出一個自己認爲最適當的觀念來說明基督教藝術的本質：「見證」。這個概念可以適用於聖經的教訓，也可涵括神學家們的理解，將另文探討這個概念的意義。

# 參考書目

薛華（Francis A. Schaeffer）著，濛一‧芳華譯（1986），《基督徒的藝術觀》。香港：宣道。

薛華著，梁祖永等譯（1983），《前車可鑑──西方思想文化的興衰》。香港：宣道。

Frank E. Gaebelein著，蘇茜譯（1998年2月），《當代基督徒人文素養》。台北：校園。

《西洋美術史資料選輯》（1982年10月），新竹：仰哲。

加爾文著，徐慶譽譯（1962），《基督教要義（上）》。香港：輔僑。

Hans Urs von Balthasar著，劉小楓選譯（1998年3月），《神學美學導論》。香港：三聯。

# 註釋

❶詳見薛華（Francis A. Schaeffer）著，濠一・芳華譯（1986），《基督徒的藝術觀》。香港：宣道，頁88。

❷該文收錄於*Telos*期刊第20期（1974）第63頁。作者則是由Martin Jay著，鴻鈞譯（1990），《阿多諾——法蘭克福學派宗師》。台北：結構群，頁151所節錄此段話出來。

❸「迦南地」所指的便是在希伯來民族定居前的巴勒斯坦地區。關於「希伯來藝術」的「混合風格」這點我舉兩個例子：一、根據〈出埃及記〉二十章記載，當摩西從聖山帶「十誡」法版下來時，發現人民因怕失去領導者而鑄造了「金牛犢」。「牛」是迦南宗教的代表性聖物，這代表了希伯來人在撰寫「摩西法典」時，已將當時迦南地最通俗的宗教藝術也放進去了；其次是〈出埃及記〉（以下簡稱「出」）二十五章18～22節記載，「約櫃」上的「基璐伯」造型，有高張的翅膀以保護下方之聖物，而在近東的藝術中，有翅膀的動物圖形做爲建築的守衛是很普遍的（〈創世紀〉三：24）。

❹「抒情詩」包含聖詩、哀歌、禱告文、感恩歌、戰歌、凱旋歌、豐收歌、情歌等；「神諭詩」則是透過祭司與先知所傳達耶和華的話；至於「訓誨詩」則包括格言、謎語、對話、智慧詩等等。此分類詳見Edward P. Blair著，張明佑、張德謙、翁榮隆等譯（1982年10月），再版，《與古希伯來哲士對話——舊約聖經簡介》。台南：人光，頁84。

❺一般將舊約中的〈約伯記〉、〈詩篇〉、〈箴言〉、〈傳道書〉與〈雅歌〉等五卷書稱爲「智慧文學」，若加上〈耶利米哀歌〉與〈但以理書〉就合稱爲「聖卷」。

❻Eric Werner在其（1958），《神聖之橋》（*The Sacred Bridge*），New York: Columbia中強調舊約的美與倫理之間，占據著一道很闊的邊沿。見該書p. 313。

❼詳見Claus Westermann, *Die Schonheit des Geschaffensen steht im Lob*, Biblische, pp. 280～281.

❽〈啓示錄〉屬「啓示文學」，而啓示文學最常以記號、圖像等作爲隱喻神諭的工具。據聖經文學批判學者研究，〈啓示錄〉的作者（有人認爲是使徒約翰）相當嫻熟舊約的啓示文學——例如，〈以西結書〉與〈但以理書〉。因此對於舊約聖經中用以象徵之諸圖像亦能巧妙的運用在〈啓示錄〉之中。

❾詳見Frank E. Gaebelein著，蘇茜譯（1998年2月），《當代基督徒人文素

養》。台北：校園，頁50。

⑩其實，自古希臘開始至17世紀爲止，西方美學多屬於「客觀論」——亦即認爲「美」有客觀的標準。其中最爲普遍的説法是美在於「比例適當的和諧」之中。嚴格而言，客觀論美學應自柏拉圖與亞里斯多德便開始了，指示眞正系統整理出來的應從多瑪斯開始。關於客觀論美學的描述詳見朱狄所著（1995年5月），11刷，《當代西方美學》。北京：人民，頁146～151。

⑪朱光潛在其《西方美學史（上）》頁116中爲我們整理了《神學大全》中有關於美的文字敍述。或詳見（1982年10月），《西洋美術史資料選輯》。新竹：仰哲，頁64～66亦有詳盡之整理。

⑫詳見朱光潛著，《西方美學史（上）》，頁118。

⑬自11世紀之後，天主教會的兩個神學主流——道明會與芳濟會——已將使用圖像來表達世界觀的習慣帶進整個天主教世界。而延續到在當時所有的敬拜、朝聖、與遊行禮儀中，圖像就占有決定性地位。宗教改革者便認爲這已經是一種「偶像崇拜」了。

⑭加爾文在其《基督教要義（卷一）》中提到：「人從圖像所學到有關於神的一切，都是無價值，甚至是錯誤的。」又説：「就算運用圖像本身並無不當之處，它（圖像）在教導上仍是毫無價值的。」詳見徐慶譽譯（1962），《基督教要義（上）》。香港：輔僑，頁54～63。

⑮加爾文在其《基督教要義（卷一）》，Ch11，Sec.12中提到：「既然雕刻與繪圖畫是上帝的恩賜，我希望這兩樣都有純正而合理的使用，……」又在（卷三），Ch10，Sec.12中提到：「主既然給花朵穿上及美麗的裝飾，吸引我們的眼目……難道我們的眼目因這美麗感覺喜悦，會是不合法的嗎？」

⑯詳見Abraham Kuyper（1943）. *Lecture on Calvinism*, Grand Rapids: Eerdmans, pp. 142～151.

⑰詳見William J. Bouwsma（1988）. *John Calvin: A Sixteenth-century Portrait*, New York: Oxford Univ. Press, pp. 150～152.

⑱例如，德國的杜勒爾（Albrecht Durer, 1471～1528）、包爾登格連（Hans Baldung-Grien, 1484～1545）、與荷蘭的林布蘭（Rembrandt, 1606～1669）都是宗教改革時期的畫家，其畫中充滿了對自我信仰的深刻反省。相關記載詳見薛華著，梁祖永等譯（1983），《前車可鑑——西方思想文化的興衰》。香港：宣道，頁89～92。

⑲由John Dillenberger與Jane Dillenberger所合編有關田立克之文集*On Arts and Architecture*，裡面都是田立克所發表的論文及演講與書信中以「藝術」爲主題的文集。該書於1989年由Crossroad Com.出版。

⑳詳見Tillich, *On Arts and Architecture*，導言部分，頁碼爲ix。

㉑詳見Tillich, *On Arts and Architecture*，頁33。在此必須強調，「終極關懷」是Tillich對宗教的重要定義之一。

㉒詳見Tillich, *On Arts and Architecture*，頁37。

㉓關於巴爾塔薩美學的中文參考資料，詳見劉小楓編（1998年3月），《神學美學導論》。香港：三聯，台灣商務代理，其中節選了巴爾塔薩美學著作中的一些文章，值得參考。

㉔詳見劉小楓選編，《神學美學導論》。頁56。

㉕我認爲有必要稍加說明「信仰的洞察力」的眞正意義。巴爾塔薩認爲耶穌基督是眞正將內在神聖生命完全表現在外在形象的人。而要從耶穌身上看到存在的神聖恩典，卻不是一般眼光所能辦到的。那需要藉由「聖靈」（the holy spirit）的幫助，讓心靈的眼睛獲得信仰的沈思能力而得以開啓，透過對耶穌那可見的人性與不可見的神性兩者關係之觀照，而領會其光輝。而這就是「信仰的洞察力」，也就是巴爾塔薩認爲的「靈魂慧眼」。

㉖巴爾塔薩在其《榮耀：神學美學（卷一）》中，特別以一大段篇幅介紹新教的神學美學，其中便是以內貝爾作爲代表人物。詳見同註㉗，頁97～114。

㉗Ibid，頁99。

㉘Ibid，頁100～101。

㉙蕭爾特（Robert L. Short）在其《豆豆福音》（以「豆豆漫畫」──即是以Charlie Brown與Snoopy爲作畫內容──中的內容作信仰上的反省而寫成的）一書中特別強調藝術可以繞過「理性的障礙」而深深地感動各種人。詳見其所著（1973），《豆豆福音》。香港：基文，頁10～13。我在〈藝術表現與宣教策略〉一文中亦有解説。

# 第十八章　基督教改革宗藝術的美學內涵❶

　　在一開始我必須聲明，本章是把焦點放在「基督新教」的範圍中，希望將改革宗教會那種對美與藝術晦暗不明的立場加以重新檢討，並對於因沒有依循標準而顯得混亂，甚至在現代藝術的猛烈衝擊下顯得衰落的基督教改革宗藝術創作提出一些建議。今日基督教改革宗藝術的創作與發展若要與當代藝術，甚或是其他宗教藝術來作對話，就不能沒有屬於自己的美學內涵，而這個內涵是必須同時具備「傳統性」——改革宗的神學傳統——與「超越性」——能不受時空束縛而展現永恆真理；又能兼顧「具體性」——能帶入實際生活與藝術創作——與「象徵性」——能跳脫符號本身的意義而爲各階層的人所掌握。因此，在此段文字中將先釐清「藝術」在改革宗教會中的意義與定位，試圖找出屬於新教美學內涵中的最核心概念，作爲有意從事基督教藝術創作者的參考。

## 第一節　意義的釐清

　　在西方美學發展的立場，一般而言，對於宗教改革的評價似乎是負面多於正面。尤其是改教運動對於「圖像」的批評以及其所形成的藝術觀❷，對於西方改革宗藝術的影響延續了近400年。似乎就神學立場而言，改革宗對藝術——特別是視覺藝術——的發展並不能造成正面的幫助。但是事實上，在改革宗的神學家中，並不是沒有人提到有關於美學的內容；而屬於新教的基督徒中，也不乏傑出且多產的藝術家。我認爲問題出在改革宗神學家在反對天主教

「圖像崇拜」之餘，卻忘了重新詮釋藝術的意義並為之定位。因此，我們的首要工作便是將基督教藝術的意義與定位再次釐清。

　　在定位之前，我們有必要對於在基督教藝術中較會引起爭議的概念重新加以詮釋，因此我們處理「形象」與「象徵」的意義並作反省。

## 一、「形象」概念意義之釐清

　　以往改革宗的牧師與信徒，大多數認為「視覺形象」不但無助於信仰的增進，甚至任何對於「形象」的依賴都會變成信仰的絆腳石。最被人引用的便是「十誡」中的第2誡：「不可為自己雕刻偶像，也不可作什麼形象，彷彿上天、下地、和地底下、水中的百物。」❸不過，這個禁令很明顯地是針對錯誤的崇拜，而非針對使用「形象」這件事上；禁令的界線是在於上帝與「偶像」（idols）之間，而非在於上帝與「形象」（images）之間──在這一點上面，其實天主教看的還是比較透徹。無論是〈舊約〉或是〈新約〉，都有上帝向人「顯現」的記載，如同舊約〈申命記〉所記載：「這是顯給你看，要使你知道唯有耶和華，祂是神，除祂之外，再無別神。」❹這代表著上帝常常透過人的視覺經驗來自我啟示，甚至這種的「具體臨在」在耶穌基督的「道成肉身」上達到最高峰。我們可以同意巴爾塔薩的說法：「與其說神禁止製造形象，不如說神運用形象，與自己對大地的漸進啟示相結合，成為超越性現實（transcendent reality）的可見形象。」❺我們再進一步說，今天任何一個基督徒，在思想上帝時，無不是藉用了某種「形象」來作為媒介──或許是留著白長鬍子的老人、或是榮耀的帝王、或是具親和力的牧羊人，這些形象有損於對上帝的信仰嗎？我想應該是沒有的。就算利用某種視覺形象來意指上帝，那也只是「代表」而非「代替」。今日我們一般提到「形象」時，都把重心放在「外表

的描繪」、「表象」、「偏狹而限制的具像」；但是，上帝所使用的「形象」也包括了「結構與特性」、「整體的內涵」、「意義與美感」等。基爾（O. Keel）有相當精闢的見解，他舉〈舊約〉以色列人對形象的需要爲例，說這種需要「就是要展示事物的深層意義；這種深層意義，是藉著所有感官經驗和長久聯想而達至內化的過程所發掘出來的。」❻今天「藝術中的形象」對基督徒所造成的信仰危機，其關鍵點不在於基督徒對「形象」的看法，而在於基督徒對於「神」的看法。因此，我們在理解「形象」時，首要將它與「偶像」分開來，清楚它頂多在象徵上「代表」神聖的上帝，並進一步探索其「結構與特性」、「整體的內涵」，以及其內在的「意義與美感」，方可所掌握了「形象」的眞義。

## 二、「象徵」概念意義之詮釋

人類的思考、感情與溝通方式，都離不開象徵的使用。語言文字也是一種象徵，但是視覺藝術所表達的象徵，卻常常多於語言文字所表達的意義。而在宗教的使用上，它以有形的形象來表達無形的眞理，而幫助人領會眞理的不同層面。在此不需要從「字源」、「字根」的層面來敘述「象徵」的意義。在此所要做的是從「基督教藝術」的觀點來探討「象徵」的內涵。在基督教的用法中，「象徵」可以具備有以下三種的特性：一、方言（vernacular）；二、記號（sign）；三、譬喻（metaphor），以下分別述之。

### （一）方言（vernacular）

「方言」原指某一地區的語言，聖經中的希臘文用「glassa」，指的是「別國的鄉談」，保羅認爲那是「上帝所賜靈性的恩賜」之一。但是，如果沒有人翻譯，那麼就沒有人能懂得「方言」的意義——雖然方言的內容，可能是屬於神聖的各種奧秘❼。若用此意義

來理解「象徵」是相當恰當的。因爲任何一套「象徵」都代表著一種不一樣的觀點，它暗示著一個新的問題或是舊問題的另一個新角度，在這套象徵之中可能蘊涵了一組特出的眞理——但這眞理不是自明的，而是需要就象徵的結構與組成加以解構並詮釋。以「方言」的意義來瞭解基督教藝術的象徵性格更是如此：「創作」基督教藝術等於在說方言——在用一組特殊的象徵符號見證其所感受到的宗教經驗與認知到的宗教眞理；「詮釋」基督教藝術等於在翻譯方言——將一組象徵符號加以解構並傳達出其作者所欲表達的眞理。

## （二）記號（sign）

卡西勒在其《象徵形式的哲學》中提到：「從普通的、凡俗的觀點來看僅具有物質眞實性的『東西』，卻在宗教的觀點裡變成非常有意義的『記號』。那特別的宗教觀點就是由這個轉變所決定的。所有肉體的、物質的東西，每一個實體與每一個行動現在都變成隱喻……蘊涵著靈意。」卡西勒指出了「東西」變成「記號」是在於「特別的宗教觀點」，這是很重要的，因爲這代表了我們所使用的素材與形式，其意義來源是我們後來給予的——當然，在選擇的標準中，亦必須具有內在的相似性；這同時代表基督教藝術中的「形象」就其本身在基督教中是合法的。我們將某種形象作爲象徵時，是將其視爲「記號」——在聖經中的「記號」常常是與「兆頭」、「神蹟」並用的，「記號」說明了它具有與原初本身不同的意義。因此，要明瞭記號的意義，必須具備某種基本訓練與「洞察力」：要理解藝術記號便要具備基本鑑賞能力與「美的洞察力」；而要明瞭基督教藝術創作內容時，除了具備藝術與信仰的基本背景知識外，更需具備「屬靈的洞察力」，而後者常是根據創作者或鑑賞者的虔誠程度而定。

## （三）譬喻（metaphor）

譬喻的目的便是要幫助那些原本不可能領會眞理的人去領會眞理，它的方法便是以「間接」的方式——甚至是「猜謎語」的方式——去顚覆那個人以往的思考模式，去吸引他的注意，並喚起他心靈深處的反應。這與「象徵」有異曲同工之妙。因爲象徵也是以「暗示」與「間接」的方式表述了某個意義——而且是抽象的、超感覺的意義，而且能爲大家所接受，例如，「權杖」代表「王權」。象徵與譬喻之間最大的差別在於被理解的難易程度：前者清楚易解；而後者則需艱苦地加以詮釋。在聖經之中，耶穌是一個最會用譬喻的教導者，祂的眞理常常必須用譬喻來表示：例如，以「芥菜種」、「麵酵」、「撒種」、「藏寶於田」、「撒網」等來比喻「天國」（太十三：24～52），祂不要人只懂得以既有的知識、成見與傳統來追求眞理；祂要人懂得以「心」去領會眞理，因此梵谷曾稱基督耶穌爲「比所有藝術家更偉大的一個藝術家」。任何基督教藝術都是一個「譬喻」——它熱情且深刻地注視著上帝，並且以一種能攝住人注意力的方式傳遞某種眞理到人的內心深處。

我們考察了基督教藝術象徵中具有「方言」、「記號」與「譬喻」的特性，代表了作爲基督教藝術之美的象徵素材中具有「承載眞理」、「多重意義」以及「間接而深沈」的特性。其實這也隱含了基督教美學本質中的「方法論」性格，我們以下便加以討論。

# 第二節　基督教藝術的方法論性格

當我們討論到基督教藝術的「象徵」意義時，提到其中有「承載宗教眞理」、「間接而深沈地撼動心靈」等特性，因此我們似乎可以認識到基督教藝術其實也隱含有方法論的性格。我這麼說不是

要將基督教藝術貶低成為一種工具，相對地，將它視為一種方法正可以將其普遍化。若純就技術操作步驟的層面來看，其實藝術與方法是相通的。法國哲學家拉郎德（Andre Lalande）便認為藝術是「用以產生某種效果的整體方法」❽。我們應可承認，一切存在之事物皆與技術有關，而藝術又與一切技術有關，所以任何技術都可以是藝術的。以此意義引申到基督教，則所有對神的追求與見證的都可視為是基督教藝術，而所有藝術的創作與詮釋也都是創作者或詮釋者追求上帝的一種方法。除此之外，藝術亦是一種存在的方式，以基督教的角度理解，這有兩個層面：一、構成基督教藝術的象徵系統不同於現實生活的文字系統，因此，在它之中充滿了我們所未知的意義與真理，它是不同於我們的存在層次；二、就基督徒建構出的藝術而言，基督教藝術意指的是一個「理想的想像世界」，它與人類現實世界有關，卻不同於現實世界，在其中或隱或顯地指出一個理想境界❾。無論作為技術操作或是存在方式，基督教藝術的確可以幫助我們達到一些作為，以下分別述之。

## 一、基督教藝術的創作與詮釋使人得以見證上帝的作為

貝吉比（Jeremy Begbie）在其著作《齊來頌揚：藝術神學初探》中提到藉著藝術創作可以使人經驗到三一真神在世上所施行的恩典❿；陸梅克（H. R. Rookmaker）在其著作《現代藝術與西方文化之死》中也同意藝術可以協助崇拜，並協助福音工作的推廣——雖然藝術不是以這些來證明自己存在的價值⓫。我們不論其他形式或內容的藝術，就單指基督教藝術而言，任何形式的藝術品都承載了兩重信息：一、創作者的宗教意念與信仰見證，任何的作品必定含有「意念」。創作就是將意念藉由某些特定的技術加以闡述，詮釋就是藉由特定的基本訓練去解讀創作者的意念；二、在創作者的意念之外，但是鑑賞者卻從作品中領會到的信仰真理，這是一種「溢出框

框」之外的存在力量。鑑賞者（當創作者再度看他的作品時，他也是鑑賞者）因為他的信仰特質或個人經歷，創造地詮釋了作品。而無論是哪一重信息，作為承載信息的藝術品幫助其創作者見證他所體會到神的恩典，也同時以媒介的方式幫助鑑賞者理解了創作者的見證，更創造了自己新的見證。因此，雖然不是主要意義，但藝術畢竟成了見證上帝恩典的重要方法。

## 二、基督教藝術使人得以自我超越

作者在之前提到，藝術也是一種存在的方式，尤其基督教藝術以不同於現實世界卻相關聯的象徵符號系統建構了一個「理想的存在場域」。不論是創作或是鑑賞詮釋，都代表了對於這些「象徵符號」的熟悉運用，以及對「理想世界」的努力追求。換句話說，藉由藝術的創作與鑑賞，人可以程度上超越自己所實存的符號世界；藉著敏銳的感受力與對「記號—兆頭」的認知，人可以進到達到更美的存在層次。但是這種超越不是憑空的，不是全然想像的，而是由在現實世界可以找到相關的象徵事物，這代表「超越」不是純粹主觀的想像而是有可能實踐的，藉由掌握到象徵事物意義的轉換，人可以真正的自我超越。自我超越需要起點，這個起點便是認清真正的自己，基督教藝術恰好可以幫助人完成這個工作。創作者表現出的是自己內心的真實；詮釋者的詮釋也透露了他個人的特質，在這種情形下，藝術豈不是像鏡子一樣照映出自己嗎？

## 三、基督教藝術可作為不同宗教間溝通的重要語言

藝術由於其間接傳遞信息的特色使得它可以越過「理智與情感的阻礙」而進入到人的內心重新去面對當時的景況，所以不同文化語文的人往往可以透過「藝術的語言」而溝通——或藉著音樂、或

藉著美術。那麼，基督教藝術應該也可以藉由相同的脈絡來與其他宗教作對話。基本上，如果對話是為了傳達某人認定的真理給另一人，除非傳達者本身具有權威性，否則常常會造成對方意識型態上的抗拒；然而若只是分享感受，則效果往往會勝過前者。

藉由以上三點，我們可以知道基督教的藝術本身還是具有「方法」的性格。只是，必須要注意的是，所謂「方法論性格」指的不是基督教藝術就只是一種方法或工具，而是它本身有它自己的意義與價值。它可以被基督徒使用；但無論是否被使用，它永遠靜靜地散發出「見證之光」，這也就是它之價值所在。

## 第三節　基督教藝術的再定位

蕭爾特（Robert L. Short）在《豆豆福音》⓬的第一章「教會與藝術」之中，曾提到現代基督教改革宗教會過去一直利用藝術，而且它所作到的也僅限「利用」藝術──不管是作為裝飾或作為娛樂，或作為簡單的、多半是感情用事的宗教插畫或宣傳工具⓭。換句話說，它只能是教會主日學宗教教育中的一個媒介工具或對外宣傳教會活動之用，根本無法登上大雅之堂而與教會音樂平起平坐，更不用說成為宣教的「夥伴」了。改革宗中又以「長老會」的情形更為嚴重──這應該是根源於英國清教徒傳統的緣故。長期的偏見扼殺了基督教藝術的內在生命力，使得它無法得到應有的發展，因此我們必須重新為基督教藝術作定位。綜合上述有關於「形象」概念、「象徵」概念與基督教藝術「方法論性格」的說明，我們可以為基督教藝術作以下的定位：

## 一、基督教藝術是上帝的另一種啓示

　　藝術家在創作藝術品時，是灌注了他的意念在其中。這個「意念」包含了他對生命的感受與期許、包含了他對社會的認知與需求、包含了他的眞理觀與價値觀，我們可以這麼說：他的創作等於是他在與生命對話，同時也在與他的作品對話。基督教藝術也是相同。基督教的藝術家在進行他的創作時，是將他從上帝那兒得到的恩典、生命感受與眞理，在與他個人全人格相對化之後，藉由藝術象徵給回應出來。就創作而言，創作的時刻也可算是一種「神聖的時刻」，藉由回憶而回應神的作爲再次與神溝通，這可算是一種「啓示」；另一方面，「鑑賞」的時刻也能算是一種「神聖的時刻」，尤其因著感受到宗教藝術品帶來的心醉神迷經驗，進而使得自己再次反省信仰，再次堅定信心，那豈不也算是神聖藉著藝術來「啓示」嗎？所以，基督教藝術可以算是上帝的另一種啓示。

## 二、基督教藝術是另外一種神學系統

　　就以「方言」的角度來看，基督教藝術以其象徵語言承載了上帝的許多奧秘，並且需要具有解讀能力的人加以詮釋，那麼，它就跟一般語文的神學具有相同的意義與地位。而且，若我們將「藝術」的範圍不斷擴大，涵括了所有的受造物，那麼，上帝就是最偉大的藝術家，而所有的受造物之中都具有上帝啓示的奧妙眞理與計畫；按此說來，神學家在人世的事件與境遇之中尋求永恆的眞理，不就等於是在解釋上帝的藝術嗎？藝術的語言是與文字完全不同的語言，它有其邏輯和意義，也有其指涉的對象，他所承載的眞理同樣來自於上帝，因此，我們應該將它視爲一個完整的神學系統，而非視爲作神學說明的一個工具而已。

## 三、基督教藝術是一種交談語言與資料

蕭爾特在《豆豆福音》中曾強調，「藝術」是一種教會與所處社會文化的「交談語言」❶；在「方法論性格」的闡述中曾提到基督教藝術可作為不同宗教間溝通的重要語言。因為若將其中的宗教內涵存而不論，光就「藝術」作為一套「象徵符號」來看，其中便具有相當多的同質性了，例如，其中的線條、色彩、表現手法、用以象徵的事物等等。而且，我們應該也有這樣的經驗，就是在與自己不同的宗教藝術品中體會到「美」的感受，這說明了藝術是可作為一種交談語言的。而且相對於文字而言，由於語言文字的使用者與接受者都具有其基本的意識型態，難以在交談中形成一個「理想的溝通情境」而造成誤會；藝術的「譬喻」特性可以繞過理智的阻礙而憾動人的心靈深處對真理的渴望。這就是為什麼聽音樂或看畫展比和人聊天更能令自己放鬆——除非與自己聊天的對象是到了「心靈知己」、「靈犀相通」的境界了。

## 四、基督教藝術是宣教與教育的夥伴，而非工具

既然基督教藝術可以作為不同宗教間溝通的重要語言，那麼，它對於宣教工作便具有相當的重要性。一方面是因為藝術可以繞過理智的層面而觸動人的情感；另一方面則因為藝術可以使欣賞者關照到自己的真實面。換句話說，以藝術作為宣教工作之用可以讓接受者得到雙重好處：藉著藝術所透顯而出的某個（些）真理來感染接受者，同時也讓接受者誠實地反省自己的真正需求。而在教育方面，高天香教授在其所撰〈基督教藝術與基督教教育〉❶一文中強調基督教藝術可作為「神學教育」——例如，教會史、教義史、釋經史或崇拜禮儀等——與「教會教育事工」——例如，主日學教

材、文盲的宗教教育等——之用途。但是，我們必須建立一個重要態度：我們必須將基督教藝術視為夥伴，而非工具，它不是我們役使的奴隸，它本身具有意義與價值。我曾在〈藝術表現與宣教策略〉❻一文提到過：「藝術」是要「撼動靈魂」，而「宣教」是要「獲得靈魂」。如何「撼動」？真實地描述自我意念並熱情地加以表達；如何「獲得」？藉著情感的移入而使對方認同我的意念。兩者之間具有基本的「同質性」，但不具「目的性」與「因果性」。我們只需要自然地、熱情地展現藝術情感，那就是最佳宣教了。

　　釐清了基督教藝術的意義並重新為之定位之後，我們接著開始嘗試建構屬於基督教的美學觀。

# 第四節　「見證」的基督教美學內涵

## 一、核心概念的反省——「榮耀」與「恩典」

　　當代基督教美學家主要推天主教的巴爾塔薩❼（Hans Urs von Balthasar），以及路德會的內貝爾 ❽（Gerhard Nebel, 1903～1974）。前者的美學思想實際上是承繼著多瑪斯「光輝美學」的傳統，以「榮耀」作為最核心的概念；而內貝爾則強調「事件中的恩典」才是基督教美學的核心。到底兩者之間哪一個概念最適合作為核心概念而為今日基督教藝術家所遵循？抑或是能有其他選擇呢？我們有必要先針對這兩個概念加以反省。

### （一）「榮耀」概念的理解與反省

　　在天主教神學系統——尤其是多瑪斯主義的系統下，非常強調「自然神學」的合法性與必要性。自然神學強調受造物都是存在於

「源自上帝，因而能夠參與到上帝的絕對存在中」的存在之中，因此所有的存在都在程度上「相似」了上帝的存在；同時也因爲存在的相似性，使得人類對於上帝的認識獲得了保障，也讓所有受造物的完美性得到了保障。因此，天主教的美學基礎便是上帝完美的屬性。真正的美便是領會到上帝給予人的光照——便是上帝的聖靈開了人的心眼，使得人對於所思想神的形象在頃刻間變得燦爛輝煌。而當人獲得了這種眼光之後，當他審視所有受造物時，便能領會在其中「相似於神之存在」所散發的那種燦爛輝煌。這就是神的榮耀，藉由存在的力量迸發出來，使我們可以越過外在表象而看到事物中「發自內部的偉大光輝」。因此，「榮耀」概念結合分享了上帝的「存在」與「美善」，藉由存在的力量發出而由具有信仰的人的「心靈之眼」所接收。這就是「榮耀美學」的基本命題。

　　若按照天主教神學邏輯的鋪陳，「榮耀」作爲美學的核心概念是合宜的。但是它也無可避免地產生了兩個危機：一、「榮耀」所展現的是一個靜態的景況。我們無法不承認所有的信仰對象，在思想中都必須藉由「形象」加以表達，因此當我們思想上帝的榮耀時，只能想像到一個不斷發出光芒的存有，而很難將它思想成動態的。這將可能導致以往改革宗教派最爲詬病的「圖像危機」；二、過度強調「榮耀」將使人看不見「苦難與悲慘」。然而，真正的美卻往往存在於「苦難→救贖」的動態過程中，若是只注視到救贖的榮耀而忽略了先前的苦難，則這種美並不完全也不深刻。這對於強調從痛苦沈淪中獲得救贖之完整過程的新教尤其不適合。

## （二）「恩典」概念的理解與反省

　　改革宗教會的神學傳統強調上帝的「恩典」是獲得救贖之唯一途徑。由於改革宗強調回歸於聖經，所以我們先回到聖經中看看「恩典」的用法。舊約提到恩典是從希伯來字chen翻譯而來，指的是在上者對於無特殊關係的在下者所顯出的慈愛，在希臘文七十士

譯本中用charis這個字，意思為愉快的，所以在舊約的「恩典」代表兩方面之意義：上帝所賜的仁慈以及人因這樣的賜予所產生的感恩。至於新約常常是以「愛」（agape）來代表，指上帝拯救罪人，叫他們與祂保持正當關係的愛，尤其指的是耶穌基督的降臨與工作——道成肉身。因此，耶穌是最美的代表，因為「上帝本性一切的豐盛，都有形有體的居住在基督裡面」❶。「恩典」是上帝的行動，以人的有限性與罪惡的本性是無法見得神聖的面目，唯有神聖針對人的自我行動才能使人認識祂。

因此，我們可以明瞭內貝爾為何以「恩典事件」作為「美」的核心概念。他同樣認為上帝是美的唯一根源，但是人類要得窺神聖之美卻只能在上帝自我啟示的行動中，而每一次的行動對人而言都是恩典。因為有限，所以人對神旨意之領會必須在「事件」結束之後才能完成。人也許會在事件過程中感到憂傷與悲痛，但是所有恩典事件最後都是指向神的救贖，因此憂傷與悲痛也是恩典的一部分，去除了這部分，美的領會便無法完全。而當人因著信仰而領會「事件」中的各項對立與平衡時，便能體會其中之美感——「恩典」在於平衡。這樣的說法既可避免「榮耀美學」忽略苦難層面的缺失；同時也因為事件的動態整體性而可避免「圖像崇拜」之可能性危機。

但是，作為基督教美學核心概念的最大問題，是在於這個概念會使人忘卻了人的主動性——雖然恩典也含有人的感恩。人在不斷領會恩典中「平衡的美感」時，常常會忽略這種領會其實是與個人的信仰以及其特殊需求在對話。換句話說，強調「事件」是對的，但是這個事件必須同時具有「人」的主體因素，並且不能忽略人的自我反省在「美」的領會中所占的地位。我認為應該可以使用一個更具人文色彩的概念——「見證」——作為基督教美學的核心概念。

## 二、「見證」意義神學內涵之反省

就純以「美」概念來說，「美」本身是不具目的性的。幾乎所有的美學家都同意：「美」本身就是它自己的目的，創作者與欣賞者都可以直接在領會作品的「美」之後，獲得愉悅與滿足。若是如此，那我所提出的「見證」概念在基督教美學中又占有什麼地位呢？在此，要強調的是：「見證」不是──它也不能是基督教藝術的目的，「見證」充其量是一種「基本態度」，或更好說是一種「基本意念」。有了這樣的前提，我們才能理解何謂新教的「見證美學」之意義。

為何我要以「見證」概念作為基督新教美學內涵的核心概念？首先我們必須對此概念作神學意義上的分析與探討。在分析「見證」意義之時，我們可以發現它的內在蘊涵了四重基本性格，而這四重性格正好可以支持它作為基督教美學的核心概念的合法性。這四重性格分別為：一、回應（response）；二、分享（share）；三、反省（reflection）；四、完全（absolutely），以下分別述之。

### （一）回應（response）

見證的回應性格首先便指出了人的主體性與主動性。因為「美」的感受與「美」的創作都是「我」的主體行動，所以無論是對美的思考，或是藝術的創作，所要呈現的不只是神聖的榮耀或恩典，更是作為呈現這個榮耀或恩典的我的回應；別人是從我的回應中體會到神聖之美。也因此，「回應」蘊涵了個人人格特質的肯定，因為回應必定關聯到個人的信仰傳統、態度，以及他對所處社會背景的認知與需求，這些便形成了一個人的人格特質。最後，回應也帶有「責任」的意味。因為任何一個「美」的事件之完成──無論是對神聖之美或是世俗之美之領會，都必須以做出一個審美判斷為終

點。審美判斷是一種表達，審美是「審美主體」接觸了「審美對象」後，經由主體認知功能作用所產生；沒有判斷，美感的行動就不算完成——例如，在信仰中若沒有回應或決志，則上帝的啟示事件便不算完整一般。所以回應亦是一種責任，是人類與神聖共同完成美感經驗的責任。

## （二）分享（share）

見證具有分享的性格代表見證具備有「普遍表達」的內涵。這種表達的普遍性同時點出了「實況性」與「合宜性」的兩種向度：分享的內容是自己在某個實際存在狀態下對某事物的領會或認知，我的分享內容與領會或認知的實際經驗必須相同；而被分享的對象也是時空中的存有——就算我要讚美上帝，也是在這個時空中眷顧著我的上帝，我的分享必須有效地指向被分享的目標，所以分享具備有「實況性」與「合宜性」。在另一個方面，分享也蘊涵了分享主體與客體之間合一的企圖與可能性，無論是我將經驗分享出去抑或我接受別人的分享，在分享的行動中「人－我」是處於一個「追求合一」的存在情境中。我擴展自己的感受讓對方同理，同時也願意同理對方的感受，這才是分享的真義。也因此，分享不具有「強制性」，反而具有「啟蒙」的功能，可以自由地表達自我意識卻又不落入意識型態的陷阱之中。

## （三）反省（reflection）

見證的第三個性格便是反省。我相信，任何一個真正的見證都是見證者反省過某個事件之後，明瞭它對自己的真正意義而重新表達的內容；它同時也必須有使接受見證的對方進行反省的責任。反省代表著人必須以謙卑的態度審視他自己的本來面目，而這也是藝術的功能之一[20]，當我們決定藝術品的性質——無論是創作或詮釋——之時，我們便洩漏並解釋自身的性質了。也因此，反省意味著

人的謙卑自省，同時也代表了他追求自我超越的意欲。一件事物的美感呈現有時常會模糊不清——就算在面對它時已經覺得有「美」的感覺了，然而仍必須藉由反省才能清楚地知道它的美到底在何處。「見證」的反省性格正好為了基督教美學提供了一個堅實的理性基礎。

## （四）完全（absolutely）

見證的一個重要要求是「誠實」，不誠實的見證好聽一點叫做「宣傳」，其實就是「說謊」。誠實就是完全且完整地反映自己的經歷與想法——不論是愉悅的抑或是憂傷的，因此見證的內容不只是分享對上帝榮耀的回應，也必須分享對哀傷境況的反省。尤其當代藝術觀強調「為藝術而藝術」的觀點**㉑**，我們並不必贊同，但也必須理解一般認為「不完美」或「醜」的作品中也有其內在「追求完美」的意義，也具有美感價值。我們可以這麼說：只要是存在界的一切都是在見證神聖的作為——無論是靜態的事物抑或是動態的事件；無論是光彩耀人的東西抑或是晦暗醜陋的事物；無論是愉快喜悅抑或是憂愁悲傷……。就因為人的有限與不完全，所以更應該將所感受與經驗的全然回應與分享，如此才能在其中找到真正均衡的美感經驗。

## 第五節　「見證美學」的引伸與需解決的問題

以往在提到基督教藝術時多將範圍限定於視覺藝術——亦即美術。如今我則將音樂與文學也一起置放於基督教藝術的內容之中。在本文的前言部分已定義所謂「基督教藝術」便是表達了基督教思想內容，或採取關於基督教思想主題為作品素材的藝術創作與其成果——與其說它是以基督教「真理」為題材，不如說它是以「信仰

反省及回應」為題材。因此，在基督教藝術中所呈現出來的「美」，便是一種「見證之美」，是一種將神聖的榮耀與恩典融合了人的認知與回應之美。

在概念分析的部分，已提出了「見證」作為基督教美學核心概念的適當性。其實，見證與「榮耀」以及「恩典事件」都有關聯。按照基督教的思想，「美」的確來自於至高上帝，並且所有的被造物之所以美都是分享了上帝之美；而人之能對於審美對象產生美感是因為在「事件」中體認到了上帝的作為與恩典。但是，更重要的，因為人是自由的，人是以其人性特質去體認「恩典事件」與「受造物之美」，並且是自由地去為其體認做「美」的判斷，因此美更是一種見證。

也許有人會質疑：「見證是人的行動，以人的行動來作為根源於上帝的『美』之核心概念是否合適？」

這必須分兩個層次來說明：一、「見證」的超越性；二、「美」的主觀性。就「見證」的超越性而言，「見證」不只是人的行動，它之可能發生也必然與上帝的啟示有關。在這個層面下，「見證」與「榮耀」以及「恩典」有類似性，都指向上帝無限與超越的屬性。見證既是對上帝恩典事件的回應，則上帝的作為也必具有超越性，所以見證也具有超越性。我們在欣賞某個中古的基督教藝術品時，有時也能感受到創作者的那種虔誠與感恩而深受感動，這就是創作者的見證穿越了時空而讓我們給同理了，代表見證也具有超越性；至於美的主觀性，基本上同意審美價值是主觀的。美的來源是上帝，但是美不是一種「概念」，而是我們對上帝自我啟示的一種「感受」。上帝以各種形象與事物將真理啟示出來，在人的理解與感受中加以判斷，就是因為人是有限的，所以才會有「美」與「不美」的判斷。我們說「美」來自於見證，一方面肯定美的來源是上帝；一方面也肯定美的判斷來自於人。

另外，也可能有人會質疑：「見證所表達的是個人在當下的信

仰感受或對其所認爲天啓的回應，這樣的感受與回應是因人而異的；就算是同一個人，在不同的時空中也會有不同的感受與回應。如此，『見證之美』便不具普遍性了，那可以成爲基督教美學的核心概念嗎？」

既然「美」不能只是一個概念，那麼美便不具備絕對普遍的判斷標準了。當然，傳統美學中是以「令人愉悅」的東西來述說「美」，因此美的主觀性意義更是清楚，因此它就不必須具備普遍性了。「見證」作爲基督教美學的核心概念是爲了要合理地說明「美感經驗的來源」、「審美經驗的動態性」、「審美主體與對象的互動性」以及「美感範圍的完備性」，而非只是爲了什麼是「美」來下一個普遍有效的定義。況且，就算每個人對於啓示與信仰的感受與回應不同，並不代表這些回應是彼此互相矛盾的；相對地，將這些個別的回應整合來看，更能發現上帝作爲的整體意義。每個存在個體都像是一塊布中的一根線，他也不知道自己在整個存在界之中是占有什麼樣的地位與意義，但是若能與其他存在個體發生關係而重新審視自己，他將看到整體之美以及自己的存在意義。看來不具普遍性的「見證」，在存在整體的見證下將得到最大的普遍性，永恆有效的眞理是必須在存在整體中才能尋獲的。

最後，我們還得說明「見證美學」與「道德」上的關係。見證美學是否能符合基督教道德倫理的要求呢？還是「美」與「善」是不同層次的存有所以無法比較？其實這個問題甚易解決。一直以來，只要是根植於對上帝的信仰之回應的藝術品，都不會逾越了道德的要求。有些藝術品之所以被視爲不道德的，是因爲其中的主題誇大了人性的軟弱面並將之合理化——例如，順從情慾、崇尙暴力、尊崇罪惡等等。這些題材是不被基督教藝術家所接受的。我在提到見證的「反省性格」時，提到「見證」等於人必須隨時以謙卑的態度來認清自己的眞相，若眞能如此，見證美學本身就是一種道德的闡揚——「美」與「善」是相通的。

見證美學的探索是一種嘗試，是盼望將改革宗強調的人文主義思想與對自由的追求，與傳統對基督教藝術本質的認知結合在一起。盼能對這個無論是宗教意識或是藝術深度都逐漸衰退的社會提出另一個視野，也讓曾受壓抑而未再建立的新教藝術提出一個可行的發展方向。

## 結論——當代基督徒的藝術責任

　　在我們探討基督教藝術內涵的同時，我們絕不能忘記一件事，那就是我們的藝術均是處在今日激變中的世界裡，陸梅克稱這是一個「新的不信神的世界，一個相信虛無思想、相信神秘主義及反權威的世界」❷。我想我們應該可以同意他所說的並不是無的放矢，當這樣的描述用在台灣社會時，我們更可以清楚地看到這樣的特色。我們在與我們的社會競爭，基督教藝術也在與世俗的藝術競爭。然而，面對今日強大的「異教」勢力，基督徒應該能發現他們所面臨的處境與初代信徒越來越相似——就是那小小的一群人。在台灣，基督徒亦屬少數民族，在面對充滿各式衝擊試探的外在環境時，似乎連自保都成了問題，還能為基督教藝術作什麼呢？其實這正是今日基督徒該奮戰的世代。先不去討論作為一個基督徒有「宣教」的天職，就提倡基督教藝術的角度來看，基督徒也有具體該做的事，那就是努力地作「見證」！

　　為什麼要努力地作見證呢？有兩個理由：一、「見證」可以使得基督教藝術的題材豐富。基督徒相信，所有受造的存有（包含事件）都是上帝的藝術品，都具有上帝神聖的真理在其中，基督教藝術是以另一種象徵的語言來揭示這些真理。當基督徒努力地活出他自己的生命，並且幫助他周遭人也能活出他的生命時，他就是在見證，也就是在揭示他身上來自上帝的真理。基督徒的見證使得存在

的力量充沛，使得真理的光輝閃耀，這些都是基督教藝術豐富的題材。基督教徒努力地見證使得基督教的美術有更多的故事，使得基督教音樂有更多的謳歌與音符、使得基督教文學產生更多的詩篇，甚至連「藝術」本身都是一種見證；二、越多「見證」越能證明基督教藝術的「真實性」。基督教藝術之美就是見證之美。藝術家也好，鑑賞家也好，無論是創作或是詮釋都是一種「見證」。對於非基督徒的藝術家或鑑賞者而言，他如何知道基督教藝術品之中的內容是否真實呢？只要看看一般基督徒的生活與表現就可以了。一個非基督徒的音樂家如何能體會巴哈在創作「耶穌是人類的希望」時那種感恩與虔誠，從而將這種感受表現出來呢？只需看看他隔壁的窮婦人如何在困難的環境下，仍以充滿盼望與喜樂的心努力地活著就能領會了。因此，基督徒的首要責任，便是努力地見證——也就是努力地活在當下，活出自己生命的自由與喜樂，讓他自己不但成為藝術的素材，甚至更成為藝術本身。

基督徒的藝術家藉由他的專業技術見證他的信仰；基督徒的鑑賞家藉由他的專業知識努力地見證他從藝術品中獲得屬靈的感受；一般的基督徒努力地活出自我生命本質，使自己成為基督教藝術的一部分。但是，除了努力見證之外，基督徒還有一個重要的責任，那就是「分享他人的見證」。

在這裡所說分享他人的見證指的便是分享他人的創作。基督徒的藝術責任，有一種「施與受」的相對契合關係。藝術創作是一種苦惱孤獨的工作：演員獨自練習、作家絞盡腦汁、音樂家孤獨地創作、畫家在畫室中埋頭苦幹，一旦作品形成，他們最大的心願便是能與人一起分享創作的喜悅。此時，願意與他們一起分享就等於是「愛鄰舍」——不僅分享基督教藝術，也分享一般非基督教主題的藝術。相對地，拒絕分享就是拒絕欣賞別人的才能，那將會減低一個人欣賞藝術、享受藝術的能力。基督徒的藝術責任之一，便是以開放的心來包容各種藝術——只要不是墮落的、引誘人迷失的藝術

都可以欣賞。

　　最後，基督徒還有一個重要的藝術責任，那就是以團體的方式來表現藝術。這種情形最顯著的例子便是在崇拜之中集體吟唱詩歌，那種震撼與感動絕對不是靠一己之力所能得到的。或許並不是每個基督徒都具有藝術創作的天分，也或許不是每個基督徒都具備鑑賞藝術的那種敏銳知覺；但是，基督徒可以參與集體藝術的表現——例如，合唱、樂器合奏、戲劇合演、吟詠詩詞等等，甚至與其他人一起觀賞藝術創作，這些都可以讓自己的美感經驗更加深刻，也因集體情緒的感染而領會作品之偉大。因此，努力地參與團體的藝術活動是必要的，基督徒應找尋適合自己參與的藝術團體，在其中感受藝術生命的成長並接受訓練。一方面藉由接觸一般藝術來理解藝術潮流的變化與特質，從而不斷反省基督教藝術形式在現代社會應用上的適合性；一方面也提升自己的藝術能力與鑑賞能力，好讓自己有能力在教會的集體藝術活動中能有所貢獻。

　　「見證」、「分享」、與「參與」是我所反省到作為一個基督徒，面對今日社會時在藝術上應負的責任。雖然這是針對基督徒而提出的建議，但是相信對於其他宗教的信徒應該在程度上也具有類似的意義。盼所有宗教的信徒都能在他自己的宗教藝術內，獲得心靈的錘鍊與淨化，更加地活出該宗教的特色，而達至社會的真正和諧。

# 參考書目

高天香撰（1993年6月），〈基督教藝術與基督教教育〉。《路標》，
　　第三期。台灣神學院，頁81～82。

陳若愚主編（1994），《藝術·信仰·人生》。香港：中國神學研究
　　院。

陸梅克（H. R. Rookmaker）著，林美滿、張宰金譯（1985），《現
　　代藝術與西方文化之死》。香港：中華基督翻譯中心。

蕭爾特（Robert L. Short）著（1973），《豆豆福音》。香港：基
　　文。

薛華（Francis A. Schaeffer）著（1986），濛一·芳華譯，《基督徒
　　的藝術觀》。香港：宣道。

# 註釋

❶本文係2000年5月27日「台灣宗教學會」主辦「學者論壇」所發表之文章。

❷和當時天主教會之中盛行的「圖像崇拜」比較起來,宗教改革者以排斥視覺感官的媒介來捍衛「基督為唯一中保」的信仰理念——尤以加爾文為甚。自11世紀之後,天主教會的兩個神學主流——道明會與芳濟會——已將使用圖像來表達世界觀的習慣帶進整個天主教世界。而延續到在當時所有的敬拜、朝聖、與遊行禮儀中,圖像就占有決定性地位。宗教改革者便認為這已經是一種「偶像崇拜」了。而加爾文在其《基督教要義(卷一)》中提到:「人從圖像所學到有關於神的一切,都是無價值,甚至是錯誤的。」又說:「就算運用圖像本身並無不當之處,它(圖像)在教導上仍是毫無價值的。」加爾文的立場詳見徐慶譽譯(1962),《基督教要義(上)》。香港:輔僑,頁54~63。

❸詳見《聖經·出埃及記》二十章4節。「十誡」則記載於同一章第3至17節。

❹詳見《聖經·申命記》四章35節。

❺詳見Hans von Balthasar(1965). *La Gloire et la Croiz: les aspects Esthetiques de la Revelation,* Aubier: Ed. Montigne, I, pp. 279~282. 作者是節錄於陳若愚主編(1994),《藝術·信仰·人生》。香港:中國神學研究院,頁45。

❻詳見O. Keel(1978). *The Symbolism of the Biblical World Ancient Near Eastern Icongraphy and The Book of Psalms*, New York: Crossroad, pp. 20. Keel用德文Denkbild(思想圖像)來形容這些形象。

❼詳見《聖經·哥林多前書》十四章1~2節。

❽詳見Andre Lalande(1972). *Vocabulaire technique et critique de la philosophie*, Paris: Presses Universitaires de France, p. 79.

❾有的人可能不贊成這種說法,例如當代的「表現藝術」是以「不完美」與「醜陋」來凸顯出人的實況。但這種凸顯卻正好逆向地指出了實況之外的人的渴望,那就是「隱藏地」指涉出理想的境界。在基督教中,這種「理想的境界」便是「上帝國」。

❿詳見Jeremy Begbie(1991). *Voicing Creation's Praise: Towards a Theology of the Arts*, Edinburgh: T&T Clark, p. 148.

⓫詳見陸梅克(H. R. Rookmaker)著,林美滿、張宇金譯(1985),《現代藝術與西方文化之死》。香港:中華基督翻譯中心,頁208。

⓬《豆豆福音》是蕭爾特(Robert L. Short)以「豆豆漫畫」(即是以Charlie

Brown與Snoopy為作畫內容，其作者Charles M. Schulz於今年逝世）中的內容作信仰上的反省而寫成的。他靠著《豆豆福音》的稿費與版權費而完成芝加哥大學研究所的學業。書中巴特（Karl Barth）的神學色彩相當濃厚，但基本上蕭爾特對Schulz作品的詮釋還算中肯，是相當不錯的一本讀物。中譯本由香港基督教文藝出版社於1973出版。

⓭詳見《豆豆福音》，頁24。

⓮詳見《豆豆福音》，頁11～16。

⓯高天香撰（1993年6月），〈基督教藝術與基督教教育〉。《路標》，第三期，台灣神學院，頁81～82。

⓰該文已發表至《校園》雜誌第42卷第三期，2000年5～6月號，頁52～55。

⓱巴爾塔薩的神學美學思維之基礎是：「美」之根源仍然是在上帝。人可以藉由掌握各種「源始形式」而把握到美。對於上帝的本質與存在，人是無法掌握的；但是可以藉由聖靈所開啟的「信仰的洞察力」，從上帝的啟示中來觀照到上帝的榮耀——最大的啟示與榮耀便是耶穌基督的存在。關於巴爾塔薩美學的中文參考資料，劉小楓有選編一本《神學美學導論》。香港：三聯，1998年3月，台灣商務代理，其中節選了巴爾塔薩美學著作中的一些文章，值得參考。

⓲巴爾塔薩在其《榮耀：神學美學（卷一）》中，特別以一大段篇幅介紹新教的神學美學，其中便是以內貝爾作為代表人物。內貝爾的美學思想：他拒絕多瑪斯的「光輝」概念，認為「美」是動態的，是「進行著的事件」，人是在上帝啟示的「恩典事件」中，類比地體會到「美」。或許此事件是一種從苦難到希望的歷程，或是從絕望到盼望的過程，但在此過程中，人領會了一種「平衡的美感」——它類似於上帝的原初創造。若偏離了對上帝的信仰而要尋求「美」，到最後必定會墮入悲劇神話——類似希臘神話中諸神沈默而憂傷的夢幻之中。詳見《榮耀：神學美學》，頁97～114。

⓳詳見《聖經·歌羅西》第二章9節。

⓴正如莎士比亞在〈哈姆雷特〉（Hamlet）中所提到「演戲的目的」，便是：「自古至今，演戲的目的不過是好像一面鏡子舉起來映照人性，使得美德顯示她的本相，醜態露出她的原形，時代的形形色色一起呈現在我們眼前。」〈哈姆雷特〉第三幕，第二景。

㉑例如，貝爾（Clive Bell）認為藝術創作只需注重「美」的表達，而無須顧及其他方面，甚至在欣賞藝術品時只需注意形式而不需在意內容。其思想可見其所著（1985），《美學與後期印象派：藝術神學再探》（*Aesthetics & Post-Impre-ssionism: A New Theology of Art*, Vol. I , Albuquerque: Foundation for Classical reprints）；另外，費來（Roger Fry, 1866～1934）也是強調藝術應與現實生活分割開來的人，其思想可見其著（1981），《異象與設計》（*V-ision and Design*, ed. J. B. Bullen, New York: Oxford University Press）。

㉒見陸梅克（H. R. Rookmaker）著，《現代藝術與西方文化之死》。頁223。

# 第十九章　台灣基督教藝術介紹❶

## 第一節　基督宗教藝術的意義與要素

　　「基督教藝術」是一個不容易被定義的名詞。這倒不是因爲基督教缺乏藝術品而不好定義；相反地，實在是因爲與基督宗教有關的藝術作品太多了，所以反而不知道如何嚴格地定義。什麼樣的作品才能算是基督教的藝術品呢？只要是出自於基督徒之手的作品就算？還是必須經由基督教會所接納的才算？亦或是不管作者是誰，只要作品的主題與基督教有關的都算是呢？關於這點，薛華（Francis A. Schaeffer）在其《基督徒的藝術觀》一書中曾表達過他的看法：「基督教藝術無須是宗教性藝術，也不一定要處理宗教問題。」❷他的理由是任何人、事、物，只要是受造物都有至上神的創造價值，因此都可以做爲藝術題材。按照薛華的看法，基督教的藝術內容是自由的，只要在藝術品中眞能表達出「人的生命整體」的意涵便足夠了。不過，按照他的看法，隱含有基督教藝術是「基督徒所創作的藝術」之意。

　　薛華的看法會產生一個問題：非基督徒如果處理了與基督教有關的藝術題材，是否可以稱的上是「基督宗教藝術」呢？這個問題牽涉了至少兩個層面：一、他牽涉到基督教藝術之本質內涵的問題：基督教藝術之本質是什麼？是信仰反省還是對神的禮讚？若是其本質帶有目的性，則「藝術」之爲「藝術」之本質將會被抹煞；二、基督教至上神觀念的普及性與超越性問題：基督教徒堅信上帝

乃唯一眞神，那麼，這獨一眞神的啓示是否只能降臨於受過「聖洗」的信徒上呢？舊約聖經〈以賽亞書〉中有這麼一句話：「不然，主要藉異邦人的嘴唇，和外邦人的舌頭，對這百姓說話。」（賽廿八：11）我想，這句話可以作爲「基督徒才具有啓示的特權」之反證。

因此，我們不妨將所謂「基督教藝術」還原到「宗教藝術」的意義上，然後再將「基督宗教」冠上去。當然，就美學的觀點而言，藝術本身便是它自己的目的，但不可諱言的，有些藝術即是爲了表達具有特定宗教內容或思想內容而產生，並且在其自身的範圍內可以是創造性的❸。當然，這樣的表達同時便無法避免地含有對反對此宗教思想的藝術之排斥。作者要強調的是：所謂「表達」不代表是「服務」。所以，作者認爲所謂的「宗教藝術」是一個人按著某種信仰創作出來的藝術品，這藝術品不必是針對宗教目的而創作，但是必定是在於創作者的信仰心態下所作──它可以是對全人生命的謳歌、對世界公義的提出、對人類眞善美的眞實描寫。而基督教藝術更是如此，是「指向上帝的的思想」，而對自我眞實生命或理想生命的描寫，是「蘊涵基督教意念」的藝術創作及創作品。

那麼，「基督教藝術」的要素是什麼？一般在藝術史研究或藝術鑑賞的理論中會提出三個主要概念：一、風格（style）；二、圖像（iconography）；三、歷史脈絡（historical context），作者在前面第十七章已稍有提及，以下再分別述之。

1.風格（style）：在藝術領域中，所謂風格指的就是在某段時空之中的特色──經常指的是「形式」（form）。亦即所謂的「筆法」、「用色」、「結構布局」、「線條」……等等的表現手法。例如，我們說美術中的「印象派」的風格是特別重視光線之明暗；「野獸派」有色彩使用大膽的風格；「立體派」的風格則是結構嚴謹。當然，任一藝術家都有其特殊的藝術

表現手法作為其風格。作者之所以強調「在某段時空」這概念，是因為作者認為「風格」是具有「發展性」而且是「漸進」的。任何「風格」必定不是憑空產生，而是對之前曾出現過的藝術風格加以承繼、或改造、或批判、或反動的成果。

2. 圖像（iconography）：這個字彙並不好翻譯。我們可以將之拆為肖像（icon）與平面藝術或繪畫藝術（graphic）二個意思。icon原本指的是教堂內的聖人或聖母的塑像或畫像，而這些聖像是各種美德的「象徵」，使信徒瞻仰時得以明瞭該美德的意義，所以icon可謂是展現美德的「象徵素材」。iconography便繼承了這樣的意義，我們可以將它解釋為題材（subject matter），意即這個藝術品呈現了什麼樣的主題？創作者是以什麼內容來展現這個主題？舉例來說：15世紀著名的宗教畫家Piero della Francesca曾畫了一幅「耶穌的復活」（The Resurrection），他採用了手握十字旗的耶穌站在墳墓上作為主軸，並以左右對比的守墓士兵之表現、自然界背景之變化來強調：只要透過復活的耶穌，無論自然界或人都可獲得重生與復原之意念。耶穌、士兵、自然背景便是Francesca的iconography。

3. 歷史脈絡（historical context）：就算基督教藝術在流傳上有其不變的成分，我們也必須承認它畢竟是時代文化的產物，它的表現「風格」與所採用的「象徵素材」在各不同時代都有不同。藝術品是「表達人類概念所使用的一種媒介」❹，而人的概念是來自於他對於生存環境之認知與需求；換言之，人的思想在相當程度下反映了當時社會的實存景況。在歷史上的基督教藝術品之中，我們皆可找到該時代的基督徒在社會環境制約下所展現出的意念。例如，初代的基督教藝術常常以「受苦與復活」作為主題，這正反映了基督教在當

時社會的處境與信徒的希望；文藝復興時期的基督教藝術受到「人本主義」的影響，其表現的主題常常與「人性的光輝」有關，並把當時盛行的解剖學與人體比例概念用到藝術之中；宗教改革時期因為追求信仰的自由，又同時受到「民族主義」興起的影響，所以強調作品主題的獨特性（例如，以個人畫像為主），並在題材中加入時代性與地方文化特色。

有了這些基本認識，我們接下來開始介紹台灣的基督教藝術。基本上，作者的介紹也包含有天主教，但是仍以新教為主。

# 第二節　台灣本土基督教藝術家介紹

## 一、深具原住民風味的基督教藝術家

安力·給怒，漢名賴安淋。1958年出生於新竹尖石鄉泰雅爾族部落，1986年中國文化大學美術系畢業，曾至南美洲遊學鑽研古印加文物，又至美國紐約視覺藝術學院攻讀碩士，1997年再以道學碩士學位畢業於玉山神學院神學研究所。曾任花蓮師範大學與玉山神學院兼任講師，現在是台灣基督長老教會新竹山光教會牧師。自文大美術系畢業後10年間，先後舉辦7次個人創作展❺。他是台灣少數同時具備藝術創作能力與宗教知識素養，並戮力將之結合於原住民素材中的基督教藝術創作者。

安力·給怒將其自身對母體文化的認識，藉由油畫與現代造形藝術等表現形式，真實且直接地呈現出其對母體文化血緣相連的深厚情感。在他的作品中，我們可看到大量原住民的圖騰、服飾、竹雕，及木雕工藝等可以展現原住民傳統的符號素材。因受過神學訓

練，在創作中亦不時出現他對信仰與神學的反省思維，他表示自己
希望能找到同時讓基督教信仰、現代藝術與原住民傳統並列的視覺
藝術表現路線。因此，雖非直接以聖經中所記載的神聖事蹟或神靈
形象作爲繪畫主題，但他卻真正從其生命根源的族群角度，反省了
信仰的終極關懷。潘小雪說：「賴安淋對族人的愛與信仰的力量，
自然地成爲他作品的情感張力，他自覺到弱勢文化的自卑、抑鬱必
須超越，除此更須賦予再創的活力，……他的創作一直與大自然、
宗教信仰、真實生活保持著很完整的關係。」❻

　　安力‧給怒有兩個頗具代表性的作品——「是愛」及「這是我
的愛子，我甚喜悅」。前者是由12張油畫、繩子及陶爲創作素材，
以陶土雕塑出12張表情生動豐富的臉譜，再用油畫畫出12幅分別代
表不同族群圖騰符號的服飾，最後再以繩子代替手臂將12個不同族
群的畫作相互連結。這個作品表達的是「上帝的愛讓我們合而爲
一」，從其中我們可強烈感受到安力‧給怒回到族群主體的地位去
作信仰反省，以12族的人代表全人類，同時也強烈表達了各族——
以致於全人類和睦共存與交流的胸襟。這幅畫作亦是「愛、生命、
尊嚴」創作展❼中最受歡迎的一幅作品；而「這是我的愛子」這幅
作品，以原住民兒童受洗的情景來象徵受洗的基督與施洗者約翰，
並表達了傳統的傳承與生命的延續。他的意念是：凡是像先知般啓
發了別人的，都是「施洗者約翰」；而在靈性與道德上欲作重大改
變的，都能體會基督的心。因此，基督受洗的故事在今日變成了
「一直發生」著的存有。

　　今日我們一般人對於原住民藝術的印象，多半僅停留在遊樂區
中衣著鮮豔的歌舞表演，或是觀光區那種商業化的小竹雕或木雕，
那是相當侷限的，同時也暴露了以往對於原住民輔導政策上的缺
失。在多元化、國際化與現代化的藝術創作趨勢下，我們的確需要
像安力‧給怒那種具備對母體文化關懷與信仰熱忱，同時又具有專
業創作能力的藝術家——無論是提升基督教藝術或是原住民藝術。

## 二、以保存古早教會記憶爲己任的基督教藝術家

除了安力‧給怒之外，另一位具有台灣鄉土氣息的基督教藝術家便是蕭資明，現任台灣基督長老教會花蓮東方教會的牧師。他於1960年生於台中，在中學時期就讀天主教台中道明中學美術班，這爲他打下了紮實的美術創作基礎。雖然不是美術學系科班畢業，但是他對於藝術創作的興趣與熱誠並未稍減。在台南神學院道學碩士班畢業後，開始了他的「百年教會繪畫之旅」；現在更於台灣神學院修習東南亞神學研究所神學碩士班的課程，期盼可以延續其專業的神學訓練，並藉由「宗教藝術」、「基督教的建築」等相關課程的研究，能爲他那充滿藝術渴望的生命奠下更堅實的神學基礎。

蕭牧師的創作具有深刻的創作理念。他強調每一幅藝術作品都是創作者深刻的生命經驗；就一個基督徒畫家而言，每件藝術品都表述了屬於它獨特的信仰內涵與生命眞諦。他的畫作中兼具寫實主義與表現派的風格，其創作內容多以「保存記憶」爲核心，故不絕對追求精確，但要求清楚地表達所描繪對象的特性。他是個本土關懷極深的藝術創作者，自1995年開始，蕭資明牧師走訪了台灣各地許多宣教歷史超過100年的教會，以水彩畫的形式將這些教會一一畫下來，並於1999年將其中12幅畫作製作成桌上型月曆出版，讓台灣的基督徒也一起重視這些建築物中的歷史。他強調：許多具有歷史價值的建築物與景觀，因爲社會的進步與都市更新而漸漸消失，也許有許多原因使我們無法保留建築本身，但我們能做的便是透過畫家的雙手，保留這樣的記憶。

對於基督教藝術的落實，蕭資明牧師也有他的見解。他認爲在生活中的每一項創作都是藝術：包括插花、司琴、唱歌、戲劇、繪畫，甚至聚會內容的編排等等。所有的基督徒的才能都可以說具有藝術的特質，善用才能來描繪生命的整體便等於是藝術創作。於是

他在自己所牧會的教會中，一方面努力教導青少年有關藝術創作與鑑賞的基本知識，同時也在教會的崇拜禮儀與布置上，在不違背神學傳統的前提下努力讓它們顯得藝術化。可算是相當具有前瞻企圖的作法。

後記：除了安力牧師與蕭牧師之外，另外尚有屏東高樹基督長老教會的陳義仁牧師也曾以基督教題材製作版畫，並在《台灣教會公報》中以筆名「阿林」作連載漫畫。不過陳牧師謙虛地表示自己已不再創作，不算藝術家，因此未進行訪談。特此誌之。

# 第三節　台灣教會建築藝術介紹

## 一、台灣教會建築源流簡介

台灣早期教會建築藝術，隨著當時遠渡重洋來台的宣教士，以其自己國家教堂特殊的建築形式為基本藍圖，再融合台灣本土文化建築藝術風格，在台灣早期各地建立起一座座充滿19世紀末具中西合併、獨特風格之教會建築；西洋教會建築本身極具悠久歷史及所代表的宗教意涵，雖然移植至台灣後，無法媲美西方的嚴謹之作，但其外觀在近代建築中仍獨樹一格。

早期台灣教堂建築始於荷西時期，但今日已無存續。現存最早的教會建築即為屏東萬金天主教教堂與北部馬偕博士（Dr. George Leslie Mackay, 1844～1925）所建築的淡水長老教會。日據時期，日籍建築師完全模仿西洋建築的原型，使台灣逐漸形成另一種新型態的教會建築❽，此可由台北濟南基督長老教會的建築藝術中觀察得知。光復後，教堂的建築設計改由本地建築師主導，因此也更加融入本土化及現代化的設計。隨著經濟成長的腳步以及展現出中產

階級的實力，在50年代左右建的教堂，只要財政允許，多以雄偉並仿造希臘羅馬宮殿建築爲主。但隨著經濟快速成長，地價狂飆，近年來教會多半已不再有能力興建具有獨特風格之教堂，而改以公寓、大廈爲主，使得原有教堂建築藝術及神聖空間的意涵爲實用功能所替代。

## 二、台灣教會建築主要類型

天主教信徒與基督教信徒之間雖信仰同源，但在教義上卻有相當大的不同，因此教會建築形式也有所差異。天主教堂嚴守左右對稱的規則，而基督教的自由度則較高且自然。一般而言台灣教會建築風格可依其外在形式分爲以下三種：

### （一）仿哥德式教會建築

哥德式風格始於12世紀，其建築特色爲尖拱、大型窗戶、石頭窗格飾、石拱天花板及飛扶壁。其大型彩繪玻璃窗將聖經故事生動靈活的展現出來，常常令人印象深刻難以忘懷，亦是信仰精神與建築藝術融合的最好詮釋。在台灣雖無歐洲哥德式教堂的華麗嚴謹，但都隱約呈現出哥德式風格的建築特色。基本上，因爲經濟的原因，此種建築大多是在日據時代及光復後才較多。例如，淡水長老教會（見圖19-1）、濟南長老教會（見圖19-2）、太平境教會（見圖19-3）等，都屬於仿哥德式教會建築。

### （二）中西合併教會建築

此爲當時宣教士爲降低台灣居民對基督教與天主教的排斥感所產生的獨特建築方式。我們可以發現，有的教堂內部柱子有的懸掛對聯 ❾，有的屋頂亦有類似小佛塔的裝飾物，閩南式屋頂沒有尖塔，但卻採取西式彩窗拱門，充分展現外來建築式樣與台灣本土文

化的融合與並存。基本上，天主教的教堂外觀仍多以西方教堂為主，而採取中國式裝飾或內裝；而基督教堂的本土化（雖是少數）則比較徹底。前者例如，屏東萬金天主教教堂（見圖19-4）；後者則是馬偕所建淡水牛津學堂（見圖19-5）。

## （三）希臘議會型大教堂

台灣光復之後到50年代期間，正是台灣經濟從農業轉向輕工業時期。當時的教會信徒有不少人因為教義的影響（努力工作的成果是上帝的祝福）而經濟充裕，有了錢就願意翻修原來的教堂。於是在50年代的那段期間是教堂改建熱潮期，為了展現經濟實力，並顯示基督徒的優越感，故在那段時期所建的教堂多是雄偉建築；同時為了與天主教有區別，故多以不仿哥德式建築為藍本，而以仿希臘羅馬古議會或宮殿式為主。這可能也與當時一些留學外國的建築設計師紛紛回國，也將一些國外的設計理念帶回有關。可以看到頂端的三角形的「山牆」、整排的柱列，或採取灰白色壁體以及列柱。例如，台中霧峰教會、台南東門教會與台南看西街教會（見圖19-6）等等。

綜觀台灣教會建築藝術的發展，事實上也正反映了不同時代的生活方式與社會組織的差異。藉由對教會建築藝術進展的觀察，我們猶如閱讀一本早期台灣教會歷史，使我們不但能更加瞭解台灣早期基督教歷史的演變，也對中西文化的相互融合有更深一層的認識。

## 三、重要教堂巡禮

**圖19-1 淡水基督長老教會**

淡水教會是馬偕博士於1872年親自建立的第一間教會，目前這棟仿哥德式教堂，是淡水教會在1932年為紀念設教60年而重建的教堂，為第2代馬偕設計督建，品質極佳的紅磚，名匠「樹司」以精細的磚工砌出變化有序的壁面；左手邊之鐘塔直通天際，宛如禱告的手，當年鐘聲可遠揚到對岸的八里坌。教堂內部以大跨距的鐵骨托住屋頂，再以木板作天花板，四面窗戶都以西班牙彩色玻璃拼出精美圖案，透出神聖莊嚴的光線。

**圖19-2 台北濟南基督長老教會**

十字架、尖頂、鐘樓及大面玻璃窗都是濟南教堂最顯著的教堂景觀，在形式上可能較接近於英國的哥德式建築傳統，主要入口的凹陷線腳（moulding）及鐘樓的扶壁都是這個傳統的特色。主體乃是用紅磚堆砌，而窗框、門框等鑲邊則用砂岩打造疊砌，大門的拱圈作成數層凹退邊框，稱為「都德式拱圈」。大門正立面有大形尖拱窗，整面裝嵌著玻璃，既可使室內明亮，可緩和直射陽光。入口上方有兩根尖形的「小尖塔」直貫而上，有指向天空的引導作用，和後方的尖頂、十字架相呼應。樓高中段的扶壁構造，是仿哥德式建築手法，其有扶托住高牆的穩定作用，頂端或中間部份，並做出由連續數層石塊斜塔、堆砌而成的凸起。

（本照片由清南教會提供，僅此致謝）

太平境馬雅各紀念教會（簡稱太平境教會）是馬雅各醫生在台南第一間設立的教會，也是19世紀末當時英國差會在台灣宣教之中樞。今址之教堂係1954年改建至今。尖塔、長窗、線條之完美比例與左右對稱，除了仿哥德式風格外亦具有後期文藝復興的味道；刻意做成的粗糙白色外牆又透顯出拜占庭式之風格，折衷主義色彩濃厚。不過，該教會之著稱主要不在其建築，而是它在台灣宣教事工與政教關係不妥協事蹟之特殊表現。其分設24間子教會，也是相當有名。

（本照片由太平境教會提供，僅此致謝）

**圖19-3　太平境馬雅各紀念教會**

萬金天主堂的造型，基本上是一種正面雙塔式的小型教堂的模式。其外觀是西部牙古堡式建築，整座教堂可以視為由西正面、中央禮拜堂及東面環形殿3個造型所構成。其裝飾甚具台灣風味，值得一提的是主堂窗戶周圍及樑上均有紅色及藍色精細之彩飾，樑的側面為唐草紋，上面為圓紋，窗下之木板繪有梅花紋，這些裝飾都顯露出台灣風格及特色，可惜創建之初之室內柱樑風格並未曾留下任何圖案，只存舊照片1幅。從入口往聖壇之方向有5對圓柱，其分別有5副對聯，中國式的對聯使得萬金天主堂也沾上天主教中國化運動之氣息。

（本照片由江杰霖同學提供，僅此致謝）

**圖19-4　天主教屏東萬金天主堂**

**圖19-5　淡水牛津學堂**

牛津學堂原是馬偕博士設計興建，作為本土宣教士訓練的神學院。其建築原採閩南式四合院共3落紅磚建築，真理大學拆掉其中兩落，保留現今所見1落。其窗戶明顯是西洋式彩窗，但是主體建築卻是漢式平房。屋頂三個凸起之3角形天窗，作用是引進光線；屋頂兩邊都有類似「納骨塔」之裝飾物，正面屋簷上類似欄杆之物是仿西方陽台之欄杆。是相當具有特色之中西合併式建築。

**圖19-6　台南看西街教會**

看西街教會的前身是「太平境教會永樂町講義所」，於1917年開設。現今之建築是於1957年改建的，由從英國回來的黃彰輝牧師作外觀之建議，而由蕭姓建築師完成設計並建造。圖中我們看到的下層建築便是典型的希臘神廟式建築——三角形山牆、列柱、白色外牆等等；上層半圓鐘蓋形鐘樓令我們想到了歐洲的議會建築。雖然外觀雄偉，但是其白色單調的外牆，顯示其仍不失清教徒質樸的特色。其拱門大窗也顯示了結合些許哥德式風味。

（本照片由看西街教會提供，僅此致謝）

# 第四節　台灣基督教音樂的現況與發展

　　在改革宗的神學傳統中，音樂一向比視覺藝術更受到尊重。改教的先驅加爾文卻認爲：當上帝創造時是以「語言」創造，而祂流傳給人類的啓示是祂的「話」──《聖經》。因此，耳朵比眼睛更適合接受眞理。而在加爾文之後，其繼承者伯撒（Theod re Beza, 1519~1605）與布爾喬斯（Louis Bourgeoies, 1510～1570）於1562出版了一本《日內瓦詩篇》（*Geneva Psalter*），其旋律輕快活潑，且在歐洲各地風行一時。

　　台灣教會在亞洲地區，一直被稱爲是「讚美的教會」❿。可見音樂在台灣的崇拜也具有相當的重要性。可以說：就是基督教會對音樂的重視引導了40～60年代台灣社會對音樂的提升，因爲中生代許多的音樂家都是教會出身的。不過，到今天，社會上音樂程度的腳步似乎已經漸漸超越基督教會，而台灣教會音樂藝術的發展似乎也面臨了瓶頸。

## 一、台灣基督教音樂的現況

　　在開始敘述台灣基督教音樂之前，我們應先清楚它的分類。基督教音樂一般而言可分成「教會音樂」（church music）與「聖樂」（sacred music）兩類。前者指的是教會之中實際用得到的音樂材料（例如，崇拜聖詩、禮儀音樂等）；後者指的應非只是以教會實際用途而已，甚至是以個人對於基督教信仰的回應與反省作爲題材的音樂都可稱爲聖樂。當然，我們必須承認：「聖樂」的「聖」字的「超越」意涵並不如「聖經」、「聖父」、「聖靈」一般濃厚，而主要是因著對於「神聖」的追求，是以「見證神」爲目的，比較類似

像「聖詩」的意義。

　　有關於台灣基督教音樂的現況，我們可以分成三個部分來看：
一、神學院的音樂教育；二、一般教會的音樂表現；三、音樂學者
⓫眼中的基督教音樂。

　　由於台灣的教育看起來似乎是「通才教育」，實際上確有著強
烈的「功能取向」，亦即按著社會運作的需要而培育人才，這種傾
向也同樣存在於神學院的教會音樂系之中。在神學院的音樂系課程
中，其重點多集中在「演奏」與「教育」上，過於講求實用而較缺
乏原創性的訓練。雖然有主修理論作曲的學生，但是人數實在很
少，而且畢業後多只擔任一般音樂老師（此與文憑不被一般學校承
認有關），對於樂曲素質的提升無多大幫助；其次是課程上雖以
「實用」為主，但是真正實用的科目──例如，音樂管理、音樂推
廣的課程又極為欠缺。事實上，國外的音樂科系中幾乎多以開設相
關課程，使學生不只是演奏者，更可以自己規劃演奏的所有事宜，
並有效地自我推廣，這在台灣是相當重要的。淡水真理大學將開設
「應用音樂學系」，是否有這方面的課程令人期待。此外，在宗教音
樂的相關學術領域中，似乎沒有人研究將音樂、禮儀與神學系統相
結合的「音樂神學」或「神學音樂學」。這使得在音樂在崇拜之
中，永遠只是附屬的角色，而無法清楚地展現音樂也許可以也作為
獨立的崇拜主體。這應該是可以考慮的路線。

　　在一般教會的音樂表現上，我們可以看到「音樂幹事」──專
門負責某教會中所有音樂工作的工作人員──已經漸漸普及了，這
代表至少台灣教會漸漸認為音樂是「值得」重視的崇拜因素之一。
但是，我們若認真理解音樂幹事被託付的工作，可以發現仍然是以
「教會各級詩班」、「崇拜司琴」、「慶典的音樂節目」，以及「寒暑
假巡迴演唱為主」，少有人能被賦予權力作整體性的音樂規劃，這
可能有兩個原因：一、因為神學院音樂系這方面的訓練不足；二、
因為音樂永遠是教會的「附庸」與「工具」，不能與語言文字並駕

齊驅。台灣的教會重視「聲樂」甚於一切——因為是每個禮拜天崇拜程序都用得到的，能不以「實用」為目的而訓練「器樂團」（例如，少年樂團、成人樂團等）的教會畢竟是少數。另外，教會缺乏與外界社會音樂交流的習慣與管道，頂多只是借給教會信徒中教鋼琴的老師舉辦「鋼琴發表會」，或神學院音樂系畢業巡迴演出時提供場地，少有在教會定期讓其他音樂團體舉辦音樂會的——不是沒有，但僅限於少數教堂。當然，這也與教會當初空間用途的設計以及音效有關。

至於音樂學者眼中的基督教音樂又是怎樣的光景呢？作者之前說過，台灣中生代音樂家之中有不少是出身於教會，或至少與教會有淵源，所以對於基督教音樂多相當地關心。只不過他們普遍認為今日台灣的基督教音樂無論是題材內容，或是表現形式都嫌狹隘，例如，不太能以「國樂」形式表現，另外表現的曲子多來自西方等等；而且今日教會中的音樂強調在教會中使用，缺乏藝術宏觀的眼光，所以藝術價值較低，大概能被國際認同的台灣基督教音樂家只有蕭泰然教授與駱維道院長而已；不僅如此，台灣教會因為缺乏與外界的交流，少有競爭比較的機會，所以程度提升極為有限，偶爾有從國外回來的音樂學人，但教會中缺乏具有誘因的整合管道，結果頂多在教會中彈彈琴、指揮詩班，人才就埋沒了。最後，大部分音樂家認為台灣的本土聖樂發展腳步太過緩慢，也是值得加強的。

## 二、台灣基督教音樂發展的建議

對於台灣基督教音樂的發展，作者提出四項建議：

1. 加強音樂教育課程的多元面向。無論如何，實際推動台灣基督教音樂工作的人仍然是以神學院音樂系的畢業生為主。因此，音樂系課程多元化是絕對必須的。除了有關於音樂演奏

或教育的課程之外，也應該加上「音樂管理」、「音樂與媒體」、「音樂神學」、「本土音樂創作」等等。也許神學院本身這方面師資不夠，但是可以與一般大學（尤其是基督教大學）的音樂系合作，學生與老師皆可以交流——教育部對這方面應給予協助，甚至放寬學分限制。這樣便可以減少國外回來的優秀音樂教育人才先被一般大學網羅，剩下的才進入神學院任教的情形；同時設備也可以互相交流、學生也能有互動競爭，這對提升基督教音樂的素質絕對有幫助。

2.台灣基督長老教會總會有「教會音樂委員會」，而跨教派也有「中華民國聖樂促進會」。這些雖然都屬於協調整合的組織，沒有真正強制約束或要求教會改變音樂走向的實際權力，但是畢竟它們可以發出「前瞻性」的宣言，而影響某些具有實際決策權力的組織——例如，長老教會總會議會，以及各個中會，進而形成一股新潮流。作者要強調的是由上而下來宣導，強調「器樂」在一般教會之中的重要性。從兒童樂隊開始，鼓勵成立自己的樂隊，並定時作發表公演。這一方面可以有效提升教會內的音樂水準，並可以使教會外的人認識基督教會內的音樂並誘使參與之。

3.教會應當走出去，主動結合社會上的各類音樂活動。不只借場地舉辦音樂會，還可以與地方政府的社會文化單位聯繫，合辦音樂性、藝術性的活動：例如，文化講座、音樂欣賞、樂理教學、社區音樂班等等。教會的詩班也應走出自己的教會，多與其他教會的詩班進行觀摩，先藉以提升自己教會內的合唱程度；再主動出擊，爭取參與社區「文化節」或類似活動的演出、邀請其他團體來自己教會表演（可由數間教會分攤合辦），這亦能有效地提升教會的公眾形象，以一句基督教的術語表示，便是能「有效地推展傳福音的事工」。

4.加強本土音樂與教會崇拜的結合。以往這方面最卓越的成就

是台灣調與平埔調的旋律被收錄至台灣長老教會的聖詩之中
⑫，我們必須對駱先春牧師、駱維道牧師父子致敬。但是所
謂基督教音樂的本土化不只是將一些具有民族特色的旋律填
上詞當作聖詩就夠了，而是要真正瞭解當地音樂與文字發音
的脈絡與特性，進行更多樣化的創作，同時也將這樣的創作
帶至教會的崇拜之中。本土化聖詩是一個層面（事實上，台
灣各族群──福佬、客家、原住民──各有詩歌集，其中亦
有其特殊文化的曲調），而對於音樂表現的方式──例如，
以國樂樂器、台灣傳統樂器也應多加嘗試，讓「本土化」真
正得到形式與內容的合一。

## 第五節　台灣基督教藝術的特色與限制

　　從上述介紹的基督教各類藝術之中，我們可以稍微整理出屬於
台灣基督教藝術的幾點特色，同時將這些特色對照台灣社會的發
展，也可理解到台灣基督教藝術發展上的困境，並其問題的癥結所
在。以下我們便分別闡述之：

### 一、台灣基督教藝術之特色──以「教會建築」為例

　　自從19世紀中基督教正式傳入台灣之後，宣教士在台灣的處境
就好像初代基督教在羅馬帝國的處境一般。在爭取此信仰在羅馬社
會的生存權以致於合法性時，因為與不同地區的文化、傳統思想以
及基本生存需求相對話的結果，使得基督教後來的發展迥異於原始
基督教；同樣地，台灣基督教在135年的宣教過程中，除了延續原
來各宗的信仰傳統之外，也在程度上吸收了台灣住民的某些基本生
存態度。這樣的融合成果不但展現於各種神學建構或社會關懷的基

本立場上，也展現在基督教藝術——特別是教會建築與教會音樂上。

我們看看教會建築與擺設的演變可以發現，雖然在教會的基本形式上，是承襲西方的某些形式——仿哥德式、古典希臘羅馬式，但是都是簡化了的形式，而且其外表裝飾與內部擺設都相當簡單。其原因大略有三：一、，無論是宣教士也好，教會信徒也好，他們本身並沒有太多時間來等候一座極端華麗的教堂出現——因那往往需要數十年、甚至數百年的時間，而初代基督徒（現在也一樣）對於作為崇拜與所有宗教活動所在的教堂之需要卻是即刻迫切的；二、西方大教堂通常有諸侯或當地士族為其經濟後盾，它們盼望建造的是其統治地區的一個重要象徵，故有精緻化的本錢；但是就算是今日的基督徒企業家大概也很難有那種建造「家族教會」的熱誠——經濟是一個極重要的考量，加以在台灣這個文化場域之中，實用與效率才是最被看重的向度；三、是根植於台灣基督教「樸素」清教徒信仰傳統，所以就算外觀再如何富麗堂皇，但內部仍然保持一定的樸素感。

除此之外，我們若將台灣的教堂（包括天主堂）與西方的古老大教堂比較起來，可以發現台灣的教堂更重視崇拜空間中信徒的「舒適」需求。亦即整個教堂空間的格局、座椅與視野等等的設計，是相當以「會眾的舒適」為主要訴求。當然漢文化中對於「傳道人」的尊重也表現在升高講壇的設計上。相較之下，歐美某些大教堂甚至沒有座椅，或座椅只是臨時可移動的鐵椅子（與教堂格局不符），就較不重視信徒的崇拜空間了。今日的教堂——尤其是都市中的新興教會，因為經濟的緣故（絕大部分的教會經濟來源是來自於信徒奉獻），大多只能購買或租用一般公寓中的一層或一戶做為教堂。受限於空間的大小與格局已被決定之故，所以對於其內部的裝置或藝術就更不注重了，而主要以多功能實用為考量。

就以台灣教會建築來看，我們可以很明顯地找出其中有三點主

要特色：一、若能有自己獨立的教堂建築，仍然是以西方式教堂（仿哥德或仿希臘羅馬）為主要模仿型態——至少在屋頂是如此，再依著經濟能力加以刪減某些部分；二、台灣教會建築受到台灣人文主義的影響，相當尊重參與者崇拜空間的「舒適感」，甚至在天主教堂亦然；三、無論是早期或現代，台灣教會建築也受到了台灣島國文化實用功能取向的影響。

將這三點特色放在其他層面的藝術表現上也可以看到類似的情形。以音樂為例：正統的教會音樂至今仍是以西方音樂型態為主流——雖然在形式的認定上，宗教音樂已經較其他型態的藝術寬鬆許多了，本土教會音樂工作者有相當程度仍然以西方音樂為模仿對象。同時，台灣的教會音樂創作多是以「歌曲」為主——亦即可以讓信眾「唱」的，近年來極為流行的「敬拜讚美」方式的音樂便極強調「整體參與」的意義。

## 二、台灣基督教藝術之困境與當解決的問題

台灣基督教藝術原本就頗為弱勢，尤其在今日西方當代藝術的衝擊下，其聲音似乎更顯得微弱無力。其實，就算去掉其他當代藝術的挑戰，台灣基督教藝術在今日台灣社會發展脈絡之中，也可能遭到湮沒的命運。為什麼呢？因為作者認為在台灣教會藝術的內在，就存在了可能會導致衰微的因素。

### （一）台灣基督教藝術之困境

第一個問題便是「傳統」的枷鎖。這裡所謂的「傳統枷鎖」主要來自是西方正統典範的壓力。作者曾說過，直到今日，「西方基督教」仍是台灣教會模仿的主要對象。對台灣基督教藝術創作者而言，「西方」就有如「典範」的魔咒一般，在創作的合法性上占有極為重要的地位；而就一般民眾而言，合乎西方傳統基督教樣式的

藝術品才能被接受——耶穌一定要是金髮的白人、上帝應該要是白袍白髮長鬚慈愛的老公公，祂們可以暫時變成別的形象，但最終的「本相」一定要如上述一般。這種西方傳統的枷鎖限制住了基督教藝術的創作與其流通的可能性，使得台灣的教會藝術創作只能向單面向發展，也同時更加強了信徒與其他非信徒的成見，使得基督教藝術多元化的可能性減少。

第二個問題便是信徒的「藝術冷感症」。由於台灣基督新教的教徒大部分是屬於長老教會，而長老會又屬於清教徒傳統，所以雖然長老會信徒會鼓勵自己的子女學習音樂，但是本身卻極少參加藝術性活動。這基本上有兩個原因：一、清教徒傳統的關係。一般信徒普遍認為生活過度享受是一種罪惡，而藝術欣賞以往被認為是有錢人的消遣，更是罪惡的象徵之一。所以一般信徒（尤其非都市信徒）不會主動去參加藝術的欣賞，頂多是與教會或特殊節期有關（例如，228紀念、母親節、聖誕節）的音樂禮拜才會有可能參加；二、台灣人「節儉」的性格。可能受到傳統教義的影響，認為努力工作而致富是上帝祝福的表現，加上以往台灣人的移民血統，普遍具有「節儉」——甚至到「吝嗇」——的習慣心態以及實用功利主義的性格。錢必須用在能讓我獲得實際利益的用途上，「藝術」對於賺錢又沒有直接幫助，所以比較不會讓自己去欣賞藝術——除非把它當作「應酬」或「提升社會層次」的手段，但實際上仍然是對藝術冷感的。

第三個問題便是「功能化與效率化」之衝擊。「功能目的」與「藝術」便是相對立的。既然台灣人本身便缺乏藝術的熱情，又非常地節儉，因此藝術的功能便成為台灣社會判定藝術好壞的重要標準。「這個藝術有什麼用？」「這藝術能有效提升社會道德、淨化人心嗎？」「這音樂能快速地帶動崇拜氣氛嗎？」「我支持這畫展對我公司有什麼好處我馬上看得到的？」……，故藝術在功能掛帥的情況下完全被略過不提。但是，若是只以社會需要與接受的程度來

作爲提倡藝術的重要指標，將不可避免地陷入一種惡性循環之中，不但無助於提升基督教藝術的層次，甚至好藝術與壞藝術的眞正標準也會因此而被扭曲。什麼是好的教會建築空間？能同一時間容納最多元活動的空間；什麼是好的教會音樂？最能讓禮拜程序順利行進並即刻安靜信徒心靈的音樂；什麼是好的教會美術品？對於教育信徒有正面影響（一看就懂）的美術品。功能與效率是今日科技社會的判準，但它們絕不是藝術好壞的重要判準——一個圖畫的很快的人充其量只是技術很好的人，而不是好畫家。

## （二）發展方向之建議

相較於天主教與路德宗，加爾文派的改革宗教會正好顯示出自己美學基礎的不足，而這正是作爲實際藝術創作的一個重要基礎——我的藝術創作最深層的基礎是什麼？美從何而來？什麼才是美？能夠眞正釐清自己的創作意念與基本態度，才能夠在今天台灣這個多元藝術的區域中與人對話，並爲自己爭得一席之地。所以，建構合乎改革宗傳統的美學理念是必須的，有了它，創作行爲的合理性才能獲得保障。在之前的單元，作者曾提出過建構「見證美學」的基本雛形，因爲我認爲基督教改革宗藝術的創作與發展若要與當代藝術，甚或是其他宗教藝術來作對話，就不能沒有屬於自己的美學內涵，而「見證」是足以作爲教會藝術的美學核心態度的。基督教藝術中所呈現出來的「美」，便是一種「見證之美」，是一種將神聖的榮耀與恩典融合了人的認知與回應之美。

建構自己的美學核心理念是重要的，但是若沒有善加教育推廣，仍然只是一個概念。在今日的基督教神學院之中，有關於基督教藝術的相關課程仍嫌太少。以台灣的神學院道學碩士❸班課程爲例：道學碩士班課程中，只有台灣神學院有開「基督教與藝術」課程，而且是非常設性課程；而東南亞神學碩士班中，也只有台灣神學院有開「基督教建築藝術」科目。當然，音樂學系是有相關的音

樂藝術課程，但是普遍缺乏對整體藝術介紹的相關課程。在神學教育普遍不重視一般藝術涵養的情形下，要求神職人員能推廣正確的宗教藝術理念，那是不可能的。當然，也許是神學院的核心課程太多，以致於無法兼顧到非核心的宗教藝術教育課程；更有可能是因爲台灣基督教會根本缺乏這方面的師資人才。所以我認爲宗教藝術教育這方面的工作極待補強，否則非核心永遠還是非核心，而神職人員與一般信徒仍然無法對於基督教藝術有健康而正面的看法。

　　而對於實際基督教藝術創作的本土化上，在此也有一點建議。既然台灣基督教藝術的問題之一是過於模仿西方，但是卻無法找到有效本土化的一個方向，因此，若想要能合理地將基督教信仰的精義融合至台灣本土文化時，可以就表現主題的「相似性」作爲連結點，然後剔除其中會令人誤解的異教成分。舉例來說，當想要表現基督教美德中的「慈愛」特性時，基督徒的本土創作家可以尋找在台灣諸多藝術題材中有相關於「慈愛、慈悲」等主題的題材（例如，民間信仰的「鳥母」❹題材），然後比較兩者的表現特色，把「鳥母」的神性氣息去掉，便可表現出較爲中性的手法了。這種方式在歐洲也有類似的表現，例如，梵谷（Van Gogh, 1853～1890）的「吃馬鈴薯的人」來暗喻聖餐❺；畢卡索（Pablo R. Picasso, 1881～1973）著名的「Guernica」以人獸交錯的驚慌悲慘畫面控訴戰爭與法西斯主義，這幅圖畫也被認爲是基督教藝術。當基督教藝術越能拋開西方典範的陰影時，它所能表現的廣度與文化深度將更不受限，同時也將更能爲一般人民所接受。

## 結論──本土化的一些建議與原則

　　本書在第二章〈希臘哲學與文化影響下的基督教思想〉一文中，曾經提到早期基督教殉道者的紀念墓（martyria）與紀念碑之

造型正好回應了當時「希臘－羅馬」的風格。最有名的是在地下墓穴中所發現的一個雕像，便是以「好牧人」——扛著羊的年輕人——為主題，是希臘羅馬神話中之人物。而在洪放先生〈希臘神話人物俄爾甫斯與早期基督教墓葬藝術〉❶一文中，就考古學角度對這位「好牧人」——俄爾甫斯❶——更詳細地加以描述，來讓我們更詳細地知道此人物是以如何的型態被早期基督教所接受、是以什麼樣的意義被接受，以及後來為何會逐漸消失的原因。

這篇文章讓作者對於基督教藝術與異文化接觸的向度與基本立場有了一些啟發：一、基督教藝術與異文化——甚至是異宗教——在對話時可以在「象徵意義」上找到交流點；二、基督教藝術在結合異文化時是經過挑選的——具有現實性與適當性，也有適用的底限；三、歷史的演變對於結合於基督教藝術中的異文化是具有篩選與淨化的作用的。以下分別述之：

1.首先，作者認為基督教藝術與異宗教文化在對話時，可以在「象徵意義」上找到交流點，這種情形在早期基督教藝術中處處可見。一般而言，是在基督教信仰內涵中已經有某一主題，而在異文化區域中擷取具有類似意義的相關造型，而去除掉此主題中明顯違反基督教信仰的部分。在使用這些宗教文化題材的時候，是採用其中的「象徵意義」而非宗教上的「實質意義」。例如，基督教殉道者的紀念墓與紀念碑嵌有花葉形狀之小方格，那是典型的希臘形式之作品；在一些雕刻精美的基督徒石棺上，有類似羅馬皇帝棺木上所刻「揹花環」——取材自希臘酒神神話題材——的浮雕。這對於今日致力於結合宗教藝術與文化傳統的創作者而言，也許具有某種啟示的作用。在台灣，類似工作較為成功的，首推安力·給怒（賴安淋）牧師。他是台灣少數同時具備藝術創作能力與宗教知識素養，並戮力將之結合於原住民素材中的基督教藝術

創作者。從他的作品中，我們可以看到他真正從其生命根源的族群角度，反省了信仰的終極關懷。

2.其次，基督教藝術在結合異文化時，對於所使用的文化素材是必須經過挑選的。而這個挑選標準是根據所處時空的現實性、內在意義的相似性與適當性，同時在結合的過程中也有其適用的底限。因為基督教藝術基本上是特定時空中之創作者對其基督教信仰所做的反省、告白與教導，因此它在某程度上必然──也必須反映該時空的文化特色，因此基督教藝術家在選擇非聖經題材作為表現主題時，必須考慮到該題材的現實（實況）性；而在上一點中提到「象徵意義」時，曾說基督教藝術會在異文化場域中擷取具有類似意義的相關造型，因此內在意義的相似性與適當性也是選擇的標準之一。另外，經過選擇的異文化題材在使用上也有其適用的底限，如果在某種文化場域之中我們擷選了某一宗教性極強的題材來象徵一般德性，可能會造成信仰上的錯亂甚至誤導。舉例來說：在台灣社會中選用媽祖抱小孩的造型為題材來表現馬利亞的順服與慈愛，我相信這會造成相當大的爭議，甚至對於一般信徒會造成相當程度的困擾。因此我們應就所選擇的文化素材與基督教義中的「象徵意義」合理地使用之，最好所選擇的文化素材是「中性」的或宗教性薄弱❽的較好。

3.就算經過了選擇，也經過了意義的演繹，儘量不讓異文化中的差異成分滲入基督教藝術中，但是因為詮釋者仍然是人，總有不足之處。我個人倒是認為：歷史的演變對於結合於基督教藝術中的異文化是具有篩選與淨化作用的，時間之流逝終將純化真正屬於信仰的那一層面，而違背信仰的部分終將被信仰本身給淘汰。我們可分為兩個層面加以說明：一、「文化」是「歷史的存有」，而在歷史中，不斷會有新的文化形式取代舊有形式，只有「永恆與超越」的那一部分會透過

時間的濾網而繼續存留，所以不合宜的藝術題材是無法長留於基督教歷史之中的；二、任何的「藝術」應該爲「當下」而作，不應捨棄現在而追求未來，因爲時間自會作篩選。事實顯示，歷史上最有價值的藝術品便是最能反映該時代的作品。從此角度來看，對於有心建構「本土」基督教藝術──甚至本土神學的人，實在不需要汲汲於追求「普遍性」或「超越性」過於「實況性」──亦即不需懷抱著建立一個「永恆有效」的系統，因爲歷史將自動篩檢能繼續存留的那一部分。

上述的三點反省：「象徵意義」作爲對話起點、信仰對文化的選擇性、歷史的淨化功能，也許可以作爲建構本土基督教藝術或本土神學的一些建議。但無論如何，還是必須繼續加以思考與探索，並檢證其有效性才行。

# 註釋

❶本文係2000年6月18日由「台灣宗教學會」主辦之「台灣的宗教研究最新趨勢學術研討會」發表論文。

❷詳見薛華（Francis A. Schaeffer）著（1986），濛一・芳華譯，《基督徒的藝術觀》。香港：宣道，頁88。

❸這個說法是來自日本「國際創價佛學會」會長池田大作與牛津大學威爾遜（Bryan Wilson）教授在奧地利維也納進行對話時，針對「宗教與藝術」主題池田大作所提出的看法。由於兩個人都是宗教社會學家，我們不妨視此定義為宗教社會學者對「宗教藝術」的看法。詳見兩人合著，梁鴻飛、王健等譯（1991），《社會與宗教》。四川成都：人民，頁75～81。

❹這是E. Newton在其E. Newton（1954）.*European Painting and Sculpture*一書中在論到「藝術之本質」時所下的定義。詳見*European Painting and Sculpture*, U. S. A. : Penguin Books Inc. p. 12.

❺其個展的時間與名稱分別為：「油畫首展」（1986）文化大學華岡博物館；「幾何系列」（1991）美國紐約法拉勝第一銀行畫廊；「畫童、畫樹系列」（1992）美國紐約視覺藝術學院曼哈頓畫廊；「畫靈系列」（1993）台北采田藝術空間；「新異象系列」（1994）花蓮文化中心；「愛・生命・尊嚴（1）」（1996）台北市立美術館；「愛・生命・尊嚴（2）」（1999）台灣原住民文化園區管理局。資料來源：〈愛・生命・尊嚴〉安力・給怒創作集（1999）頁93之作者簡歷。

❻詳見潘小雪著（1994年4月），〈原住民的自我圖像〉，載自《東海岸雜誌》。75期，頁48。

❼此指的是1999年的個展，在觀眾投票中，此作品得票數最高。

❽1900年之後，日本流行所謂承襲歐洲傳統的「式樣建築」，是指模仿西洋古典建築各時期的風格，是因為當時日本的明治維新採「擷取各國之精華」，導致明治後期在日本之「式樣建築」漫無標準，到處都可看到文藝復興、巴洛克或哥德式建築。而後來的台灣的建築設計師在設計教堂時也深受此影響，而有「仿哥德式」與「希臘羅馬式」之教堂形式。

❾例如，萬金天主堂主堂自外而內的5對柱子上就有4副對聯，第1對柱子因為同時兼為入口上方2樓夾層之結構，沒有添加對聯。由外而內分別是：第2對柱子右聯為「萬形之始大道之原允矣惟精惟一」，左聯為「上握天樞下撫民漠洵哉真主真人」；第3聯柱子右聯「德被中外玉替璀璨聖三藝」左聯為「母儀古今玫瑰鮮妍天苑開」；第4對柱子右聯為「燒玉燭掌明燈光耀普施

大表外」，左聯爲「搒金爐焚乳香煙升聖台前」；第5對柱子右聯爲「萬金聖母賜恩寶島信眾同欽」，左聯爲「道明會士開教屏東福音廣被」。

⓾其他韓國的教會被稱爲「禱告的教會」、日本的教會被稱爲「神學的教會」，作爲凸顯各地教會的風格。

⓫在這部分，作者訪問了四位學者，有二位音樂家——女管風琴家與男豎笛家，一位作曲家，另一爲音樂系主任兼指揮家。因爲其要求，不便公布其姓名。

⓬在台灣基督長老教會所用的《聖詩》共523首裡面，約有29首屬於中國調、台灣調與平埔調；另外國語教派常使用的《普天頌讚》約700首詩歌中，有約72首中國調——民歌、古曲、古調、佛教音樂、廟廷音樂與創作曲。詳見張剛榮著（1997年5月），《讚美進入祂的院——教會禮拜中的音樂》。台北：天恩，頁219。

⓭道學碩士（M. D.）便是指通過神學院大學部或一般大學文憑，成爲正式神職人員之前所必修的學位課程。基本上，因爲取得M. D.學位後就幾乎等於神職人員了，所以課程至爲繁重。我所參考的課程表是長老會「台灣神學院」、「台南神學院」、「玉山神學院」，信義宗的「中華信義神學院」、以及「中華福音神學院」五所神學院所公布的道學碩士班課程。

⓮「鳥母」是在「註生娘娘」廟中一起供奉的小神，相傳一共有36位鳥母，掌管嬰兒出生至17歲期間的生活安全、正常發育、甚至心理與智力的正常發展。有關於「選擇類似文化內容」這一方面，其實就是早期基督教所採用的手法。我在結論部分會再加以說明。

⓯詳見Kathleen Powers Erickson（1990）. From Preaching to Painting: Van Gogh's Religious Zeal, *The Christian Century*, March 21～28, p. 301。按Kathleen的說法，梵谷原是荷蘭的宣教師，後因被認爲行爲怪異而被革職。因此，他決心揚棄以往傳統的表達方式，而以俗世生活來表達神聖的臨在。

⓰詳見《方向》雜誌（1988年2月），第二期，頁12～14。

⓱俄爾甫斯是希臘神話中的音樂天才，善於唱歌並彈奏七弦琴，其琴聲甚至能感動眾神與野獸；他也是個癡情種子，爲了讓死去的妻子自陰間回來，甚至親身下去冥府；他也是個高傲的人，因爲輕視酒神戴奧尼修斯的女信徒而被殺。這些神話傳說的主題都出現在受到希臘文化影響的地區的藝術品中，而流傳至今。

⓲例如，所選擇的題材內容最好限於一般百姓的生活內容，或是民間信仰的非主要神祇，以免造成信仰的獨特性與正當性受到質疑——來自信徒或非信徒。

# 附錄──藝術表現與宣教策略 ❶──記於《豆豆福音》 ❷讀後

　　蕭爾特（Robert L. Short，以下稱之Short）在《豆豆福音》的第一章「教會與藝術」之中，提到了阻礙現代人接受基督教信息的理由：沒有讓聽者明瞭福音的內容──這是屬於「情感層面」的阻礙 ❸。因此，要有效地傳揚基督教信仰，就必須克服這兩層阻礙──「理智的認知」與「情感的認同」。理智的阻礙可以藉由語言文字的溝通與使用來設法克服；但是情感的阻礙常常是強於理智的認知，而難以扭轉的。我明明知道這個人是好人，但是就是不喜歡他，問題在於我的情感無法移入到他身上。

　　因此，Short強調了藝術在宣教策略上的重要性。一方面是因為藝術可以繞過理智的層面而觸動人的情感；另一方面則因為藝術可以使欣賞者關照到自己的真實面。換句話說，以藝術作為宣教的工具可以讓接受者得到雙重好處：藉著藝術所透顯而出的某個（些）真理來感染接受者，同時也讓接受者誠實地反省自己的真正需求。在Short的想法中，「藝術」是一種教會與所處社會文化的「交談語言」，因為藝術在宗教層面中包含有「方言」、「記號」與「譬喻」的性格。藉由接受者「創造性地詮釋」能力，將隱藏於藝術之中的信仰真理「開顯」出來，並映照出自己真正的人性需求。

　　就美學的觀點而言，藝術本身便是它自己的目的，但不可諱言的，有些藝術即是為了表達具有特定宗教內涵或思想內容而產生，並且在其自身的範圍內可以是創造性的 ❹。Short在論到藝術的詮釋時是受到了當代詮釋學家迦達瑪（Gadama）「參與性詮釋」與呂格爾（Paul Ricoeur）「與文本對話」的影響，強調讀者也是創作的一環，尤其強調「見證」的態度。我相當可以認同Short所說的一段話：

「過去教會一直不願意利用藝術；然而一般來說它所作到的僅限於此——『利用』藝術，不管是作爲裝飾或作爲娛樂，或作爲簡單的、多半是感情用事的宗教插話或宣傳工具。其實人類所創作的一切東西裡面，藝術與人性是最類似的，它最能充分地蘊涵一個人的生命：它是由一種極其複雜的形體與極其深切的熱情綜合而成的。」

——《豆豆福音》頁24

藉著上述概念的整理，我對於藝術表現之於宣教策略有另外一種的看法：無論是想藉由進行藝術創作來表達信仰內涵，抑或是想藉著詮釋藝術作品來釋放上帝的眞理，都必須先從「創作意念之方向」的把握入手，然後才將「意念」與展現的「手法」與「素材」結合。爲什麼？因爲今日的教會對於藝術之認同度與評價往往是在看到「手法」與「素材」後就直接下判斷了。而這個判斷標準往往不是來自於信心，而是來自於自己熟悉的程度與群衆認同與否。舉例來說：教會之中是否能接納流行搖滾樂？教堂內的壁畫是否可以容許立體派的作品？崇拜時間是否可以用歌舞劇的方式來呈現？教會能否接受以戲謔與幽默的方式來展現耶穌的故事——像歌舞劇「萬世巨星」一樣嗎？

將「意念」與「手法」合理地融合無疑地是評斷好的藝術品的一個重要標準❺。但是忽略了「意念」而只注意「手法」也是不正確的。而「意念」的掌握則有賴於系統而有效的「美學教育」。今日的教會可能不會那麼地忽視藝術，但是對於藝術自由的包容程度則尚屬保守；同時對於「教會藝術」的定位也可能尚未脫離「宣教工具」的層面。這些都是需要再加思考的部分。

我認爲「藝術表現」與「宣教策略」的關係是什麼呢？「藝術」是要「撼動靈魂」，而「宣教」是要「獲得靈魂」。如何「撼動」？眞實地描述自我意念並熱情地加以表達；如何「獲得」？藉著情感

的移入而使對方認同我的意念。兩者之間具有基本的「同質性」，但不具「目的性」與「因果性」。我們只需要自然地、熱情地展現藝術情感，那就是最佳宣教了。重要的是，「藝術」是宣教的夥伴，而非工具！

最後，我以佛教聖嚴法師在2000年2月15日出刊的《法鼓雜誌》第122期中所寫的〈藝術感恩——佛教與現代藝術的結合〉❻一文來比較現在台灣佛教對於當代藝術的看法。在文中，聖嚴一再推崇此次展覽中的「裝置藝術」與「行為藝術」更能強烈而合宜地展現佛法語言。我們先不論聖嚴對於藝術詮釋是否正確，但是他做為台灣「學術佛教」的代表人物，已經展現出對於宗教藝術表現素材與手法的包容性了。台灣佛教是如此，而做為台灣現代化重要領導力量的基督教是否更應給予「藝術」更積極的定位與更自由的空間呢？

# 註釋

❶本文曾發表至《校園》雜誌雙月刊（2000年2月）。

❷Robert L. Short著（1973），《豆豆福音》。香港：基文，是針對舒吾茲的《豆豆漫畫》——即以查理布朗與史努比為主角的漫畫——所作的信仰反省。本文是就其中第一章「教會與藝術」讀後之個人心得。

❸《豆豆福音》第10～11頁。

❹這個說法是來自日本「國際創價佛學會」會長池田大作與牛津大學威爾遜（Bryan Wilson）教授在奧地利維也納進行對話時，針對「宗教與藝術」主題池田大作所提出的看法。由於兩個人都是宗教社會學家，我們不妨視此定義為宗教社會學者對「宗教藝術」的看法。詳見兩人合著，梁鴻飛、王健等譯（1991），《社會與宗教》。四川成都：人民，頁75～81。

❺薛華（Francis A. Schaeffer）在其《基督徒的藝術觀》中曾提出四個標準：技術的卓越、忠實性、理性內涵、以及內容形式的融合。詳見薛華（Francis A. Schaeffer）著，濛一‧芳華譯（1986），《基督徒的藝術觀》。香港：宣道，頁63。

❻法鼓山在2000年1月15日假國立台中美術館前舉辦名為「感恩」的藝術活動，邀請了許多國內外知名藝術加以藝術表現方式紀念所有曾在921地震中付出過的人。聖嚴此文即是為此活動所撰之特稿。

**永恆與心靈的對話**——基督教概論　　揚智叢刊 36

著　　者/蔡維民

出 版 者/揚智文化事業股份有限公司

發 行 人/葉忠賢

責任編輯/賴筱彌

執行編輯/吳曉芳

登 記 證/局版北市業字第 1117 號

地　　址/台北市新生南路三段 88 號 5 樓之 6

電　　話/886-2-23660309　23660313

傳　　眞/886-2-23660310

郵政劃撥/14534976

印　　刷/鼎易印刷事業股份有限公司

法律顧問/北辰著作權事務所　蕭雄淋律師

初版一刷/2001 年 11 月

定　　價/新台幣 400 元

ISBN/957-818-326-7（平裝）

網址：http://www.ycrc.com.tw

E-mail/tn0605541@ms6.tisnet.net.tw

國家圖書館出版品預行編目資料

永恆與心靈的對話──基督教概論
／蔡維民著. --初版. --臺北市
：揚智文化，2001〔民90〕
面； 公分.──（揚智叢刊：36）

ISBN　957-818-326-7（平裝）

1. 基督教

240　　　　　　　　　　90015669